JN411725

위기의 한국의료,
함께 다시 그리다

환자·공급자·소비자가 함께 만드는 지속가능한 의료

위기의 한국의료, 함께 다시 그리다

환자·공급자·소비자가
함께 만드는 지속가능한 의료

의료공동행동 기획

조은영·유미화·강희경·김성주·오승원·김종명
어은경·박성배·장지훈·류옥하다·오주환 외 지음

의료시스템 기능 악화 요인 흐름도
행위별 수가 오작동
빠른 노령화 환경
Professionalism 미발전
의료 기관 간 협력 없는 경쟁
Service Volume Incentive (많은서비스제공–많은이윤)
보충(실손)보험가입
공보험의 Under-insurance
바람직하지 않은 의료환경
일차의료–돌봄–예방 미발전
분절적인 의료제공
단위 시간당 많은 수의 환자 진료
환자당 진료 제공량 과잉진료
Over-insurance
의료비 지출로 인한 빈곤화 가구 증가
예방가능한 합병증–중증질환과 예방가능한 노쇠 발생증가
환자안전 저하 서비스 제공 과정 중 과오발생확률 증가
의료진 burnout
의사–환자소통: 불충분한 시간과 질
의사–환자관계 신뢰저하
공유자원소모 속도증가
보험자/국가의 의료서비스 가격(Price)과 횟수(Quantity) 통제 강화
국민들의 사전–사후 지불 능력 감소
중증응급 수요증가
의사직접노동부문 과소보상(Under–priced)
신규 의사들의 해당 전공 영역선택 기피
의료분쟁–소송 증가
기피전공 영역 서비스 공급 부족
공급부족 영역 의사노동 과부하
의사의 자율성 감소
수련병원의 수련전공의 (미래)착취
Unmet need 증가
배움에 부적합한 미래 전문의 수련환경
국민건강 수준악화 위험
환자경험 저하
공급자 불만족
지속가능성 위험
의료공동행동

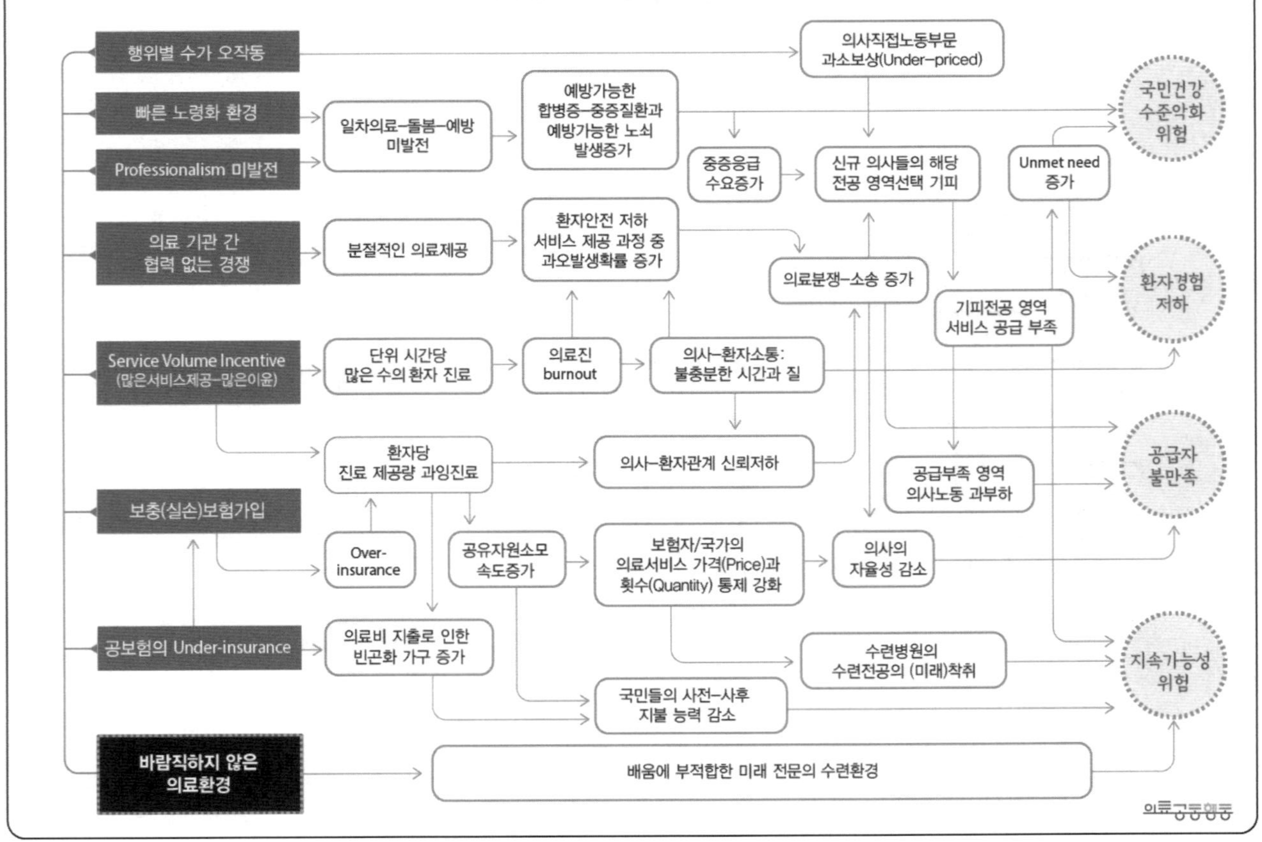

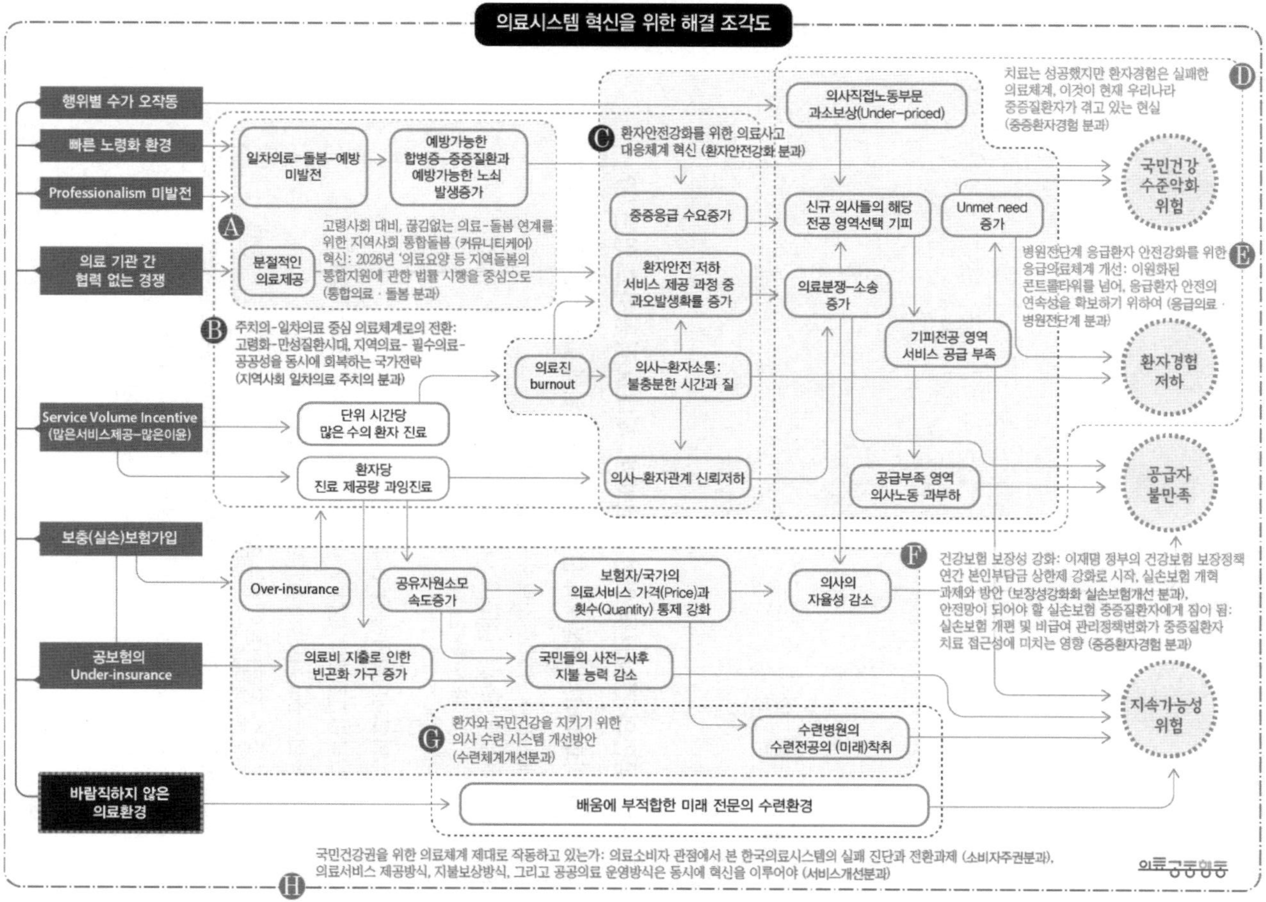

의료시스템 혁신을 위한 해결 조각도

행위별 수가 오작동

빠른 노령화 환경

Professionalism 미발전

의료 기관 간 협력 없는 경쟁

Service Volume Incentive (많은서비스제공-많은이윤)

보충(실손)보험가입

공보험의 Under-insurance

바람직하지 않은 의료환경

일차의료–돌봄–예방 미발전

예방가능한 합병증–중증질환과 예방가능한 노쇠 발생증가

분절적인 의료제공

A 고령사회 대비, 끊김없는 의료-돌봄 연계를 위한 지역사회 통합돌봄 (커뮤니티케어) 혁신: 2026년 '의료요양 등 지역돌봄의 통합지원에 관한 법률 시행을 중심으로 (통합의료 · 돌봄 분과)

B 주치의-일차의료 중심 의료체계로의 전환: 고령화-만성질환시대, 지역의료- 필수의료- 공공성을 동시에 회복하는 국가전략 (지역사회 일차의료 주치의 분과)

단위 시간당 많은 수의 환자 진료

환자당 진료 제공량 과잉진료

의료진 burnout

C 환자안전강화를 위한 의료사고 대응체계 혁신 (환자안전강화 분과)

중증응급 수요증가

환자안전 저하 서비스 제공 과정 중 과오발생확률 증가

의사–환자소통: 불충분한 시간과 질

의사–환자관계 신뢰저하

의사직접노동부문 과소보상(Under–priced)

신규 의사들의 해당 전공 영역선택 기피

Unmet need 증가

의료분쟁–소송 증가

기피전공 영역 서비스 공급 부족

공급부족 영역 의사노동 과부하

D 치료는 성공했지만 환자경험은 실패한 의료체계, 이것이 현재 우리나라 중증질환자가 겪고 있는 현실 (중증환자경험 분과)

국민건강 수준악화 위험

E 병원전단계 응급환자 안전강화를 위한 응급의료체계 개선: 이원화된 콘트롤타워를 넘어, 응급환자 안전의 연속성을 확보하기 위하여 (응급의료 · 병원전단계 분과)

환자경험 저하

공급자 불만족

Over-insurance

공유자원소모 속도증가

보험자/국가의 의료서비스 가격(Price)과 횟수(Quantity) 통제 강화

의사의 자율성 감소

F 건강보험 보장성 강화: 이재명 정부의 건강보험 보장정책 연간 본인부담금 상한제 강화로 시작, 실손보험 개혁 과제와 방안 (보장성강화화 실손보험개선 분과), 안전망이 되어야 할 실손보험 중증질환자에게 짐이 됨: 실손보험 개편 및 비급여 관리정책변화가 중증질환자 치료 접근성에 미치는 영향 (중증환자경험 분과)

의료비 지출로 인한 빈곤화 가구 증가

국민들의 사전–사후 지불 능력 감소

지속가능성 위험

G 환자와 국민건강을 지키기 위한 의사 수련 시스템 개선방안 (수련체계개선분과)

수련병원의 수련전공의 (미래)착취

배움에 부적합한 미래 전문의 수련환경

H 국민건강권을 위한 의료체계 제대로 작동하고 있는가: 의료소비자 관점에서 본 한국의료시스템의 실패 진단과 전환과제 (소비자주권분과), 의료서비스 제공방식, 지불보상방식, 그리고 공공의료 운영방식은 동시에 혁신을 이루어야 (서비스개선분과)

의료공동행동

차 례

서문

'상처 입은 치유자'가 그리는 희망의 지도, 한국의료의 치유와 성장을 위한 처방

2024년 2월 발표된 윤석열 정부의 의대 정원 2,000명 증원으로 인해 전공의들과 의대생들이 의료현장과 학교를 떠나면서 의료 공백이 본격화되었다. 그 해 6월 의료 공백을 줄이려는 의료소비자들과 의료공급자들은 한국 의료시스템이 병든 현장에서 조우했고, 이후 '더 나은 의료시스템을 함께 만들어 나가는 소비자 공급자 공동행동'(약칭 의료공동행동)이 결성되었다. 우리는 지난 20여 개월간 문제를 확인하고 숙의하며 해결을 위해 학습하고 시스템 변화를 위해 행동하고 있다.

이 책은 이러한 한국의료의 아픔으로부터 시작되었다. "지금의 한국의료는 왜 스스로를 치유할 힘조차 잃어버렸는가?" 그리고 "그 상처는 도대체 누구의 책임인가?"

대한민국의 모든 분야가 그러하듯이 한국의료는 그동안 앞만 보고 달려온 것으로 보인다. 세계가 부러워하는 접근성과 기술력을 갖추었지만, 그 화려한 성장의 이면에는 깊고 곪은 상처들이 늘어나고 있었다. 행위별 수가제의 오작동, 인구 고령화, 그리고 필수의료의 붕괴라는 구조적 위기가 자리 잡고 있었다. 현재의 시스템을 방치할 경우, 10년 후 우리 사회는 GDP 대비 보건의료비 지출이 2배로 급증하여 사실상의 '의료 파산' 상태에 직면할 것이라는 경고가 잇따르고 있다. 그리고 다양한 구조적 위기로 깨어진 의료시스템의 파편은 이미 우리의 일상에 깊이 파고들고 있다. 응급실을 찾아 헤매는 환자들의 절망, 과도한 업무에 함몰된 의료진의 피로, 그리고 무너져가는 필수의료와 지역의료의 현실은 우리의 의료시스템이 이미 '중증환자'가 되었음을 증명하고 있다.

한국의료의 병증은 복잡한 구조적 원인에 기인하고 있다. 오랜 시간 의료의 공적 책임을 개인과 시장, 그리고 각 가정에 떠넘겨온 국가의 선택적 방치와 그로 인해 제한된 구조 안에서 의료소비자들과 의료공급자들이 매 순간 선택한 것들이 누적된 결과다. 치료는 현장에 맡기고, 회복과 돌봄은 개인에게 미루며, 응급과 필수의료의 위험은 의료인 개인이 짊어지게 한 구조 속에서 한국의료는 서서히 병들어갔다. 그리고 이 시스템 안에서 개인과 시장, 의료인들도 더 이상 건강한 선택을 하기 어려워졌다. 이 구조 안에서 우리 모두는 각자의 처한 상황대로 상처받은 이들이 되었다.

심리학자 카를 융은 '상처 입은 치유자(The Wounded Healer)'를 말했다. 치유자 자신이 겪은 아픔과 상처가 오히려 타인의 고통을 깊이 이해하고 진정한 회복으로 이끄는 강력한 통로가 된다는 역설이다.

지금 우리에게 필요한 모습이 바로 이것이다. 이 책은 한국의료라는 거대한 시스템이 입은 상처를 애써 외면하거나 감추려 하지 않는다. 오히려 그 상처를 정면으로 응시하고, 그 아픔 속에서 우리 사회가 어떻게 서로를 치유하며 더 나은 미래로 나아갈 수 있을지를 고민한 기록이다. 우리는 의료진에게 다시 희생을 요구하거나 누군가를 비난하기 위해 모인 것이 아니다. 우리가 모인 것은 환자, 소비자, 의료인, 정책 연구자가 한 목소리로 질문하기 위해서다. "의료가 진정한 치유자의 역할을 회복하기 위해, 우리는, 국가는 이제 무엇을 책임질 것인가?"

이 책은 환자, 공급자, 소비자가 함께 머리를 맞대고 온 마음을 다해 한국의료가 직면한 복합적인 위기를 진단하며, 단순한 수정을 넘어선 '패러다임의 전환(Paradigm Shift)'을 제안하고자 기획되었다. 우리는 각 분야 전문가들의 지혜를 모아 더 나은 건강수준, 더 나은 지속가능성, 더 나은 환자경험, 더 나은 공급자경험, 더 나은 건강 형평성이라는 5대 목표를 달성하기 위한 구체적인 혁신전략을 제시했다. 또한 환자, 의료소비자, 의료공급자가 각자의 위치에서 겪은 상처의 경험을 바탕으로 시스템의 심폐소생을 위한 11가지 진단과 처방을 마련했다.

제1장은 의료소비자의 관점에서 한국 의료체계가 국민건강권을 제대로 보장하고 있는지를 묻는다. 보장성, 접근권, 선택권이 제도 속에서는 존재하지만 실제 삶에서는 작동하지 않는 이유를 환자와 소비자의 경험을 통해 진단한다.

제2장은 암을 중심으로 중증질환 환자의 전 주기 경험을 분석하며, 치료 이후 회복·재활·생존기에 발생하는 구조적 공백을 짚는다. 이를 해결하기 위한 대안으로 국가책임형 회복기 병원이라는 새로운 의료 인프라를 제안한다.

제3장은 중증질환자의 치료 접근성을 저해하는 실손보험과 비급여 구조를 분석하고, 환자 중심의 합리적인 보험·보장체계로의 전환 필요성을 제기한다.

제4장은 응급의료체계가 왜 생명의 위기 앞에서 제대로 작동하지 못하는지를 병원 전 단계부터 분석한다. 이원화된 컨트롤타워와 단절된 관리 구조를 넘

어, 응급환자 안전의 전 과정을 책임지는 국가적 체계 개편을 제안한다.

제5장은 의료분쟁을 개인의 과실 문제가 아닌 환자안전사건으로 재정의한다. 처벌 중심의 대응에서 벗어나 예방과 회복을 중심으로 한 환자안전조사기구와 공적 보상체계의 필요성을 제시한다.

제6장은 고령화·만성질환 시대에 대응하기 위한 핵심 전략으로 지역사회 기반 일차의료와 주치의 제도를 제안한다. 지역의료, 필수의료, 공공성을 동시에 회복하기 위한 구조적 전환 방안을 다룬다.

제7장은 건강보험 보장성의 한계를 짚으며, 연간 본인부담상한제 강화를 출발점으로 국민건강권을 실질적으로 보장하기 위한 정책 방향을 제시한다.

제8장은 실손의료보험이 의료이용 왜곡과 재정 불안을 증폭시키는 구조를 분석하고, 공적 보험 중심의 개혁 필요성을 논의한다.

제9장은 미래 의료의 지속가능성을 좌우하는 의사 수련 시스템을 다룬다. 필수의료와 지역의료를 지탱할 수 있도록 수련환경과 구조를 어떻게 바꾸어야 하는지를 제안한다.

제10장은 초고령사회에 대비해 의료와 돌봄이 분절되지 않고 삶의 현장에서 연결되도록 지역사회 통합돌봄 체계의 혁신 방향을 제시한다.

제11장은 앞선 모든 논의를 종합한 이 책의 결론이자 새로운 출발점이다. 의료시스템을 악화시켜 온 요인들의 구조적 연결을 재조명하고, 행위별 수가 중심 체계를 넘어 가치기반 의료로 전환해야 할 필요성을 분명히 한다. 또한 일차의료와 중증응급의료에서부터 시작할 수 있는 구체적인 변화의 출발점을 제시하며, 10년 후 더 나은 의료를 위한 사회적 선택을 독자에게 묻는다.

완벽한 시스템은 없다. 하지만 있는 그대로의 상처를 직시하고 그로부터 배움을 얻어 수정하고 개선하다 보면 시스템을 최적화할 수 있다. 이 책은 악화일로에 있는 한국의료의 상처를 통해 얻은 통찰로 서로를 치유하는 '상처 입은 치유자'가 되기 위해 쓰였다. 또한 한국의료가 더 이상 홀로 상처 입은 치유자로 남아서는 안 된다. 그 치유를 다시 개인의 헌신과 시장의 논리에 맡겨서도 안 된다. 한국의료가 다시 온전한 치유자가 되기 위해 필요한 것은 더 많은 희생이 아니라, 국가의 책임 있는 선택이다. 이를 위해 환자, 의료소비자, 의료공급자, 정책입안자, 정책실행자라는 역할과 기능을 이해하고 존중하되 국가가 책임 있는 선택을 하도록 해야 한다. 우리 모두는 이 나라의 주권자로서 의료시스템에 관심을 가지고 우리가 낸 의료의 재정이 잘 운영되고 실현되어 우리가 필요로 하는 서비스를 제때에 제대로 사용할 수 있도록 만들어야 하는 책임이 있다.

우리가 제안하는 이 지도 위에서 국민들이 함께 손을 잡고 10년 후의 건강한 대한민국을 향해 나아가길 희망하며, 지금의 상처를 치유와 성장의 경험으로 바꾸는 이 여정에 당신을 정중히 초대한다.

의료공동행동 회원을 대신하여

공동대표 조은영 유미화 강희경

제 1 장

—

국민의 건강권을 위한 의료체계, 제대로 작동하고 있는가?

의료소비자 관점에서 본 한국 의료시스템의 실패 진단과 전환과제

대표저자

소비자주권분과 분과장 유미화

공저자

안정희

서치원

고민정

조은영

강재헌

김종명

박건희

하은진

강희경

박성배

오주환

Table of Contents

1. 의료체계는 누구를 위해 존재하는가

의료체계의 존재 이유는 분명하다. 헌법 제36조 제3항은 모든 국민이 보건에 관하여 국가의 보호를 받을 권리를 가진다고 명시하고 있으며 의료체계는 바로 국민건강권을 실질적으로 보장하기 위해 존재한다. 의료는 시장의 선택재가 아니라 국민의 생명과 삶을 지탱하는 공적 제도이며 사회적 안전망이다.

그러나 오늘날 대한민국의 의료체계는 과연 이 목적에 부합하게 작동하고 있는지, 의료소비자의 삶과 경험의 자리에서 근본적인 질문을 던지지 않을 수 없다. 제도는 늘어났고 정책은 정교해졌지만, 국민이 체감하는 의료는 여전히 불안하고 부담스럽다. 의료는 '권리'라기보다 '위험과 비용'으로 경험되고 있으며, 아플 때 안심하기보다 먼저 걱정하게 되는 구조가 고착화되어 있다. 이 지점에서 의료소비자의 정책 진단과 제안은 선택이 아니라 필수적 과제다.

이 글은 의료공동행동이 제안하는 '모두를 위한 의료개혁'이라는 큰 틀 안에서 의료소비자의 경험과 기본권을 중심으로 현재 의료체계를 진단하고 국민건강권을 실질적으로 보장하기 위한 제안이다.

2. 국민건강권의 관점에서 본 현재 의료체계의 구조적 한계

현재 의료체계의 가장 근본적인 문제는 의료의 성과를 국민의 건강 향상이 아니라 진료량, 이용량, 재정 지출 관리 중심으로 평가해 왔다는 점이다. 의료체계는 국민이 실제로 더 건강해지고 있는지, 질병의 부담이 줄어들고 삶의 질이 개선되고 있는지를 기준으로 운영되기보다는 행위량 조정과 재정 통제의 논리 속에서 관리되어 왔다.

이러한 구조 속에서 의료소비자는 합리적인 선택의 주체가 되기 어렵다. 전국민 건강보험 체계임에도 불구하고 의료소비자는 건강보험료, 법정 본인부담금, 비급여 진료비, 실손보험료를 동시에 부담하며 의료이용 과정에서 끊임없이 비용을 계산해야 한다. 이는 의료소비자의 접근권과 선택권을 약화시키고, 의료를 신뢰의 대상이 아니라 불안의 대상으로 전환시킨다.

문제의 본질은 의료비 지출 규모가 아니라 제한된 의료재원이 어떠한 기준과 우선순위에 따라 사용되고 있는가에 있다. 국민 건강 향상에 대한 기여도가 낮은 지출은 관행적으로 유지되는 반면 효과와 필요성이 분명한 필수의료와 예방·관리 영역은 재정 논리를 이유로 충분히 뒷받침되지 못하고 있다. 이는 의료체계의 운영 기준이 국민건강권보다 현행제도 운영논리에 더 무게를 두고 있음을 시사한다.

3. 의료소비자의 기본권은 제대로 보장되고 있는가

의료소비자는 단순한 서비스 이용자가 아니라 헌법과 소비자기본법이 보장하는 권리를 가진 주체다. 의료소비자의 기본권에는 충분한 설명을 받을 권리, 알권리, 안전권, 선택권, 접근권이 포함된다. 그러나 현재 의료체계에서 이러한 권리들은 제도적으로 충분히 보장되고 있다고 보기 어렵다.

의료현장에서 의료소비자는 자신의 상태와 치료 선택지에 대해 충분한 정보를 제공받지 못한 채 결정을 요구받는 경우가 많다. 동일한 질환임에도 의료기관에 따라 전혀 다른 설명과 진료 권유가 이루어지고 의료소비자는 무엇이 표준적인 치료인지 어떤 선택이 자신에게 적절한지 판단할 근거를 갖기 어렵다. 이 과정에서 의료소비자는 불안을 해소하기 위해 여러 의료기관을 전전하게 된다. 이른바 '의료쇼핑'은 개인의 도덕적 해이 문제가 아니라 구조적 모순이 낳은 결과다.

이러한 현상은 의료소비자의 알권리와 선택권이 실질적으로 작동하지 않고 있음을 보여준다. 의료체계가 의료소비자를 보호하는 정보 구조와 책임 구조를 갖추지 못한 상황에서 의료소비자는 위험과 비용을 개인적으로 감당하는 위치에 놓인다.

4. 중증·응급의료와 필수의료에서 드러나는 국민건강권의 균열

중증·응급의료와 필수의료는 의료체계의 최후 안전망이다. 그러나 현실에서 의료소비자가 경험하는 응급의료는 '언제든 이용 가능한 권리'라기보다 '필요할 때 접근이 보장되지 않는 불확실한 자원'에 가깝게 되었다. 응급실에서 반복적으로 병원 전원을 요구받고, 구급차 안에서 수용 가능한 병원을 찾는 상황은 의료인의 문제가 아니라 국가 책임의 부재를 드러낸다.

필수의료 영역에서의 의료기피 현상은 의료소비자의 건강권 보장과 밀접한 관련이 있다. 합리적 수준을 넘어선 형사책임 부담과 공적 보호의 미비는 필수의료 제공을 의료인 개인의 위험 부담으로 전가하고 있으며, 이는 의료소비자의 선택권 제한과 접근권 약화로 이어지고 있다. 분만·수술 등 필수의료 서비스를 이용하기 위해 지역 이동이나 장시간 대기를 감수해야 하는 현실은 필수의료가 충분히 공공적 보호를 받지 못하고 있음을 드러낸다.

이는 의료인에 대한 특혜의 문제로만 볼 사안이 아니라, 의료소비자가 필요할 때 안전하게 의료서비스에 접근할 수 있도록 국가가 책임지고 보장해야 할 국민건강권의 문제다.

5. 지역의료 붕괴와 의료전달체계 실패가 만드는 일상적 불안

지역의료의 붕괴는 의료전달체계 실패의 가장 일상적인 결과다. 의료자원은 대형병원과 수도권으로 집중되고, 지역에서는 '아플 때 갈 곳이 없는 상태'가 일상화되고 있다. 만성질환을 가진 고령자는 가까운 곳에서 지속적인 관리와 상담을 받기 어렵고, 작은 증상에도 상급병원을 선택할 수밖에 없는 구조에 놓인다.

주치의 기능이 부재한 상황에서 의료소비자는 자신의 상태를 종합적으로 관리해 줄 의료인을 갖지 못한 채 의료기관을 찾는다. 이 과정에서 검사와 진단은 반복되고 설명은 단절되며, 의료소비자는 항상 '내 몸을 가장 잘 아는 사람이 없다'는 불안을 안고 의료를 이용하게 된다.

이러한 경험은 의료전달체계가 의료소비자를 통제하기 위한 장치로 오인되어 설계되어 왔음을 보여준다. 의료전달체계는 이용 제한이 아니라, 의료소비자를 적절한 의료로 안내하는 보호장치여야 한다.

6. 건강보험은 국민건강권을 충분히 보장하고 있는가

건강보험은 국민건강권을 보장하는 핵심 제도이지만, 의료소비자가 체감하는 보호 수준은 여전히 충분하지 않다. 보험료율은 통제되고 있음에도 비급여 진료와 실손보험 의존 구조는 개선되지 않았고, 그 결과 의료소비자는 건강보험에 가입되어 있음에도 의료이용을 주저하는 현실에 놓여 있다. 이는 건강보험이 국민건강권 보장보다는 재정 관리 수단으로 기능해 온 결과다. 의료소비자가 요구하는 보장성 강화는 과도한 요구가 아니라, 헌법이 보장한 건강권을 실질적으로 구현하기 위한 최소한의 조건이다. 따라서 건강보험은 비효율적 지출을 줄이고, 근거 기반 치료와 필수의료 영역에 재원을 재배치하는 방향으로 보다 효율적이고 목적 지향적으로 운영되어야 한다.

7. 의료와 돌봄의 단절, 삶에서 작동하지 않는 제도들

의료와 돌봄은 분리될 수 없음에도 정책은 여전히 분절적으로 설계되어 있다. 통합간호·간병제도 역시 환자의 돌봄 필요보다 병원 운영의 효율성과 행정적 관리 기준에 따라 제한적으로 적용되고 있으며 정작 중증환자와 장애인은 제도에서 배제되는 현실을 경험한다.

제도가 존재함에도 삶이 바뀌지 않는 경험은 의료정책 전반에 대한 불신으로 이어진다. 의료소비자의 경험은 의료와 돌봄이 통합적으로 설계되지 않는 한 국민건강권은 제도 속 문구에 머물 수밖에 없음을 보여준다.

의료소비자가 제안하는 국민건강권 중심 의료체계

- 의료의 성과는 진료의 양이 아니라, 건강 개선으로 평가되어야 한다

우리는 의료가 단순히 검사와 시술 횟수로 평가되지 않고, 질병 예방과 회복, 일상생활 복귀 등 실제 건강 개선에 얼마나 기여했는지를 기준으로 평가되기를 제안한다. 치료 이후에도 건강을 유지하고 예방 중심의 의료가 실현되는 것이 필요하다.

• 아플 때 치료를 포기하지 않도록 개인부담을 줄여야 한다

우리는 치료 과정에서 과도한 개인부담으로 치료를 미루거나 포기하는 일이 없어야 한다고 제안한다. 건강향상 효과가 증명된 일부 고가 치료나 시술이 건강보험에서 충분히 보장되지 않아 실손보험에 의존하거나 개인부담이 집중되는 현실은 사회적 안전망과 공적 보장 제도의 개선이 필요함을 보여준다.

• 건강보험 재정은 사회적 우선순위에 맞추어 운영되고 장기적으로 지속가능해야 한다

우리는 건강보험 재정이 국민이 낸 보험료로 사회적 우선순위가 있는 곳에 우선적으로 쓰이도록 개선될 것을 제안한다. 비급여 관리, 고비용 진료 통제, 보장성 우선순위 설정 등 제도적 개선이 필요하며 국가가 책임지고 합리적으로 재정을 운용해야 한다.

• 공적 책임과 안전을 바탕으로 한 의료가 제공되어야 한다

모든 의료서비스는 병원의 수익이나 의료인의 개인적 희생에 의존해서는 안 된다. 의료의 목적은 국민 건강과 안전이어야 하며 국가와 사회가 의료 안전과 접근을 책임지는 구조를 확실하게 수립해야 한다. 의료서비스 공급자들도 신체적, 정신적, 법적으로 안전하게 일할 수 있는 환경에서 근무해야 하며 그 성과에 따라 적절히 보상받을 수 있어야 한다. 이러한 공적 책임과 안전의 보장은 응급·필수의료뿐 아니라 모든 의료 영역에서 의료소비자가 안심하고 치료받을 권리를 보장하는 기반이 된다.

• 응급상황에서는 전 과정에서 안전이 유지되어야 한다

119 신고부터 현장 처치, 병원 선택과 이송, 응급실 진입까지 생명이 위급한 순간에도 안전이 끊기지 않도록 행정안전부 산하 소방청과 복지부에 분담된 역할이 소통과 협력을 강화할 수 있는 단일 체계로 운영되어야 한다. 개인이 위험을 떠안지 않고도 환자가 안전하게 치료받을 수 있으며 구급차 이송 지연, 반복적인 병원 전원 요구, 중증환자의 전문 진료 지연 등 의료소비자가 겪는 불필요한 위험과 불안을 최소화할 수 있는 방안이다.

• 의료전달체계는 환자의 상태에 맞게 안내하고 연결되어야 한다

우리는 현재 많은 환자가 상급종합병원, 특히 서울의 빅5 병원으로 몰리는 현상이 의료소비자의 선택 문제 때문이 아니라 지역의료기관과 일차의료 정보부족, 의료전달체계 미비라는 구조적 문제 때문이라고 생각한다.

의료전달체계가 환자의 건강 상태와 필요에 맞게 지역의료기관과 의료기관과 일차의료를 우선 이용할 수 있고 꼭 필요할 때 상급병원으로 연결될 수 있도록 개선하면 의료이용 쏠림 문제를 해결할 수 있을 뿐만 아니라 의료소비자와 환자의 치료를 위한 비용과 시간도 낭비하지 않고 보호할 수 있다.

• 지금 지역에서 청년의사를 만나야 미래에도 의사를 만날 수 있다

의료소비자는 지역 필수·일차의료를 담당할 청년의사와 전공의 지망생이 줄어드는 현실에 불안을 느낀다. 가까운 곳에서 응급·분만·외상 등 필수진료를 받기 어려워지고, 국민건강권이 위협받기 때문이다. 정부는 청년의사가 지역 병원과 일차·필수의료기관에서 근무할 수 있도록 수련과정을 개선하고, 효과적인 지원방안을 개발해야 한다. 청년의사가 지역의료 현실과 필요를 이해하는 것은 미래의 국민건강권, 즉 의료소비자가 지역에서 일상적인 의료관리

와 응급·필수의료를 안정적으로 이용할 수 있도록 안심하고 치료받을 기반을 지키는 일이다.

• 의료분쟁 대응은 예방과 안전강화에서 시작되어야 한다

우리는 의료분쟁(환자안전사건)을 단순히 개인의 책임으로 처리하는 것에 반대하며, 국가가 개입해 의료분쟁을 분석하고 재발 방지를 위한 체계를 구축할 것을 제안한다. 또한 환자와 의료진이 사실과 상황에 대해 공유하고 소통할 수 있는 제도와 사회적 분위기를 구축하는 것은 민형사소송으로 가지 않고 의료분쟁을 해결하기 위한 최우선적 과제다. 또한 동일한 환자안전사건의 반복은 의료사고로 이어질 수 있기에 사고예방 중심의 안전체계를 강화시키는 것이 의료의 신뢰와 품질을 높일 수 있는 방안이다.

• 일차의료와 주치의, 통합돌봄은 모든 국민이 지속적·연속적 건강관리를 받을 수 있도록 보장되어야 한다

의료소비자는 아플 때마다 병원을 전전하지 않고, 자신의 건강 상태를 지속적으로 이해하고 관리해 줄 주치의를 가질 권리를 요구한다. 일차의료는 비용절감 수단이 아니라 예방·진단·치료·회복을 연속적으로 책임지는 의료이용의 출발점으로 기능해야 한다. 이를 위해 의료소비자가 거주 지역에서 신뢰할 수 있는 일차의료기관에 안정적으로 접근할 수 있도록 제도적·재정적 지원이 필요하다. 주치의는 만성질환 관리와 예방 중심의 역할을 수행하고, 필요한 경우 적절한 의료기관으로 연계하는 조정 기능을 갖추어야 한다. 또한 의료와 돌봄, 복지 서비스가 분절되지 않고 연계되도록 통합돌봄 체계를 강화해야 한다. 의료정보는 의료소비자 중심으로 축적·연결되어 불필요한 검사와 반복 진료를 줄여야 한다. 이러한 체계는 의료소비자의 선택권과 접근권을 실질적으로

보장하는 방향으로 설계되어야 한다.

• 의료정보는 소비자의 알권리와 결정권을 충분히 보장할 수 있어야 한다

우리는 의료정보가 의료기관의 소유가 아니라 환자의 권리로 충분히 보장되고 환자가 자신의 치료와 건강관리 결정에 참여할 수 있도록 제안한다. 충분한 설명과 정보 제공 없이 이루어지는 의료는 안전하지 않고 공정하지 않다.

• 의료거버넌스 구축과 의료소비자 참여는 의료개혁을 완성하는 마지막 단계다

중앙정부와 지방정부는 협력하여 국가·지방 차원의 의료거버넌스를 구축하고, 정책 설계와 운영 전 과정에 의료소비자가 참여할 수 있는 구조를 마련해야 한다. 현재의 의료정책은 전문가와 행정 중심으로 설계·추진되어 의료소비자의 실제 경험과 요구가 충분히 반영되지 못하고 있으며, 중앙과 지방 간 협력 부족으로 인해 정책 집행 과정에서 비효율과 의료 사각지대가 발생하고 있다.

의료소비자는 정책 설계 초기 단계부터 참여하고, 시행 이후에도 모니터링과 개선 과정에 지속적으로 관여할 수 있도록 제도적으로 구조화되어야 한다. 또한 지역사회 및 의료기관과의 협력을 통해 지역 단위의 의료 네트워크를 강화할 필요가 있다. 의료개혁은 국민건강권을 중심으로 의료소비자와 의료공급자, 중앙정부와 지방정부가 함께 책임을 나누고 참여하는 협력적 거버넌스 체계 속에서 비로소 완성될 수 있다.

8. 결론

대한민국 의료체계는 그 존재 목적이 국민건강권 보장에 있음에도 불구하고, 현실에서는 재정과 행정 중심의 구조에 갇혀 의료소비자가 불안과 비용 부담을 안고 살아가는 상황이 반복되고 있다. 응급·필수의료와 지역의료체계의 붕괴, 의료정보와 선택권의 제한, 의료와 돌봄의 분절은 국민건강권이 구조적으로 훼손되고 있음을 분명히 보여준다.

이제 의료체계 혁신은 단순한 제도 개선이나 재정 효율화에 머물러서는 안 된다. 의료소비자의 경험과 권리를 정책과 제도의 중심에 두고, 공적 책임과 안전, 의료 접근권과 선택권, 예방과 통합 돌봄, 의료정보에 대한 권리, 정책 결정 과정에의 참여가 함께 보장되는 체계로의 전환이 필요하다.

의료공동행동은 의료소비자와 환자, 의료인, 지역사회가 함께 책임을 나누고 협력하여 국민건강권을 실현해 나가는 공동의 책임과 참여에 기반한 실천임을 분명히 한다. 의료소비자의 권리와 경험을 정책과 제도의 중심에 놓는 일은 개인의 문제를 넘어, 모두가 참여하고 함께 만들어가는 의료체계 혁신의 출발점이자 완성의 조건이다.

제 2 장

—

치료는 성공했지만 환자경험은 실패한 의료체계, 어떻게 바꿀 것인가?(1)

(가칭) 회복기 (암전문) 병원 도입 제안

대표저자

중증환자경험향상분과 분과장 김성주

공저자

김희진

백민환

하은진

조은영

안정희

오주환

강희경

Table of Contents

1. 개요

우리나라는 암·심뇌혈관·희귀난치성질환 등 중증질환의 생존 시대로 진입했다. 그러나 현재의 의료체계는 여전히 급성기 치료에 중심을 두고 있으며, 진단-치료-회복-재활-생존기-말기에 이르는 환자의 전 주기 경험을 설계하고 조정하는 국가적 책임의 통합 관리 시스템은 부재한 상태다.

그중에서도 암은 수술·항암·방사선과 같은 급성기 치료 성과가 세계적으로 우수하다. 하지만 정작 환자는 진단 전후의 혼란, 정보 부재, 재활 부족, 반복되는 검사, 재입원, 돌봄 공백 등으로 극심한 어려움을 겪고 있다.

- 진단 후 어디로 가야 할지 모르는 안내 체계 부재
- 치료 과정 단절로 인해 발생하는 반복되는 검사와 증세 설명
- 치료 이외의 회복기 재활 및 돌봄 공백
- 간병비와 비급여 약값으로 인한 경제 붕괴
- 모든 책임이 환자와 가족에게 넘어가는 현실
- 완치 이후 장기 추적 관리 공백 발생

아울러 의료체계와 인프라 부재로 인해 발생하고 있는 암환자의 이러한 회복기·생존기 문제는 뇌졸중, 심부전, 만성폐질환, 희귀난치성질환 등 중증질환자에게도 동일하게 나타나고 있는 우리나라 의료체계의 대표적인 구조적 문제다.

치료는 성공했지만 환자경험은 실패한 의료체계, 이것이 현재 우리나라 중증질환자가 겪고 있는 현실이다.

2. 국내 암 유병 발생 현황과 회복기 수요

국가암정보센터 통계에 따르면 매년 약 28만 명의 신규 암환자가 발생하고 있으며, 암 치료 기술의 발달로 장기 생존자가 빠르게 늘면서 암 유병자 수는 수백만 명을 넘어선 상태다.

1) 암 유병 발생 규모

- 해마다 신규 암 발생은 약 28만 명 수준
- 국민 3명 중 1명은 생애 동안 암을 진단받을 것으로 추정

2) 회복기·생존기 수요의 가시화

전국 신규 암환자(연 28만 명)의 5년 산정특례 기간을 감안하면, 매해 80만~100만 명 정도의 회복기·생존기 환자가 존재한다고 볼 수 있다. 이는 한국 전체 중증질환자 집단 중 가장 큰 비중을 차지한다.

이렇게 암 생존율이 높아지면 높아질수록 환자들의 요구는 당연히 '생명을 살리는 의료'에서 '삶을 회복시키는 의료'로 이동할 수밖에 없다.

그럼에도 현재 의료체계는 급성기 이후 회복·재활·생존기·완화 단계가 공백인 상태로, 이 상황은 중증질환 전반에 걸쳐 동일하게 발생하고 있다.

- 뇌졸중 환자의 재활 공백 발생
- 심부전 환자의 반복 입원
- 희귀질환자의 지역 돌봄 연결 부족

따라서 우리나라 중증질환 의료체계 전반의 구조적 개선이 절실한 시점이다.

3. 환자 전 주기 경험 구조 분석: 어디에서 끊어지는가?

중증환자경험향상분과는 환자경험을 ① 진단·의뢰 → ② 치료 → ③ 회복·재활 → ④ 만성관리 → ⑤ 돌봄·생애 말기로 나누어 분석했다.

이 분석을 통해 확인된 것은 의료체계의 구조적 결손으로, 각 단계를 하나의 시스템으로 설계·관리하는 책임 주체가 없다는 점이다.

1) 진단·의뢰 단계의 혼란

- 진단 직후 '어느 병원으로 가야 할지'를 환자와 보호자가 직접 결정
- 질환별 표준 의뢰 경로와 전국 네트워크가 부재
- 지역 간 큰 격차 발생(이는 수도권 쏠림 요인 중 한 가지)
  - 국가 차원의 전국 표준 Navigator Pathway 설계 필요
  - 전담 환자 코디네이터 배치 필요
  - 국가 표준 경로에 따라 Fast Track으로 연계되는 구조 필요

2) 급성기 치료 단계의 단절(수술·항암·방사선 등)

- 외래, 입원, 검사, 전원 절차 완벽하게 단절
- 의료정보, 영상, 검사 결과가 병원 간 공유되지 않아 반복적으로 재검사
- 부서별 서로 다른 의사결정으로 환자의 부담이 가중

• 간병은 대부분 가족에게 의존, 간호·돌봄 인력 부족

- 진료정보 통합 플랫폼 구축 및 관리 필요
- 간호간병 통합서비스 확대 필요

3) 회복·재활 단계의 공백

• 수술·항암 후 회복기 환자의 관리 체계는 사실상 전무
• 집에 돌아가면 낙상, 우울, 영양 부족, 통증, 피로 속에 방치
• 회복기 병원이 없어 요양병원·비급여 시장·한방·기능의학을 스스로 탐색

- 회복기 병원 및 지역 방문의료 활성화 필요
- 재활·영양·심리지원을 포함한 통합관리팀 운영 필요
- 재활·영양·심리·통증 관리 및 향후 주치의·지역 돌봄과 연계 구축 필요

4) 만성관리 및 생애 말기

• 내분비, 심혈관, 골다공증 등 장기 부작용 관리 공백이 존재
• 직장 및 사회복귀 지원이 미흡
• 호스피스·완화의료 연계가 늦어 고통 관리가 부실

- 완화의료 초기 개입 및 지역 돌봄과 연계한 생애 말기까지의 연속성 설계 필요

5) 전 주기에서 나타나는 공통의 구조적 문제: 국가적 책임주체 부재

• 의료체계의 단절: 진료 연속성이 붕괴, 기관 중심으로 분절

- 돌봄 책임, 가족에게 전가: 간병, 정보탐색, 조정 부담이 가족에게 집중
- 재정 구조 왜곡: 과도하게 집중되는 비급여·간병비는 파산의 주요 원인
  - 전 주기 단절의 본질은 진단부터 말기까지를 하나의 경로로 설계하고 조정하는 국가적 책임 주체와 표준 경로가 없기 때문

4. 환자의 미충족 욕구

1) 유방암 생존자 연구에서 나타난 환자의 미충족 욕구

유방암 생존자를 대상으로 한 국내 연구를 살펴보면

- 정보, 의사소통, 서비스 관련 미충족 욕구(unmet needs)가 삶의 질 저하와 밀접하게 연결되고 있으며,
- 질병 경과, 향후 치료 부작용, 생활 정보에 대한 요구가 가장 높다고 보고한다.
- 시사하는 바
  - 이는 '치료가 끝났으니 괜찮다'고 생각하는 의료시스템 인식이 회복기·생존기에 있는 환자의 실제 요구와 큰 차이가 있음을 시사
  - 환자는 단순히 정보만을 원하는 것이 아니라, 자신의 상태와 향후 경로, 이용 가능한 자원이 하나의 '로드맵'으로 제시되기를 요구

2) 환자경험 질적 연구: 환자는 체감하지 못하는 제도

- 환자들은 환자경험 평가의 필요성에는 공감하지만, 현재 제도가 의료기관 선택이나 질 개선으로 이어지지 못한다고 인식
- 시사하는 바
  - 환자경험을 체계적으로 관리할 경우 효과는 분명하지만, 전국적으로 제도화되지 못한 상태
  - 무엇보다 환자경험을 전 주기로 책임질 인프라와 플랫폼인 국가책임형 회복기 병원이 부재

이는 전 주기 경로를 설계하고 안내하는 국가책임형 회복기 인프라 부재의 결과다.

5. 의료 현장의 혼돈

1) 같은 4기 환자라도 항암제 조합이 제각각

- 어느 병원에서는 제넥솔·네오플라틴을 처방하고, 어느 병원에서는 세포독성 항암 치료를 한다.
- 치료 전략 차이에 대한 설명과 기준이 충분하지 않아 환자는 불안과 혼란을 느낀다.

2) 당일 진료+항암 가능 여부가 병원, 의료진, 날짜에 따라 다르다

- 어떤 날은 '진료 보고 케모포트 시술 후 당일 항암 가능'이라고 하다,
- 다른 날은 '오늘은 안 된다. 예약이 안 돼 있다. 원칙상 불가'라고 바뀐다.
- 당일 항암이 안 되어 환자는 허탈감을 호소한다.

3) 간호사실 외래 항암실을 직접 다니며 조정한다

- 진료 주사실, 검사실이 연동되지 않아 사실상 환자 또는 보호자가 코디네이터 역할을 수행한다.

4) 기다림과 피로

치료보다 대기와 이동에 더 많은 체력과 시간이 소모된다.

5) 구조적 원인

- 표준 Fast Track 전국 네트워크망 부재: 표준 경로와 통합 네트워크가 없어 병원, 의료진, 날짜에 따라 안내와 결정이 뒤바뀐다.
- 환자경로 중심이 아닌 전산·정보체계: 진료 정보가 병원·부서 단위로 되어 있어, 환자를 기준으로 한 통합 설계가 되어 있지 않다.
- 환자에게 떠넘겨진 '조정자 역할': 애초 전 주기 조정 기능을 담당할 제도적 주체(회복기 병원·코디네이터)가 없다.

- 행위별 수가체계
  - 현재 지불체계는 환자가 덜 아프고, 병원에 덜 오고, 검사·입원이 줄어들수록 의료기관의 수익이 감소하는 구조
  - 이 구조에서는 회복, 재활, 예방, 조정 등 환자의 삶을 더 낫게 만들기 위한 가치기반 의료가 제도적으로 성장하기 어렵다.

이는 전달체계 설계 부재, 환자경로 중심의 정보시스템 부재, 가치기반 지불체계 미정착으로 발생한 구조적 결손이다.

6. (가칭) 회복기 (암전문) 병원 부재 = 전 주기 책임의 부재

- 암 생존율은 올라갔지만, 회복·재활·만성·완화기 의료시스템은 사실상 공백 상태
- 회복기 암환자는 대학병원 외래·입원, 요양병원 장기 입원, 한방·기능의학·면역주사와 같은 비급여 진료 등을 스스로 찾으며 과학적 근거·안전성·경제성을 직접 판단해야 하는 상황
- 의료체계의 행위(수술·항암)는 잘 설계되어 있지만, 그 이후의 결과(회복, 삶의 질, 경제, 가정, 노동)에 대해 책임지는 주체가 없다.

"중증질환자의 전 주기 치료와 회복, 그리고 그 이후 삶은 누가 설계하고 책임질 것인가?"

급성기 이후 회복기 전환기 의료체계가 전무한 우리나라에서 (가칭) 회복기

(암전문) 병원은, 제3축(치료-회복-지역)을 세우는 국가 인프라다.

7. 진단부터 회복·재활·생존관리까지 통합 관리하는 단일 경로

암 진단부터 전 주기 환자경험과 관련하여 국가가 책임지는 공공의료 통합 체계를 구축하기 위해 국가 권역 기반 (가칭) 회복기 (암전문) 병원을 도입할 것을 제안한다.

(가칭) 회복기 (암전문) 병원은 치료 행위 중심의 급성기 병원과 다르며, 환자의 회복과 삶의 질을 우선으로 하고 전 주기 경로를 설계·조정하는 공공 인프라로 자리매김하는 것을 목표로 한다.

이를 위해서는 아래와 같은 요소가 포함되어야 한다.

- 진단 → 급성기 → 회복기 → 만성 → 완화·말기를 잇는 전국 표준 Navigator Pathway 구축
- 상급종합병원 ↔ 회복기 병원 ↔ 지역 주치의 간 Fast Track 네트워크 형성
- 회복기 단계에서부터 완화의료 및 지역 돌봄을 조기 연계하는 구조 마련

전 주기 관리가 가치기반 지불체계(환자의 회복, 삶의 질, 재입원 감소와 보상이 연결되는 구조)와 연동

8. (가칭) 회복기 (암전문) 병원 설계(안)

1) 개념

암 진단을 받은 시점부터 표준화된 치료, 회복, 재활, 생존 관리 등 전 주기 모든 과정의 경로를 설계하고 운영하는 국가책임형 통합 병원이다.

- 급성기 병원(수술·항암·방사선)과 긴밀히 연계
- 회복기(재활·영양·심리·통증·완화 초기) 기능을 중심으로 운영
- 환자의 전 주기 과정을 코디네이터가 1 : 1로 관리

2) 단계별 기능

- 진단 직후
  - 통합 네트워크에 자동 등록
  - 코디네이터가 진단 내용, 치료 옵션, 예상 경과, 회복기 경로 설명

- 급성기 치료 및 회복 관리
  - 수술·항암 직후 일정 기간 입원
  - 낙상·감염·부작용 위험이 높은 초기 2~3주에 집중 관리
  - 전원 시 전산·정보 연동을 통해 진료의 연속성 확보

- 통합 재활 영양 심리 프로그램
  - 암환자 맞춤 항암·회복 식단 및 영양 관리

- 근감소증, 근골격계 통증, 림프부종 등 재활 운동 실시
- 심리·정서 회복 프로그램 제공(우울·불안·불면·PTSD·가족 상담 포함)
- 단, 온열·고압산소 등은 과학적 근거와 안전성을 재평가하여 선별급여 신의료기술 평가 틀 안에서 엄격히 관리한다.

- 지역기반 방문의료 재택 연계: 퇴원 후 지역 방문재활팀, 방문의료팀에게 자택에서 회복, 재활, 통증 관리 등을 받을 수 있도록 설계
- 완화의료 호스피스 통합
  - 질병 진행이 예상될 경우 회복기 단계에서부터 완화의료팀 동시 개입
  - 호스피스와의 연계를 통해 생애 말기까지 끊김 없는 연속성 확보

- 암 생존자 만성기 관리
  - 장기 부작용(심혈관·내분비·골다공증 등) 모니터링 실행
  - 직장 복귀 및 사회 재적응 프로그램 운영
  - 지역 주치의와 연계된 암 경험자 관리제 기반 구축

3) 조직 구성

다학제 팀(Multidisciplinary Recovery Team) 구성

- 의사(종양내과·재활·영양·심리·가정의학과·완화의료팀 등)
- 전문 간호사(케어코디네이터 포함)
- 물리·작업치료사, 영양사, 임상심리사, 의료사회복지사
- 호스피스·완화의료팀, 방문의료팀

4) 정보·경로 설계(안)

- 전 주기 통합 진료정보 플랫폼: 모든 검사, 영상, 전원 정보가 하나의 시스템에 축적되고, 환자와 보호자도 열람 가능
- 전국 표준 네비게이터 경로: 진단 → 급성기 → 회복기, 만성기, 완화기로 이어지는 국가 표준 경로 구축

이를 통해 하나의 통합 네트워크에서 작동하도록 한다.

9. 사회경제적 기대 효과

(가칭) 회복기 병원 도입은 다음과 같은 효과를 가져온다.

- 재입원 및 응급실 재유입 감소
- 가족 간병 및 돌봄 부담 감소
- 비과학적 비급여 실손 분쟁 감소
- 삶의 질(QOL) 및 우울, 불안 등 정신건강 개선
- 국가 전체 사회경제적 비용 절감 효과

이와 더불어 환자가 덜 아프고, 병원에 덜 가고, 합병증 발생과 재입원이 감소할수록 의료기관과 의료진도 보상을 받는 가치기반 지불체계로 전환된다면,

- 불필요한 의료이용 감소
- 회복·예방·조정 기능 강화
- 필수·지역의료 인력의 소진 완화

등 보건의료 전반의 구조개편 효과를 기대할 수 있다.

10. 결론: 회복기 공백을 메우는 국가책임형 인프라

우리나라의 중증질환자가 현재 겪고 있는 현실은, 급성기 치료에는 성공했지만 그 이후에는 국가가 책임지지 않는 구조로 인해 가정경제와 삶의 질이 급격하게 떨어진다는 사실이다.

중증질환자에게 필요한 것은 전 주기를 설계하고 조정하며 치료 이후의 삶과 회복을 책임지는 국가 구조를 만드는 것이다.

그러므로 이제는 (가칭) 회복기 (암전문) 병원을 통해 치료 이후 삶과 경제, 돌봄, 심리, 사회복귀를 보장해 주는 국가 인프라를 구축해야 한다. 국가는 환자의 생존뿐만 아니라 삶과 회복 경험 전체를 책임져야 한다.

아울러 현재 장애인 등록 절차가 '포지티브 리스트' 형태로 운영되면서 암·중증질환자들이 내과형 혹은 내부 장기 절제·기능 저하로 일상생활이 곤란함에도 장애인 등록에서 배제되는 문제가 심각하다. 현재는 일부 질환만 인정되어, 환우들이 개별적으로 과도한 행정소송을 통해 장애인 등록 문제를 해결해야 하는 상황이다.

이에 이 문제 역시 앞으로 중증질환자경험향상분과에서 암·중증질환자의 전 주기 경험 개선과 연계된 핵심 의제로 심도 있게 다루어야 한다.

제 3 장

—

치료는 성공했지만 환자경험은 실패한 의료체계, 어떻게 바꿀 것인가?(2)

중증질환자 치료 접근성 향상을 위한 실손보험 개편 및 비급여 관리정책 변화 방향

대표저자

중증환자경험향상분과 분과장 김성주

공저자

김희진

백민환

하은진

조은영

안정희

오주환

강희경

Table of Contents

1. 서론

우리나라 실손의료보험(이하 실손보험)은 그동안 국민건강보험이 보장하지 못하는 본인부담금과 비급여를 보완하는 사적 안전망이라고 설명해 왔다. 실손보험 가입자는 현재 약 4,000만 명으로, 사실상 국민 대부분이 가입한 제2의 건강보험으로 자리 잡아가고 있다. 2023년 기준 실손보험 지급보험금은 약 14조 원 수준으로 추산하고 있으며, 이는 전체 진료비 중 상당한 비중을 차지한다. 그러나 최근 실손 손해율 증가와 보험료 인상을 둘러싼 논쟁에서 정부는 비급여 관리와 실손보험 구조 개편을 연속적으로 추진하고 있다.

이러한 변화는 중증질환자의 치료 경로 및 의료비 부담에 직간접적으로 영향을 미칠 가능성이 매우 크다. 특히 아래의 변화는 중증질환자의 치료 접근성 측면에서 볼 때 우려되는 부분으로 정책적 검토가 필요하다.

- 비급여 관리 및 관리급여 항목 도입: 도수치료, 방사선온열치료, 경피적 경막외강 신경성형술 등 3개 항목을 시작으로 비급여 일부가 본인부담률 95%의 관리급여로 편입되었다.
- 5세대 실손보험 도입 준비: 비중증·비급여에 대한 본인부담률 상향(30~50%), 비급여 한도 축소 등을 포함한 5세대 실손 도입이 추진 중이다.
- 실손보험 청구 전산화(실손24) 1·2단계 시행: 2024년 병원급·보건소에 이어 2025년 10월에는 의원·약국까지 포함한 2단계 전면 시행으로 종이 서류 없는 실손 청구가 가능해졌다.
- 구세대 실손 전환 유도 및 보험료 구조 변화: 비급여 보장 범위가 넓은 1·2세대 실손을 보험료 인상, 재매입·전환 인센티브 등을 통해 4·5세대로 옮기려는 논의가 이어지고 있다.

정부 주도의 이 모든 변화는 실손보험의 '지속가능성'을 명분으로 추진되고 있다. 그러나 비급여와 실손보험을 이유로 건강보험의 보장성 강화에 대한 논의는 뒤로 밀려 있는 상태다. 그 사이에서 중증질환자는 보험료를 계속 내고 있지만 실제 치료 접근은 점점 더 어려워지는 모순적인 상황에 놓여 있다.

특히 보험료 인상, 보장 축소, 고액 치료비 지급 거절에 대한 불안, 의료정보 집중에 따른 장기적인 차별 우려의 소지가 높다.

이에 실손보험 구조 개편 논의가 중증질환자 관점에서 제대로 설계되고 있는지를 점검하고 중증질환자 관점에서 치료 접근을 보장하는 방향의 정책 대안을 제시하고자 한다.

2. 현황 및 최근 정책 변화

1) 현재 실손보험의 구조

(1) 가입 현황

- 가입자 약 4,000만 명
- 사실상 제2의 건강보험
- 지속적인 보험료 인상, 특히 1·2세대 실손보험료 상승폭이 큼
- 의료이용이 많은 가입자에게 할증 발생 가능

(2) 비중 확대

- 지급보험금 규모는 연간 14조 원에 이르며, 이는 의료비 지출 구조에 큰 영향을 줌

• 건강보험 보장성 공백을 대체하는 구조가 고착화됨

(3) 실손보험 세대별 구조

표 1 | 실손보험 세대별 구조

구분	도입 시기	주요 특징	중증질환자 관련 쟁점
1세대	2009년 이전	거의 모든 비급여 및 급여 보장, 본인부담률 낮음	보장의 폭은 넓지만, 보험료 폭등, 4·5세대 전환 압박
2세대	2009~2017	일부 보장 축소 본인부담률 상향	여전히 비급여 보장 넓어 보험료 인상 요인
3세대	2017~2021	급여·비급여 분리 비급여 본인부담률 확대	비급여 치료 의존 중증환자부담 증가
4세대	2021~현재	의료이용량에 따라 보험료 할증 가능	장기 치료를 해야 하는 중증질환자에게 불리한 구조
5세대	현재 논의 중	비중증·비급여에 높은 자기 부담·관리급여 확대	중증 비중증 구분 기준, 실제 치료경로와 괴리 우려

※ 상기 표는 개략적으로 특징을 정리했음(김성주).

2) 실손보험 정책 변화

표 2 | 실손·비급여 관련 주요 정책 변화 연표

연도	정책 / 제도	주요 내용	중증질환자에게 끼친 영향
2021	4세대 실손 도입	의료이용량과 연계한 보험료 체계	이용 빈도가 높은 장기 치료 환자에게 불리
2023	비급여 관리 강화	비급여 조사·통계 발표, 관리 급여 논의	비급여 의존 치료를 규제할 가능성 높아짐
2024	관리 급여 3개 항목 지정	도수치료·방사선 온열 치료 등 본인부담 95%	통증·보조 치료 접근성 저하
2024~ 2025	실손 청구 전산화(실손24)	병원급 → 의원·약국까지 청구 전산화	의료정보 집중, 데이터 기반 차별 위험
예정	5세대 실손 추진	비중증·비급여 본인부담 강화, 관리급여 연계	중증·비중증 기준과 실제 치료경로 간 불일치 우려

※ 상기 표는 개략적으로 특징을 정리했음(김성주).

3. 정책 현안의 문제점 분석: 구조적 위험

1) 많이 아플수록 보험료를 더 내는 구조적 모순

중증질환자는 특성상 장기적·반복적 의료이용, 비급여를 포함한 고액의 치료비 지출이 필수적일 수밖에 없다.

표 3 | 중증질환자의 의료이용 특성

항목	내용
진단·치료 기간	수년 이상 장기화(암 재발·전이, 희귀질환·만성질환 악화 등)
진료 형태	고빈도 외래, 반복 입원, 응급실 이용 가능성 높음
비용 구조	고가 항암제·표적치료제·면역치료, 신의료기술, 비급여 검사 및 치료의 비중이 큼
소득 변화	진단 후 퇴직·휴직·시간제 전환 등으로 가구 소득 감소 가능성 큼
비의료 비용	간병, 교통, 돌봄, 생계비 증가 등 비의료 비용 부담 증가

그러나 현재 실손보험 구조로는

- 의료이용량 증가 → 손해율 증가 → 보험료 할증 가능
- 비급여 비중 높을수록 → 보장 축소될 위험 증가

결국 질병 악화 → 소득 감소 → 보험료 부담 가중이라는 역진적 구조가 발생할 수밖에 없다.

중증질환자 특성	실손보험 구조	충돌 포인트
장기·반복 치료	의료이용량 연계형 보험료(4세대 등)	치료가 길수록 보험료 인상·할증 위험 증가
고가 비급여·선별급여	비급여 보장 축소·관리 급여 도입	치료 옵션 축소 및 본인부담 급증
소득 감소	갱신 및 전환 시 인상	치료기간 동안 보험 유지 자체가 부담
예측 불가능한 치료경로	복잡한 세대·상품 구조, 다양한 약관·특약	환자와 가족이 이해하고 대응하기 어려움

이 구조는 보험의 본질적인 보호 기능을 약화시키며, 중증질환자에게는 치료 유지 자체를 불가능하게 한다.

2) 관리급여 도입이 초래한 치료 옵션 축소

관리급여는 건강보험 체계 안에 일부 비급여가 편입된 것으로 보이나, 실제로는 본인부담률 95%라는 높은 본인부담을 도입한 것이다.

해당 항목 중 일부는 중증·암환자가 통증 조절, 삶의 질 유지를 위해 사용하는 치료에 해당한다. 따라서 실손 보장이 배제되면 중증질환자가 전액 부담해야 한다.

결국 현재의 관리급여 체계로 인해 중증질환자에게 필요한 치료 옵션을 축소하거나 중단하게 만드는 결과가 초래된다.

3) 환자의 치료 선택지를 제거한 관리급여의 편입 사례

- 방사선온열치료
  - 보조·완화 치료에 해당: 재발·전이, 표준 항암·방사선 치료 후 치료 옵션이 제한된 환자에게 통증 완화, 국소 종양 조절, 삶의 질 유지를 위해 활용
  - 관련 제도
    - · 2024년, 본인부담률 95% 관리급여로 편입
    - · 실손보험 보장에서 제외되거나 극히 제한적으로 인정
  - 중증질환자에게 초래한 실제 변화
    - · 사실상 전액 본인부담 치료로 전환
    - · 고가 항암제·입원·검사 비용이 누적된 중증질환자에게 방사선온열

치료는 현실적으로 선택 불가능한 치료가 됨

· 치료의 효과 및 필요성 여부를 논하기 이전에 경제적 이유로 치료 논의 자체가 배제되어 버림

정책 설계 의도	중증질환자에게 발생한 실제 결과
비급여 남용 억제	필요한 치료조차 일괄 차단됨
보험 재정 관리	환자에게 전가되는 비용 부담
합리적 의료이용 유도	치료 포기 및 지연 증가
관리 가능한 제도 설계	실질적으로 치료 선택권이 박탈됨

– 시사하는 바

· 관리급여 정책은 중증질환자 치료 경로의 특수성을 반영하지 못함

· 환자 영향평가(Patient Impact Assessment) 없이는 동일한 문제가 반복될 가능성 큼

· 중증질환자 치료 영역에 대한 예외 기준 필요

4) 비급여·실손 개편의 주요 기준, '손해율 중심'

• 현재 실손 개편

– 보험사 손해율 개선

– 개편 주요 목적은 재정 안정화

– 비급여 증가 억제 중심 등으로 설계된 경향이 강함

• 구조적 결함

– 중증질환자의 치료 경로 평가 부재: 특정 비급여·선별급여가 실제 중증

질환자 치료 성과에서 어떤 역할을 하는지에 대한 평가 부족

– 정책의 핵심 평가지표 부재: '손해율이 개선되었는가?'에서 '치료 포기·지연이 줄어들었는가?'에 중심을 두어야 함

– 환자부담 구조에 대한 사전 평가 부족: 보험료 변동, 본인부담 변화, 보장범위 축소 등으로 인해 중증질환자의 재정적 영향이 어느 정도나 가중되고 있는지에 대한 분석 미흡

• 요양병원·한방병원 진료 과정에서 중증질환자가 겪는 이중부담 사례
  – 중증질환자는 급성기 치료 이후 회복기·완화기 치료, 돌봄 필요로 요양병원 또는 한방병원을 선택할 수밖에 없는 상황에 놓임
  – 진료 현장에서 나타나는 구조적 문제
    · 일부 요양병원·한방병원에서는 실손보험 가입 여부를 전제로 고가 비급여 치료 패키지, 반복적·장기적 비급여 시술을 사실상 입원 조건으로 제시
    · 결국 환자는 치료와 돌봄이 절실한 상황에서 비급여 구조에 대한 충분한 설명이나 선택권 없이 실손보험을 전제로 진료 구조에 편입
    · 그러나 일정 시점 이후 보험사는 해당 진료를 '과잉', '비의학적', '약관상 보장 제외' 등으로 판단, 보험금 지급을 중단하는 사례 발생 → 이 상황에서 환자는 이미 치료를 시작한 상태이기 때문에 수백만 원에서 수천만 원을 개인이 부담해야 하는 상황에 놓임
    · 결국 환자는 병원과 보험사 사이에서 책임을 전가 받고 명확한 제도적 보호 없이 치료와 생계 사이에서 불안정한 선택을 강요받음

현재의 개편은 의료 취약계층에게 불리한 방향으로 기울어지고 있다.

4. 의료정보 집중으로 인한 위험

실손 청구 전산화는 편의성 증대라는 장점은 있지만, 아래와 같은 문제가 발생한다.

- 보험사의 정보 우위 강화: 대규모 의료이용 데이터가 보험사에 축적되면서 위험군 분류, 갱신 및 가입 조건 조정, 보험료 할증 근거에 활용될 가능성이 존재한다.
- 고액 치료 환자에 대한 보상 회피 증가: 실손 지급률은 소액 청구 증가로 높아질 수 있으나 고액 치료비 지급 심사가 강화될 위험이 있다.
- 실제 의료이용 패턴 기반 차별 가능성: 빈번한 외래 이용, 반복적 고액 청구 등은 향후 '위험 가입자' 분류 근거가 될 수 있다.

이는 중증질환자를 구조적으로 불리하게 만들 수 있는 차별 위험을 내포하고 있다.

5. 종합 평가: 중증질환자에게 미치는 영향

종합하면,

- 보험료 인상 + 보장 축소 → 실질적 의료 접근성 저하
- 관리급여 도입 → 일부 치료 옵션 박탈
- 전산화된 의료정보 집중 → 중장기적 차별·할증 위험 증가
- 비급여·실손 개편의 손해율 중심 프레임 → 환자 중심 평가지표 부재

실손보험 개편은 중증질환자 관점에서 생존과 직결된 치료 접근성 문제로 접근해야 한다.

6. 중증질환자 치료 접근성 보장을 위한 개편(안)

1) 공보험 강화와 실손 축소 연계 추진

- 중증질환 영역의 급여 확대
  - 암·희귀·난치질환 등 생명 관련 핵심 치료의 급여 기반 강화
  - 선별급여의 본인부담률 단계적 완화
- 실손을 공보험 보조제도로 재정의
  - 실손을 공보험 보장의 공백을 임시 보완하는 보조적 제도로 재설정
  - 장기적으로는 공보험 내에 별도 구조로 편입하는 방향 검토
- 공·사보험 조정체계 마련: 실손보험 재정과 건강보험 재정의 중장기 통합·조정 필요

2) 중증질환자 보호장치 도입

갱신·전환 시 보장 후퇴 금지 규정: 중증질환자·희귀질환자·소아암 등 특정 환자에 대해 갱신 거절, 급격한 보험료 인상, 실손 보장 축소 금지 규정 마련

- 질병 악화에 따른 보험료 상한제 도입
  - 의료이용 증가를 이유로 한 '역진적 보험료 할증 구조' 개선
  - 소득 감소 및 장기치료 환자에 대한 보험료 감면·지원 검토

3) 환자에게 미칠 영향평가 의무화

- 비급여 관리, 사전 영향평가 제도화: 특정 비급여를 관리급여로 편입하기 전 중증질환자의 치료 접근성, 대체 치료 가능성, 경제적 상황 등을 분석하는 사전 영향평가 도입 필요
- 관리급여 항목의 실손 보장 원칙 명문화: 치료 필요도가 높은 영역은 실손 보장 유지 또는 보완 기준 마련
- 균형화된 협의체 구성: 비급여관리정책협의체에 환자·시민단체 참여 의무화

4) 의료정보 활용의 공공 규율 강화

- 전산화된 실손 청구 데이터, 공적 관리: 보험사가 진료정보를 독점적으로 활용하지 못하도록 데이터 저장·활용 기준안 마련 및 공공 데이터 거버넌스 구축 필요
- 차별적 언더라이팅 금지 규정 명문화: 중증질환자의 빈번한 의료이용이나 특정 질환 이력으로 보험료 폭탄, 보장 축소, 가입 제한과 같은 불합리한 상황이 발생하지 않도록 법적 기준 마련 필요
- 정보주체인 환자의 통제권 보장
  - 열람·동의·철회 기능 명문화
  - 데이터 활용 목적 및 범위의 투명성 강화

7. 결론

실손보험 개혁은 중증질환자의 생명과 치료 지속가능성을 결정하는 보건정책 현안이어야 한다.

그러나 현재 개편 방향은

- 보험료 인상 구조 고착화
- 보장 축소될 가능성 증가
- 관리급여 도입에 따른 치료옵션 제한
- 전산화된 의료정보에 기반한 차별 가능성 증가

등 중증질환자에게 불합리하게 작용할 수 있는 요소가 다수 포함되어 있다.

따라서 향후 실손보험 개편과 비급여 정책은 아래의 원칙을 기반으로 추진되어야 한다.

- 최우선으로 삼아야 할 기준, 환자 중심 지표(치료 접근성, 재정 위험 보호)
- 공보험 중심의 보장성 강화와 실손 축소 연계
- 중증질환자를 위한 보호장치 제도화
- 비급여·관리급여 개편 시 환자에게 미칠 영향평가 의무화
- 청구 전산화·데이터 활용에 대한 공공 규율 강화

정책 개편의 목적이 단순한 재무적 안정화가 아니라 환자 치료권 보장임을 명확히 할 때, 실손보험 제도는 중증질환자와 국민의 건강권을 지키는 안전망으로 기능할 수 있을 것이다.

제 4 장

—

응급·중증환자가 제대로 이송되고 치료받을 수 있어야

응급의료체계 개선 제안:

이원화된 컨트롤타워를 넘어, 응급환자안전의 연속성을 확보하기 위하여

대표저자

응급의료-병원전단계분과 분과장 어은경

공저자

신희준

류옥하다

강희경

김성주

조은영

하은진

김영순

오주환

유미화

Table of Contents

1. 반복적인 병원전단계 응급환자안전사건의 배경

1) 이원화된 응급의료 컨트롤타워와 시스템의 실패로 반복되는 비극

현재 응급의료체계는 병원전단계(119 구급-소방청)와 병원단계(응급의료기관-중앙응급의료센터/복지부)로 이원화되어 있다. 이러한 이원화된 컨트롤타워로 인해 응급의료 정보 연계 부재, 질 관리 실패, 책임 공백 등이 연결되어 나타나고 있고, 응급환자안전에 대한 응급의료 안전망의 운영 실패가 지속적으로 고착화되고 있다. 대한민국의 소위 '응급실 뺑뺑이'로 불리는 수용 거부와 전원 지연 사태는 개별 의료진이나 구급대원의 문제가 아니라, 응급환자 발생부터 최종 치료에 이르기까지 전 주기적으로 환자안전을 담보하지 못하는 구조적 시스템 실패의 결과로 발생한 '병원전단계 응급환자안전사건'이다. 응급의료시스템 내에서 발생하는 중대한 위해는 의료분쟁의 대상이 아니라 환자안전사건으로 인식되어야 하며, 개인에 대한 처벌이 아닌 근본 원인분석과 시스템 개선을 통해 안전망 강화에 집중해야 다음에 발생 가능한 동일한 환자안전사건을 예방할 수 있다.

2) 응급의료진 소송 위험에 대한 이중 구속(Double Bind)

응급의료진은 다음과 같은 딜레마에 처해 있다.

- 병원이 최종 치료 역량이 없음을 알면서도 수용하면, 전원 지연 및 의료과실 책임 위험이 발생한다.
- 수용하지 않으면, 진료거부 및 주의의무 위반 위험이 발생한다.

응급의료 현장에서 반복되는 수용 거부와 전원 지연은 의료진의 윤리적 실패가 아니라, 수용해도 책임이고 수용하지 않아도 책임을 지게 되는 구조적 딜레마의 산물이다. 의료진은 불완전한 정보와 불명확한 책임 구조 속에서 개인 판단을 강요받고, 그 결과에 대해서는 사후적으로 전적인 책임을 지게 된다. 이러한 상황에서 응급의료진에게 개인적 헌신과 도덕성만을 요구하는 접근은 환자안전을 강화하지 못하며, 오히려 방어적 의료와 회피적 의사결정을 강화할 위험이 있다. 따라서 응급환자 수용의 판단을 개인에게 전가하는 구조를 넘어, 병원전단계부터 최종 치료까지를 하나의 환자안전 시스템으로 설계하고, 그 안에서 책임과 위험을 공적으로 분담하는 제도적 전환이 필요하다.

최근 일부 판례(대법원 2025.1.9. 선고 2023 다 299925)에서 응급환자 수용 여부를 지나치게 세분화된 전문의 존재 여부나 개별 의료기관의 현실과 관련된 기준으로 판단하는 경향은 응급의료 현장의 구조적 한계를 고려하지 못한 측면이 있다. 야간에 즉시 수술이 필요한 신생아 장 꼬임 사례에서 해당 기관에 소아외과 세부전문의가 부재하여 외과 전문의가 응급수술을 시행했으나 이후 재발과 광범위 장 절제로 중증 후유장애가 발생한 사건에 대해 수술한 외과의사에게 손해배상 책임을 인정한 선고 결과가 그 예다. 이러한 사법적 판단의 적절성은 개별 사건을 넘어 응급의료체계 전반의 환자안전과 의료진의 의사결정에 중대한 영향을 미치므로, 향후 사회적 공론화 과정을 통해 충분히 논의되어야 한다.

3) 응급의료체계가 환자안전사건에 취약하고 위험성이 큰 이유

응급의료체계는 병원전후 단계에서 매우 다양한 전문직군이 개입하며, 부족한 정보와 복합적인 임상문제에 대해 긴급한 의학적 의사결정이 필요하다는 특징이 있다. 병원내시스템이라는 단일 구조 안에서 동일한 언어와 지침을 사용하는 다른 진료시스템과 달리, 응급의료체계는 소방청, 보건복지부, 응급구조사, 경찰, 보건소, 사회복지사, 요양보호사, 간호사, 의사, 요양원, 각종 의료시설 및 재난 상황 등 수많은 주체가 개입한다. 이러한 복잡한 상황이 응급처치 및 전원시스템과 함께 묶여서 동일한 지침하에 운영되지 않는다.

의학적 의사결정은 항상 제한된 시간과 압박감하에 이루어지며, 부족한 정보에 근거한 의사결정, 사생활 보호의 부족, 절차의 잦은 중단, 복잡한 치료 단계로의 이행 등이 수반된다. 이러한 불확실하고 역동적인 상황으로 인해 의료실수 위험이 증가하므로, 모든 단계별 근본 원인 분석을 통한 시스템 강화가 더욱 필요하다.[1, 2]

4) 오래된 응급의료기관 분류체계와 이송병원 선정지침 부재의 문제

현행 종별 응급의료기관 분류체계는 인력, 시설, 장비만을 기준으로 할 뿐, 의료기관의 실질적인 진료 제공 역량에 대한 기준은 없다. 또한 우리나라는 공론화되고 표준화된 과학적 근거 기반의 병원전단계 이송병원 선정 지침이 확보되지 않았다. 따라서 응급의료기관을 진료 제공 역량에 따라 합리적으로 분류하고 이에 기반한 표준화된 구급차 이송지침을 마련하여 적용하는 것이 필수적이다.

5) 지난 6년간 악화된 응급의료 환경과 시스템 공백 지속 상황

코로나19 팬데믹(2019.12~2024.5)과 의정사태(2024.2~2025.8)가 연속적으로 발생하면서 응급의료자원의 취약성이 심화되었다. 소위 '응급실 뺑뺑이'는 기존의 이원화된 컨트롤타워, 분류체계 미비, 지침 부재에 이러한 대형 사건들이 더해져 악화된 결과다. 2025년 9월 기준 전국 전공의 복귀율은 정원 대비 약 68.3%이며,[3] 수도권 63%, 비수도권 53.5%로 지역별 격차가 존재한다.[4] 이로 인해 진료시스템의 공백이 아직 정상화되지 못한 실정이다.

6) 응급의료 관련 환자 전 주기 자료 분석과 법률적 근거 미비

응급환자 전 주기 자료 분석을 토대로 질지표가 선정되고 그 근거가 법률에 담겨야 한다. 지난 6년간 의료환경 악화가 환자안전에 미친 영향이나 위해 요소에 대한 분석이 전무한 상태에서, 단순히 구급차 이송시간 단축이나 수용곤란 고지 시스템 개선만을 논의하는 것은 환자안전을 담보할 근거가 부족하다.

2. 국가 응급의료 시스템 진단 및 문제점

1) 응급환자 이송 시스템 전체 단계

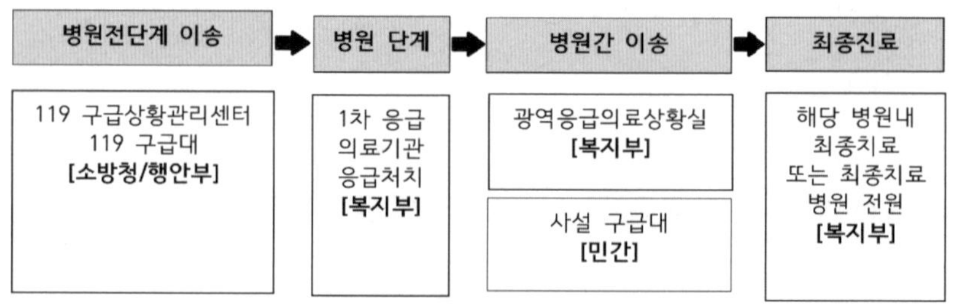

2) 병원전단계 환자 평가 및 이송의 적정성 문제

현장에서 119 구급대가 시행하는 환자 중증도 분류(Pre-KTAS)는 실제 병원 진단 및 치료 필요도와 불일치하거나 중증도가 과소평가(undertriage)되는 사례가 반복되고 있으며, 그 결과 적정 병원 선정 실패와 이송 지연을 구조적으로 유발하고 있다. 또한 지역별 의료자원 역량(수술 가능 여부, 배후 진료 등)을 반영한 표준화된 이송 지침이 부재하여, 이송 병원 결정이 여전히 구급대원의 개인적 경험과 전화 문의에 의존하는 비체계적이며 비일관적인 방식으로 운영되고 있다.

3) 응급의료 정보·통신 체계의 한계

119 구급상황관리센터와 중앙응급의료센터 간 실시간 데이터 연동이 미흡하며 단순히 병상 수치 정보만으로는 실제 수용 가능 여부(배후진료 역량, 수술·중환자실 가동 여부 등)를 정확히 판단하기 어렵다는 의료기관 정보 공유의 한계가 존재한다. 또한 재난 상황에서 민감한 개인정보가 포함된 의료정보가 카카오톡 등 민간 메신저를 통해 전달되는 관행이 지속되고 있으며, 유선 전화로 수용 여부를 확인하는 방식 역시 정보 전달의 정확성을 저해하고 의료진의 업무 부담을 가중시키는 등 비효율적 소통 구조로 작동하고 있다.

4) 1차로 이송된 응급의료기관의 중증도 분류(triage) 구역에서의 초진 진료의 문제점

중증도 분류(triage) 구역은 응급환자의 예후를 좌우하는 첫 의학적 의사결정 지점으로서 미숙한 의료진의 한계라는 문제점이 존재한다. 이는 단순한 분류가 아니라 즉각적 생명 위협 여부 판단, 다발성 손상·동반 질환의 통합적 해석, 초기 처치 및 검사 우선순위 결정, 수술·중환자실·전원 여부 판단을 포함하는 고난도의 임상적 의사결정 과정이다. 응급환자의 다발성 문제에 대한 신속한 판단과 의학적 결정을 위해 응급의학과 전문의 초기 진료가 필요하다. 일례로 자살 의도로 추락한 소아 외상환자의 경우 빠른 판단과 의학적 개입이 필요하며, 전공의나 간호사, 응급구조사만으로 환자안전을 담보할 수 없다.

5) 최종 치료 단계인 배후 진료과의 문제점

특정 지역에 수술 가능한 전문의가 상시 근무하는 병원이 없는 경우나 중환자실 병상은 있으나 전담 인력이 없는 경우 등의 필수 배후 진료과(인력) 및 자원(중환자실, 수술실 등) 부족 문제가 있으며, 이로 인해 응급환자는 반복적인 전원 또는 장거리 이송을 겪게 된다. 의료의 과도한 세분화로 인해 신경외과 전문의일지라도 뇌혈관 전문이 아니면 뇌혈관 진료를 하지 못하며 한 의료기관이 모든 분과의 전문의를 고용하기 어렵다는 문제가 있다. 응급진료/시술/수술을 해야 하는 필수의료의 경우 대부분 저수가로 수익성이 떨어지므로 야간/휴일 당직을 비롯한 상시 근무가 가능할 정도의 충분한 수의 의료진을 고용하기 어렵다는 낮은 의료수가의 문제도 존재한다. 또한 타 의료기관에서의 진료기록/검사결과/처방내역을 확인할 수 없으므로 환자가 타 기관에서 진료받은 병력이 있는 경우 수용을 거부하게 된다. 제도적으로 지역 단위에서 중증응급환자의 최종 치료를 책임지는 주체가 명확하지 않은 지역 단위 최종 치료 책임 주체 부재의 문제가 있다. 최종 치료 단계가 지역 책임하에 계획·관리·평가되지 않는 한 응급환자안전은 구조적으로 담보될 수 없다. 이로 인해 최종 치료 제공 여부는 개별 병원의 역량과 자발성에 의존하게 되고, 전원 실패와 치료 지연은 구조적 문제임에도 불구하고 개인의 판단 오류로 환원된다. 이러한 책임 공백은 응급환자안전과 의료분쟁을 동시에 악화시키는 핵심 요인이며 의료자원 부족 그 자체보다 자원을 지역 단위로 책임지고 유지해야 할 주체가 없다는 구조적 문제에서 비롯된다.

6) 최종 치료를 위한 병원 간 이송의 문제점

광역응급의료상황실의 실시간 의료자원 정보의 불완전성, 제한된 권한, 표준화되지 않은 의사결정 기준으로 인해 '최적 병원 선정'이 아닌 '수용 가능한 병원 탐색'으로 작동하는 경우가 많다는 광역응급의료상황실 전원조정 기능의 한계가 있다. 또한 사설 구급대(민간 환자이송업체)는 법적으로 '응급의료 제공자'가 아닌 '이송업'으로 규정되어 있어 취약성을 가진다. 사설 구급대는 병원 간 이송 중 환자안전 관리의 취약성과 함께 응급환자안전을 담보하기에는 역량 편차가 매우 크다. 환자안전사건 및 전원 지연이 발생하더라도 책임 소재와 개선 주체가 불명확하며 병원 간 이송은 다른 응급의료시스템과 동일한 정보망·지휘체계·평가체계 안에 포함되어 있지 않다.

7) 다양한 복합 재난 위기 상황에서 다수의 사상자 발생 시 응급의료체계의 문제점

우리나라의 「재난 및 안전관리 기본법」에 근거한 통합 재난 대응 체계는 행정·소방 중심으로 설계되어 있어 병원전 응급의료부터 최종 치료에 이르는 의료 전 주기 안전을 안정적으로 담보하지 못하는 한계를 반복적으로 노출하고 있다. 병원전 응급의료의 실패는 단순한 현장 혼란을 넘어 대규모 환자안전사건으로 직결됨에도 불구하고 현재의 국가 재난 대응 체계는 '응급의료'를 구조적인 면에서 핵심 요소로 포함하지 못하고 있다. 재난 대응 컨트롤타워의 구성원에 응급의료 전문가가 배제되어 있어 초기 의료적 의사결정이 행정 판단으로 대체됨에 따라 중증도 오판, 이송 실패, 의료자원 오배분이 발생할 위험이 증가한다. 미국 FEMA(DHS)[5]나 영국 NHS[6]와 달리 재난 대응 지휘부에 전문의료인의 의사결정이 지휘체계에 구조적으로 포함되지 않아 의학적 판단을 내리는 고정된 구조가 없으므로 의료를 재난 대응의 자원(resource)이 아니라 지휘 기능(command)으로 재정의해야 한다. 현재 재난 대응 지휘체계는 생물테러는 질병관리청, 화학테러는 환경부, 방사능은 원자력안전위원회, 폭발물은 경찰청 등 상황별로 파편화된 상태다. 복합 재난 위기 상황 발생 시 다수의 부처와 기관이 동시에 개입하면서 '누가 책임지고 지휘할 것인가'에 대한 명확한 기준이 없어 지휘 혼선 및 정보 공유 지연 문제가 빈번하게 발생한다(예: 이태원 참사).

3. 응급의료체계(EMS) 질 관리 문제점

1) 해외 주요국 응급의료(EMS) 체계 및 질 관리 핵심 요소 비교

국가	병원전 EMS 소속 부처/조직(대표 모델)	질 관리(QI/QA) 핵심 요소
대한민국	소방청(행정안전부) 소속 공공 EMS(119가 화재·구조·구급 통합) - 운영: 소방청(행정안전부)	반응시간 중심 지표, 구급활동 기록 수집은 있으나 임상결과·전 주기 환자안전 평가 체계는 제한적[7, 8] - 제한적·형식적 질 관리 - 소방 자체 평가 및 행정 지표 위주

국가	병원전 EMS 소속 부처/조직(대표 모델)	질 관리(QI/QA) 핵심 요소
	- 정책/의료: 보건복지부	- 법적 근거(119법 제10조2의 제4항*) 있으나, 병원 진료 결과(Outcome)와 구급활동의 의학적 환류(피드백) 미흡
미국	지방정부(카운티·시) 중심 운영 + 주(州) 규제, 연방 차원 NHTSA Office of EMS 지원 - 다원화(지자체 중심) - 소방(Fire), 민간(Private), 공공 제3의 서비스 등 다양	NEMSIS 국가 표준 데이터셋 기반 성과지표, 전국 단위 벤치마킹·QI 체계[9, 10] - 의료지도의사(Medical Director) 중심 - 지역 EMS 시스템마다 의사(Medical Director)가 구급대원의 자격, 프로토콜, QA/QI를 전적으로 책임지고 감독함 - 엄격한 임상 데이터 기반의 사후 평가 및 교육 환류
영국	국가보건서비스(NHS) 산하 앰뷸런스 트러스트(Ambulance Trust) - 일원화(보건부)	Ambulance Quality Indicators(AQI): 시스템 지표(AmbSYS) + 임상결과(AmbCO)를 정기 공개(심정지·뇌졸중·심근경색 등)[11, 12] - 임상 거버넌스(Clinical Governance) 확립 - 환자안전, 임상 효과, 환자경험을 통합 관리하며, 모든 활동은 임상 의학 전문가의 지도 아래 이루어짐 - 독립적인 조사 기구(HSSIB)를 통해 시스템 오류 분석
캐나다 (예: 온타리오, 브리티시컬럼비아)	주(Province) 정부 관할, 보건체계 내부 운영 - 주로 보건부 산하(일부 소방 병행)	Base Hospital Program 기반 의료지도, 의학적 감독, 구급대 처치·지도의 QA 모니터링 수행. 주 단위 임상·시스템 성과관리[13, 14] - 엄격한 임상 프로토콜 및 법적 책임 - 고도의 훈련을 받은 구급대원(Paramedic)에게 광범위한 권한을 부여하는 대신, 프로토콜 위반에 대한 강력한 책임 및 환자안전 관리가 뒤따름
독일	연방이 아니라 16개 주(Länder)법에 근거한 분권형 EMS - 이원화(협력 모델) - 운영: 내무부/소방/구호단체 - 의료: 응급의사(Notarzt) 시스템	주 단위 의료감독·표준·질 관리, 전국 단일 QA보다는 지역 책임 강조[15] - 응급의사(Notarzt) 현장 투입 - 중증환자 시 의사 탑승 차량이 출동하여 현장에서 의사가 직접 지휘 및 처치를 수행하여 의료 품질을 보장함
프랑스	보건부 통제하 병원 기반 SAMU 의료조정 + SMUR(의사 주도) - 일원화(보건부) - SAMU(응급의료센터) 중심, 소방과 협력	의사 중심 EMS 의료조정(medical regulation) 자체가 핵심 환자안전 장치[16] - 중증환자 시 의사가 탑승한 SMUR 출동. 의사가 현장에서부터 최종 치료까지의 모든 단계를 책임지고 지휘함
호주	주(州) 정부가 앰뷸런스 서비스를 운영/위탁(공공기관 또	임상 거버넌스(Clinical Governance)를 명시한 프레임(주·서비스)

국가	병원전 EMS 소속 부처/조직(대표 모델)	질 관리(QI/QA) 핵심 요소
	는 계약형)	- NSQHS Standards(앰뷸런스용 가이드)로 안전·질 표준을 적용/정렬 기반 임상거버넌스·환자안전 관리[17] - 국가 차원에서 Ambulance Health Services용 NSQHS 가이드(ACSQHC) 제공(호주 안전 및 질 위원회)
일본	총무성 산하 소방청(FDMA)이 전국 EMS 감독, 실제 운영은 지방 소방본부 - 이원화(협력 모델) - 운영: 총무성 소방청 - 정책/의료: 후생노동성	전국 구급 이송기록 데이터 기반 품질 관리·평가[18] - 메디컬 컨트롤(MC) 협의체 - 법적으로 지역별 MC 협의체(의사 중심)를 구성하여 구급 활동의 사후 검증, 재교육 명령, 이송 지침 등을 의학적으로 통제함

* 「119구조·구급에 관한 법률」 제10조2의 제4항
"보건복지부장관은 제2항('구급상황센터의 업무: 구급상황센터에서는 다음 각 호의 업무를 수행한다')에 따른 업무를 평가할 수 있으며, 소방청장은 그 평가와 관련한 자료의 수집을 위하여 보건복지부장관이 요청하는 경우 제22조 제1항의 기록 등 필요한 자료를 제공하여야 한다."

2) 한국에 필요한 최소 질 관리(QI) 구성요소

• 표준화된 지표 체계가 필요

단순 반응, 이송시간을 넘어, 중증환자의 적절한 병원 도착 여부, 전원 지연, 병원전 사망률 등 임상적 의미를 갖는 지표가 포함되어야 한다.

• 핵심은 전 주기 데이터 연계 시스템

미국의 NEMSIS나 영국의 AQI처럼, 병원전-응급실-최종 치료 결과를 연결하는 데이터 구조가 있어야 질 관리와 정책 개선이 가능하다.

• 의료지도(medical director) 체계가 필수적

캐나다 Base Hospital Program이나 프랑스 SAMU처럼, 병원전단계의 의

사결정에 의료전문성이 체계적으로 개입되어야 환자안전이 확보된다.

• 환류(feedback)와 학습 시스템이 작동해야 함

질 지표 평가에만 그치지 않고, 반복되는 실패를 분석하고 제도 개선으로 연결하는 구조를 전제로 해야 한다.

4. 핵심 제안 및 개선 과제

1) 법적 근거 기반 병원전단계 구급활동에 대한 실질적 '질 관리(QA)' 체계 구축

- **법적 근거의 이행 촉구** 현행「119구조·구급에 관한 법률」제10조2의 제4항에서 언급된 제22조 제1항의 기록은 환자가 구급차에 탄 순간부터 병원에 내릴 때까지의 모든 '의학적 처치'가 담긴 공적 문서이며 사실상 병원전단계 의료정보에 대한 환자의 의무기록(medical record)이다. 법 제10조2의 제4항은 "보건복지부 장관은 구급활동이 적절했는지 평가할 수 있으며, 소방청장은 이에 필요한 자료를 제공해야 한다"고 명시하고 있다.[8] 이 조항이 실질적으로 이행되지 않는 것은 제도의 부재가 아니라 법 집행 책임의 방기 문제이므로 보건복지부 장관은 평가 책임을 이행하고 소방청장은 자료 제공 및 평가 협조 의무를 성실히 수행해야 한다. 이행되지 않을 경우 국무조정실 차원의 지도·조정이나 사법적 통제 공론화가 필요하다.
- **데이터 연계 및 피드백** 법적 근거를 바탕으로 소방의 119 구급활동일지와 중앙응급의료센터의 병원 응급진료결과(NEDIS)를 연계하여 환자의 최종 치료 결과(Outcome)를 구급대원에게 환류해야 한다.

• **질 향상(QI) 활동** 현장에서의 중증도 분류 및 이송 병원 선정의 적절성을 사후 분석하고 교육하는 '환자안전 중심의 질 관리 시스템'을 의무화해야 하며, 이는 책임 추궁이 아닌 시스템 개선과 역량 강화를 위한 필수 조건이다. 질 관리(QA)와 질 향상(QI)은 응급환자 발생부터 최종 치료 결과까지 전 주기적으로 연계된 체계를 의미하므로 응급환자 전 주기 자료에 기반한 질 향상 관련 법 제정을 제안한다.

2) '진료 제공 역량기반(capability-based)' 응급의료기관 분류체계로 전환

응급환자가 처음부터 실질적 치료가 가능한 병원으로 연결될 가능성을 높여 결과적으로 중증도 과소평가, 반복 전원, 치료 지연을 감소시켜야 한다.

3) 응급환자안전을 위한 국가 이송시스템 개편

- 병원 간 이송을 담당하는 민간 환자이송업체(사설 구급대)를 국가 공적 시스템으로 개편하여 실질적인 개선 효과를 기대해야 한다.
- 병원 간 중증환자 전원을 '운송'이 아닌 '이동 중 치료'로 재정의하는 중증환자 공공 이송 서비스(SMICU)를 확대해야 한다.
- 응급의학 전문의가 동승하여 직접 평가, 처치 및 의료지도를 시행하는 '이동진료형 구급차(Mobile ICU)' 시범사업을 추진하여 예후와 전원 효율성에 미치는 효과를 검증하고 단계적으로 제도화 여부를 검토해야 한다.

4) 응급환자 초기 중증도 분류(triage) 구역 초진 진료를 전문의 중심 진료체계로 개선

전문의가 초기 판단과 책임을 직접 담당하고 전공의는 전문의 감독하에 참여하도록 개선해야 하는데, 이는 환자안전 기반 위에서 교육을 강화하는 것이다. 초기 진료 단계에서의 전문의의 직접 개입은 진단 정확도 향상 및 결과 개선과 관련이 있으며[19, 20, 21] 영국과 호주 등에서는 이를 'consultant(전문의)-delivered care'로 제도화하고 있다.[22, 23]

5) 지역 책임형 응급의료체계 및 거버넌스 강화

지자체, 소방, 의료기관, 시민이 참여하는 지역 응급의료협의체를 통해 지역 특성에 맞는 이송 지침과 수용 원칙을 합의 및 운영함으로써 지역 책임형 체계를 확립해야 한다.

이는 WHO의 '전문직 간 교육과 협업 실행을 위한 체계(IPECP)' 제안을 근거로 하며 지역사회 내 모든 관련 전문직군의 협업시스템을 국가에서 지원하고 관리해야 한다는 내용을 포함한다. WHO IPECP framework(〈그림 1〉)[24]는 파편화된 보건의료 시스템(Fragmented health system)과 지역사회 보건의료 요구(Local health needs)를 바탕으로 전문직 간 교육(Interprofessional education)을 통해 협업 준비가 된 보건의료인력(Collaborative practice ready health workforce)을 양성하고, 보건의료 교육 시스템(Health and education systems) 및 지역사회 보건의료 맥락(Local context) 내에서 협업(Collaborative practice)을 수행함으로써 강화된 보건의료 시스템(Strengthened health system)과 최적의 보건의료 서비스(Optimal health services)를 통해 향상된 보건의료 결과(Improved health outcomes)

그림 1 | 지역사회 내 전문직 간 교육과 협업

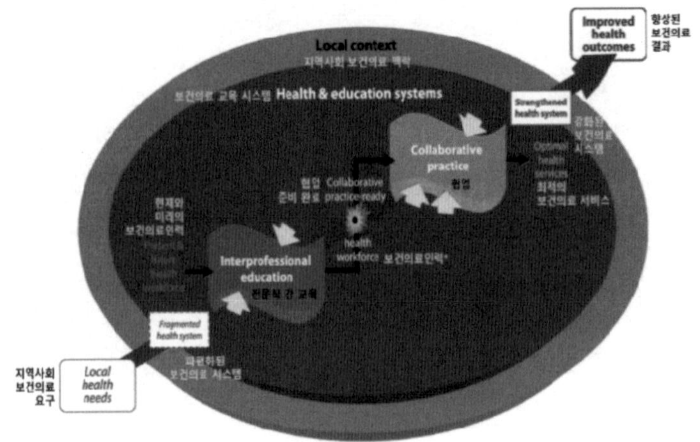

를 도출하는 구조를 제안하고 있다. 광역응급의료상황실의 기능을 확대하여 119와 병원 간 갈등을 실시간 중재하고 구급업무에 대한 의료지도(medical director)를 담당하게 함으로써 질 관리와 제도 마련의 주체가 되도록 재편해야 한다.

6) 차세대 응급의료 정보·통신 플랫폼 도입

병원 가용 자원과 구급차 내 환자 생체 정보가 실시간 연동되는 통합 플랫폼을 구축해야 하며, AI 기반 의사결정 지원 시스템을 도입하여 중증도를 객관적으로 판정하고 최적 이송 병원을 추천함으로써 전화 뺑뺑이와 주관적 판단 오류를 해결해야 한다.

7) 환자안전을 위한 안전망 및 소통 문화 정착

시스템 미비로 불가피하게 발생한 환자안전사건에 대해 의료진과 구급대원 개인에게 법적 책임을 묻는 방식을 지양하는 공적 보상 및 면책 체계(환자안전망 기금)를 도입하고, 의료진의 사과와 유감 표명이 법적 불리함으로 작용하지 않도록 보호하는 「사과보호법」을 제정하여 투명한 소통과 신뢰 회복의 문화를 조성해야 한다.

8) 환자중심성(patient-centeredness)에 기반한 응급의료체계 개선과 사회적 공유의사결정(shared-decision-making)

환자중심성(patient-centeredness)에 근거해 응급의료의 각 단계에서 환자·보호자의 가치와 상황을 존중하고 치료의 목표와 한계를 투명하게 설명함으로써 가능한 범위 내에서 공유의사결정(shared decision making)이 이루어지도록 추진되어야 하며, 특히 수용·전원·병원 배분처럼 사회적 자원 배분과 직결되는 정책은 전문가 중심의 폐쇄적 논의가 아니라 환자·국민이 참여하는 공론화와 사회적 공유의사결정을 통해 단계적으로 추진되어야 한다. 또한 응급환자 발생-이송-응급실-전원-최종치료로 이어지는 전 과정이 하나의 연속된 경로라는 관점에서, 임상·구조 지표뿐 아니라 접근성, 의사소통, 존중, 불안·안전감 등 환자·보호자의 경험을 전 주기적으로 측정하는 환자경험평가를 도입하고 그 결과를 정책과 질 향상 활동에 제도적으로 반영할 필요가 있으며, 이는 해외 주요 국가의 정책 시도를 반영한 것이다.[25, 26]

9) 국무총리실 산하 국가위기대응시스템 컨트롤타워(가칭 한국형 재난관리청(K-FEMA)) 신설

분산된 재난 대응 체계를 통합하고 응급·재난의료를 국가 위기관리 핵심 기능으로 격상시키기 위해 한국형 재난관리청(K-FEMA)에 상시 의료 전문가를 포함하는 의료 전문성 기반 지휘체계를 구축해야 한다. 단일 컨트롤타워를 통해 재난 시 통합 상황 인식과 신속한 의사결정을 수행하고 부처 간 중복 대응 및 책임 공백을 해소하며 모든 대응 기관이 공통된 표준화 지침을 수립하도록 시스템을 구축해야 한다. 또한 표준화된 질 관리와 재난 백서 발행을 수행하고 미국 DHS FEMA나 영국 NHS EPRR과 유사한 모델을 구축하여 국제 기준에 부합하는 체계를 갖춤으로써 국민 신뢰를 회복해야 한다.

참고문헌

1. Kendall K. Hall, Stephen M. Schenkel, Jon Mark Hirshon, Yan Xiao, Gary A Noskin. 2010. "Incidence and types of non-ideal care events in an emergency department." *Qual Saf Health Care* 19 Suppl 3, i20-5.
2. Alicia M. Zavala, Gary E. Day, David Plummer, Anita Bamford-Wade. 2018. "Decision-making under pressure: medical errors in uncertain and dynamic environments." *Aust Health Rev.* 42, pp. 395~402.
3. https://www.medicaltimes.com/Main/News/NewsView.html?ID=1165170.
4. https://www.yna.co.kr/view/AKR20250902105851530.
5. U.S. Department of Homeland Security. 2017. *National Incident Management System (NIMS).* Washington, DC: DHS.
6. NHS England. 2015. *Emergency Preparedness, Resilience and Response(EPRR) Framework.* London: NHS England.
7. J. H. Park et al. 2023. "The prehospital emergency medical service system in Korea." *Clin Exp Emerg Med.* 10(4), e1-e8.
8. 대한민국 법제처. 「119구조·구급에 관한 법률」.
9. National Highway Traffic Safety Administration. 2009. *Emergency Medical Services Performance Measures.* Washington, DC.
10. National Emergency Medical Services Information System. NEMSIS Performance Measures.
11. NHS England. Ambulance Quality Indicators: AmbSYS and AmbCO.
12. NHS Digital. Ambulance Clinical Outcomes Data.
13. Ontario Ministry of Health. Emergency Health Services and Base Hospital Program.
14. BC Emergency Health Services. Governance and Clinical Oversight.
15. Court of Justice of the European Union. Case C-475/99, Germany EMS governance.
16. Ministère de la Santé et de la Prévention. Le SAMU et le SMUR. France.
17. Australian Commission on Safety and Quality in Health Care. 2024. NSQHS Standards Guide for Ambulance Health Services.
18. Fire and Disaster Management Agency. Emergency Medical Service in Japan.
19. American College of Emergency Physicians. 2015. "Emergency physician staffing and patient safety." *Ann Emerg Med.* 65(1), pp. 1~3.
20. Aruni Sen, David Hill, Dilip Menon, Fiona Rae, Hywel Hughes, Robin Roop. 2012. "The

impact of consultant delivered service in emergency medicine: the Wrexham Model." *Emerg Med J.* 29(5), pp. 366~371.

21. M. B. Lindstroem et al. 2021. *The effect of the employment of experienced physicians in the Emergency Department on quality of care and equality—a quasi-experimental retrospective cohort study.* Eur J Public Health.
22. Royal College of Emergency Medicine. 2018. *Consultant-delivered care in emergency departments.* London: RCEM.
23. Australian College for Emergency Medicine. 2017. *Clinical governance framework for emergency departments.* Melbourne: ACEM.
24. Framework for Action on Interprofessional Education & Collaborative Practice. 2010. WHO.
25. Centers for Medicare & Medicaid Services. 2022. *CAHPS® Hospital Survey: Emergency Department Patient Experience Measures.* Baltimore(MD): Centers for Medicare & Medicaid Services.
26. NHS England. 2019. *Urgent and Emergency Care Patient Experience Measures.* London: NHS England.

제 5 장

—

최선의 진료를 소신껏 제공하고 받을 수 있는 안전한 진료환경이 되어야

의료분쟁: 피해는 공적 재원으로 과실과는 무관하게 보상하고,
조사-규명은 독립적인 '환자안전조사기구'에 맡겨야

대표저자

환자안전강화분과 분과장 강희경

공저자

권두섭

이상일

김성주

옥민수

유미화

한동석

류옥하다

박성배

안정희

어은경

오주환

조은영

하은진

Table of Contents

요 약

- 환자안전사건은 심각한 사회경제적인 위험: 산업재해나 교통사고보다 10배 이상 많은 희생자를 발생시키고, 세계 총생산량의 약 10%의 손실을 유발하며, 선진국 의료비의 10% 이상을 차지함
- 의료사고는 환자안전사건의 일부: 사인(私人) 간의 분쟁이 아닌, 시스템 실패를 해결하기 위한 체계로 대응해야 함. 시스템 개선과 교육으로 재발을 예방하고 환자 안전을 강화할 수 있는 대응체계가 필요
- 현재의 '개인 간의 소송 중심' 대응은 실수의 은폐를 조장하므로 사고의 재발을 예방하고 환자안전을 강화할 기회를 잃게 만들어 결과적으로 환자안전을 위협함
- 잦은 민·형사 소송과 높은 민사 배상액으로 의료진은 민·형사 소송의 대상이 될 가능성이 있는 진료를 기피하게 되어 소위 '필수·지역의료'의 붕괴를 가져옴
  - 중상해, 사망 등의 나쁜 결과는 질병의 자연경과나 예상되는 치료의 합병증으로도 발생할 수 있으므로 의료의 결과에 관한 판단은 결과가 아닌 행위 중심이어야 함
  - 주요 선진국에는 의료 과실에 대한 형사처벌 기준이 '중대한 부주의의 정도가 사회 통념상 보통 사람이라면 결코 하지 않을 만큼 심한 경우'로 정립되어 있음
- 주요 선진국은 처벌에 집중하는 대신 '투명한 사건 보고, 시스템 개선, 교육에 기반한 대응 체계'를 갖추어 환자안전 강화를 추구함: '공정문화(Just Culture)', 안전지대 등

- 다수의 국가에서 공적 재원을 활용해 환자안전사건의 피해를 보상함

→ 환자안전사고는 누구에게나 일어날 수 있는 사회적 위험이므로 사고의 피해는 과실 여부를 떠나 공적 재원으로 신속하고 충분하게 보상해야: '환자안전망 기금' 조성 필요

- 국민건강보험 의료수가의 '위험도' 해당 부분과 국가 일반 예산(사회안전망에 해당)

→ 보상/분쟁과는 독립적인 '환자안전조사기구'를 신설하여 전문가의 객관적인 조사로 사실관계/근본 원인을 확인, 개선방안을 제시하여 시스템 개선과 재발 방지에 집중해야

- 의료진 과실은 주의/경고/재교육, 고질적인 경우 면허 정지·취소로 대응

→ 환자안전사건의 사법적인 판단은 결과의 위중함이 아닌 과실의 중대성을 기준으로 하여 안심하고 진료할 수 있는 환경 조성 필요

- 의료 관련 업무상 과실치사상의 양형 기준 마련: 행위 중심, 중과실에 국한
- 소통-사과 내용의 증거능력(과실인정) 배제 법제화

→ 환자안전 책임조직(조사기구, 안전망 기금, 보상과 지원 총괄)과 보건복지부 내 환자안전정책관을 신설하여 환자안전사고를 실질적으로 감소시키는 국가 차원의 체계로 전환해야

1. 안전하지 않은 의료환경: 의료사고는 환자안전사건

1) 환자안전사건의 사회경제적 중요성

우리는 병원을 찾을 때 아픈 몸을 치료받고 안전하게 귀가할 것을 기대한다. 그러나 현실은 기대와는 다른 경우가 적지 않다. 환자안전사건, 즉 '보건의료인이 환자에게 보건의료서비스를 제공하는 과정에서 환자안전에 위해(危害, 사망·질환 또는 장해 등 환자의 생명·신체·정신에 대한 손상 또는 부작용)가 발생했거나 발생할 우려가 있는 사건(환자안전법 제2조[정의], '사고' 대신 '사건'으로 표기)'으로 인한 사망자는 전 세계에서 매년 약 300만 명에 달한다.[1] 이는 지난 2020.1.20.~2023.8.31.의 기간 동안 발생한 코로나19로 인한 누적 사망 수 약 700만 명과 견줄 만한 규모다(코로나19 발생현황, 질병관리청 감염병포털). 우리나라에서도 환자안전사건으로 인한 연간 사망자가 2021년 기준으로 약 3만 8,000명에 이를 것으로 추산되었다.[2] 이는 2024년 산업재해 사망자 수 2,016명(국가데이터처 지표누리), 2023년 국내 도로교통사고사망자 수 2,551명(지표누리)의 10배 이상이며 코로나19 유행 기간 동안의 국내 누적 사망자 수 3만 5,605명보다 많은 숫자다. 환자안전사건은 입원환자의 10%에서 발생하므로[1] 누구에게나 일어날 수 있는 사회적 위험인 것이다. 환자안전사건은 경제적으로도 심각한 영향을 끼쳐, 환자안전사건으로 인한 의료비가 선진국 의료비용의 13%를 차지하며[3] 이로 인한 전 세계 생산량의 감소는 연간 약 10조 달러로 추산된다(세계보건기구 WHO, 〈그림 1〉 참조).

그림 1 | 환자안전사건으로 감소한 세계 총생산(GWP, 추정)

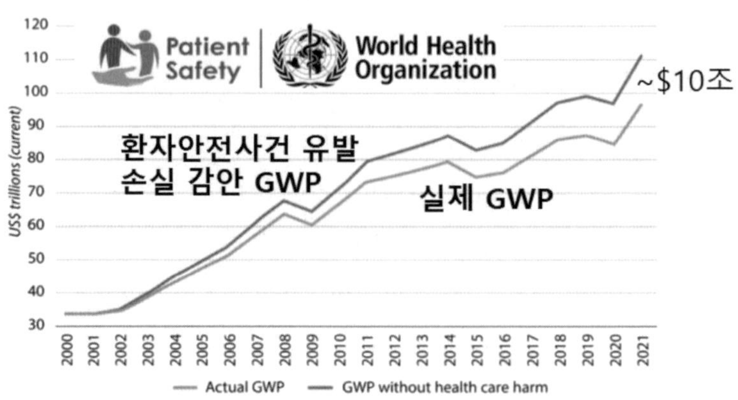

Note: GWP: gross world product.

Sources: Updated previous calculation by Slawomirski and Klazinga (2022) (6). GWP data taken from: http://data.worldbank.org/ (accessed 27 April2024).

자료: *Global patient safety report 2024* (WHO).

2) 환자안전사건을 감소시키기 위한 노력

2000년대 초부터 환자안전사건의 심각성과 사회경제적인 중요성을 깨닫게 된 국제사회는 국가별로 환자안전 강화를 위한 의료기관 인증평가를 도입하고 WHO가 'Global Patient Safety Action Plan 2021-2030'을 선포하는 등 다양한 노력을 기울여 왔다. 우리나라에서도 2016년부터 환자안전보고학습시스템(KOPS)을 통해 환자안전사건을 보고하고(〈그림 2〉, 좌) 제1차 환자안전종합계획(2018~2022년)에 따라 국가환자안전본부(중앙환자안전센터)와 지역환자안전센터를 지정하여 이를 관리한다. 2023~2027년의 제2차 환자안전종합계획은 환자안전사고를 보고·관리하는 단계를 넘어 예방 가능한 환자안전사고를 실질적으로 감소시키는 국가 차원의 체계로 전환하는 것을 목표로 한다.

그림 2 | 환자안전사건의 위해 정도(좌)와 버드(Bird)의 안전사고 삼각형(우)[4]

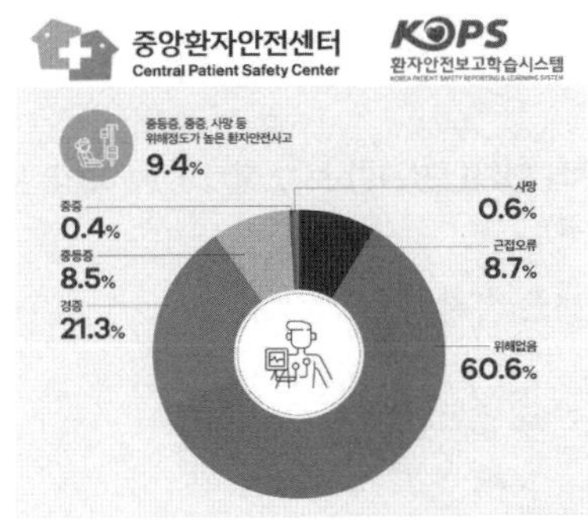

하인리히 - 버드(Bird)의 안전사고 삼각형

KOPS에 보고하는 환자안전사건은 환자에게 위해가 발생한 경우뿐만 아니라 사고로 이어질 뻔했으나 실제로는 피해가 발생하지 않은 경우(근접오류, '아차 사건')까지 포함한다. 겉으로 드러나는 소수의 위해 사고 뒤에는 수많은 경미한 사건과 이를 유발하는 안전하지 않은 시스템이 숨겨져 있으므로 근접오류부터 인지하여 시스템을 개선해야 심각한 사고를 줄일 수 있기 때문이다(〈그림 2〉, 우).

의료 서비스와 같이 본질적으로 복잡한 시스템에서는 특히 안전사건이 발생하기 쉬우므로 사람의 실수나 시스템의 에러가 위해를 초래하지 않도록 소통, 팀워크, 안전 체크리스트 등의 여러 단계에 걸친 안전장치가 요구된다. 이러한 여러 단계의 안전장치가 모두 미비하여 에러를 걸러내지 못할 때, 즉 시스템이 실수를 조장하거나 예방하지 못할 때 환자안전사건으로 인한 위해가 발생하며, 이는 '스위스 치즈 모델'로 잘 알려져 있다[5](〈그림 3〉, 상).

위해사건을 효과적으로 예방하기 위해 일선 의료기관에서는 환자안전사건 보고 시스템을 갖추고 환자에게 실질적인 위해가 발생하지 않은 '근접오류(Near Miss)'도 보고할 것을 장려하며, 의료기관평가 인증 기준에 따라 위해사건이 발생한 경우에는 즉시 보고할 것을 의무화하고 있다(〈그림 3〉, 하).

그림 3 | 환자안전사건 발생의 스위스 치즈 모델(상)[5]과 환자안전사건 보고 절차의 예(하)(국내 상급종합병원 한 곳의 인증 필수 교육 안내책자 발췌)

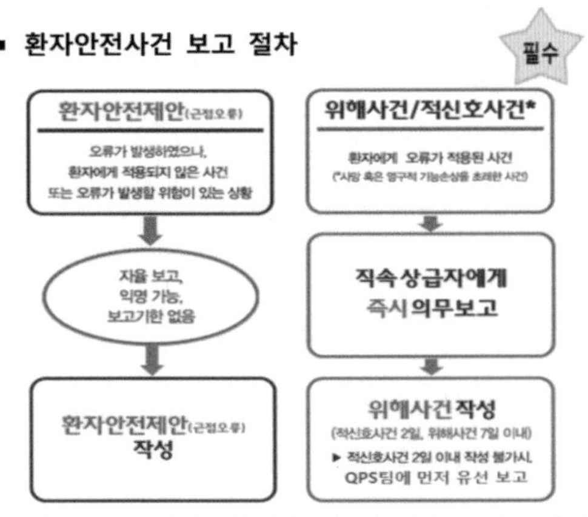

- 낙상은 위해사건에 포함되나, 별도의 낙상보고서로 작성
- 보고서 작성
  1) HIS 첫화면-스위스치즈 아이콘 -보고서 종류 선택
  2) HIS 메인-Left bar의 [사건보고]-보고서 종류 선택
- 보고서 조회: HIS 메뉴 검색-[환자안전보고관리]

3) 환자안전사건은 환자안전사건

2011년 제정된 「환자안전사건 피해구제 및 의료분쟁 조정 등에 관한 법률(의료분쟁법)」은 의료분쟁의 대상이 되는 '의료사고'를 '보건의료인이 환자에 대하여 실시하는 의료행위로 인하여 사람의 생명·신체 및 재산에 대하여 피해가 발생한 경우'로 정의한다. 2015년 '환자의 보호 및 의료 질(質) 향상에 이바지함'을 목적으로 제정된 환자안전법에 의한 '환자안전사고'는 '환자에게 보건의료서비스를 제공하는 과정에서' 발생하는 사고이므로 의료사고는 환자안전사건 중에서 의료행위로 인한 피해가 발생한 경우, 즉 인과관계가 있는 경우를 일컫는다. WHO에서도 환자에게 도달한 위해사건을 모두 환자안전사건으로 정의하며 여기에는 예방이 불가능한 이상 반응도 포함된다(〈그림 4〉).[6]

실제 의료현장에서는 환자에게 도달한 위해사건뿐만 아니라 환자안전사건이 아닌 경우, 즉 질환의 자연경과나 예상되는 치료의 결과가 의료소비자의 기대에 미치지 못하는 경우도 의료분쟁의 대상이 된다. 이런 경우는 의료분쟁법이 정의하는 '의료사고'에 해당하지 않으나, 의료공급자와 의료소비자 사이에 의료에 대한 이해와 정보에 격차가 있어 환자안전사건으로 오인되는 것이다.

그림 4 | WHO의 환자안전사건 분류

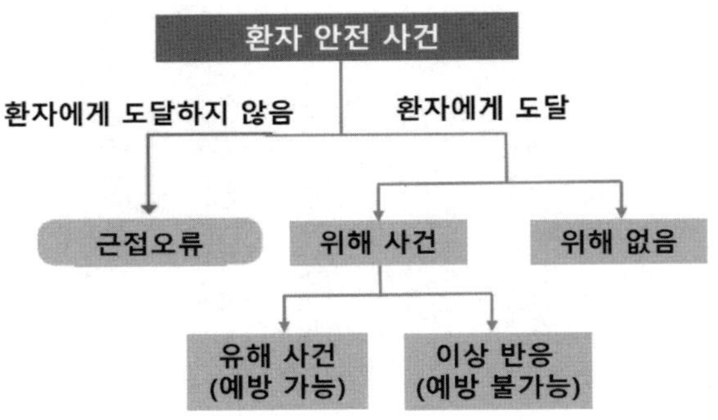

2024년 한 해 동안의 한국의료분쟁조정중재원(이하 '중재원') 상담 건수가 5만 3,000여 건인 데 비해 실제 조정과 중재를 위해 접수된 분쟁 건수는 2,089건에 불과한 이유 중 하나가 이것일 것이다(〈그림 5〉, 상).

한편, 2024년 한 해 동안 환자안전법에 따른 중앙환자안전센터의 KOPS에 보고된 환자안전사건은 총 2만 2,118건이다(〈그림 5〉, 하). 그러나 중대한 환자안전사건인 사망 또는 심각한 신체적·정신적 손상 등만이 의무보고 대상이며

그림 5 | **연도별 의료분쟁 상담 현황(상)과 연도별 환자안전사고 보고 건수(하)**

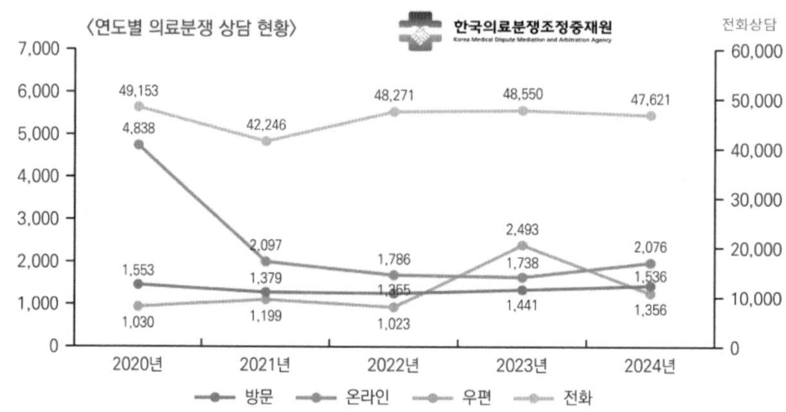

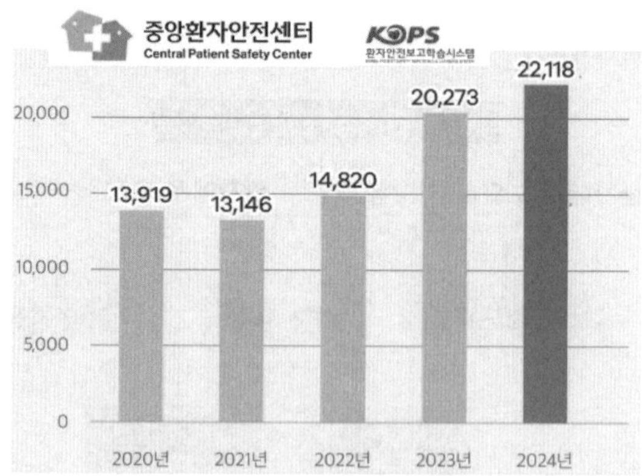

그 외의 경우는 자율보고하므로 실제로 발생한 환자안전사건의 수는 더 많을 것으로 예상된다. 환자안전사건의 약 10%가 위해 정도가 높은 사건이며 의료분쟁의 대상은 대개 위해 정도가 높은 경우이므로 중재원에 접수되는 분쟁 건수 연 2,000여 건이 이에 해당한다고도 볼 수 있다.

따라서 '의료사고를 줄이기 위해서는', 즉 최선의 진료를 소신껏 제공하고 받을 수 있는 안전한 진료환경을 만들기 위해서는 환자안전사건의 발생을 조장하는 시스템의 미비를 개선하여 재발을 예방함으로써 환자안전을 강화하여야 한다.

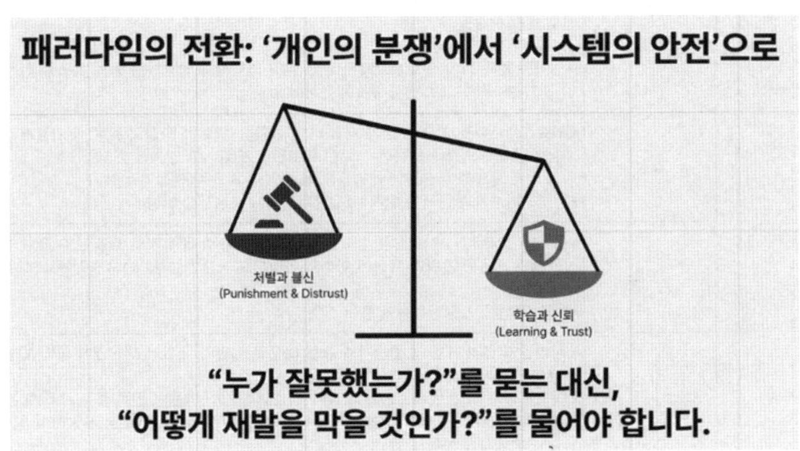

2. 의료분쟁 대응 체계의 현황과 문제점

그림 6 | 법제처 찾기 쉬운 생활법령정보_의료분쟁의 개념과 해결 방법

 **의료분쟁이 발생했습니다. 어떻게 해결해야 하나요?**

A 의료분쟁이 발생했다면, 합의·조정·중재·소송의 방법을 통해 해결할 수 있습니다.

◇ 의료분쟁 해결 방법

☞ "의료분쟁"은 보건의료인이 환자에게 실시한 진단·검사·치료·의약품의 처방 및 조제 등의 행위에 따른 사람의 생명·신체 및 재산에 피해가 발생한 경우의 다툼을 의미합니다.

☞ 의료분쟁은 합의·조정·중재·소송의 방법으로 해결할 수 있습니다.

구분		내용
합의		▪ 의료진과 환자, 양 당사자가 서로 양보하여 분쟁을 끝내기로 하는 약정인 합의의 방법을 통해 해결할 수 있음 ▪ 합의의 방식이나 내용에 관한 형식은 정해져 있지 않음 ※ 다만, 합의 당시 의료사고의 진상을 잘못 파악하고 있었다는 등의 착오를 이유로 취소가 불가능하므로 신중하게 결정해야 함
조정		▪ 의료분쟁 당사자들의 주장과 사실 여부의 확인, 의료적 과실의 유무, 인과관계의 유무 등을 종합적으로 판단하여 적절한 합의안을 도출하고 양측에 권고함으로써 당사자들이 이에 동의하여 원만한 해결에 이를 수 있도록 하는 분쟁해결 절차 ▪ 한국소비자원과 한국의료분쟁조정중재원에서 조정진행 가능
중재		▪ 당사자 간의 합의로 재산권상의 분쟁 및 당사자가 화해에 의해 해결할 수 있는 비재산권상의 분쟁을 법원의 재판에 의하지 아니하고 중재인(仲裁人)의 판정에 따라 해결하는 절차 ▪ 한국의료분쟁조정중재원을 통해 진행 가능
소송	민사소송	▪ 사법상의 권리 또는 법률관계에 대한 다툼을 법원이 국가의 재판권에 따라 법률적·강제적으로 해결·조정하기 위한 일련의 절차 ▪ 의료분쟁에 대한 민사소송은 의사의 의료상 처치나 병원의 인적·물적 관리 또는 의료전달체계 등 모든 의료과정의 과실 여부를 탓하며 제기되는 소송을 말하며 일반적으로 손해배상을 전제로 함
	형사고소·고발	▪ 의료과실로 인한 의료사고에 대해 의료인을 고소 또는 고발하여 의료인의 위법행위에 대한 국가의 처벌을 요구할 수 있음 ▪ 고소는 의료사고로 피해를 입은 환자나 그 보호자 등 고소권을 가진 사람이 수사기관에 의료인을 처벌해 달라고 요구하는 것 ▪ 고발은 의료사고 피해자나 그 가족이 아닌 제3자가 수사기관에 의료인을 처벌해 달라고 요구하는 것

1) 소송 위주의 대응 체계로 환자안전 위협

우리나라는 '의료사고로 인한 피해를 신속·공정하게 구제하고 보건의료인의 안정적인 진료 환경을 조성함'을 목적으로 「의료분쟁조정법」을 제정하고 2012년부터 중재원을 운영하고 있다. 그러나 최근 5년간 의료분쟁 조정 신청된 1만 672건 중 피신청인이 조정에 응하거나 자동개시로 개시된 사건은 7,057건(조정 개시율 66.6%), 조정 성립 4,980건으로(평균 조정 성공률 66.5%) 조정 신청 건의 최종 조정 성립률은 50% 미만에 불과하다.[7] 중재원 설립 이전부터 의료분쟁의 피해구제-조정 업무를 담당하던 한국소비자원의 동 기간 의료서비스 분쟁조정 건수는 2,790건(조정 성립 675건, 24%)이다.[7] 한편, 최근 5년간 형사 고소·고발된 피의자 수는 3,675명(연 평균 735명), 기소되어 1심 판결이 내려진 사건 수는 172건(연 평균 34건), 피고인 수는 192명[유죄 123건{71.5%, 벌금형 67건(34.9%) 포함}, 무죄 48건(27.9%), 공소기각 1건]이었다.[8] 같은 기간 '의료사고 손해배상 소송 1심 본안사건(민사사건)은 총 4,256건이 접수되고 4,407건이 처리되었다[원고 승소 1,354건(30.7%, 일부 승소 포함), 각하-소 취하 318건(7.2%), 조정-화해 851건(19.3%)].[7]

조정이나 중재가 성립된 경우는 재판상 화해와 동일한 효력이 있으므로 우리나라의 의료분쟁 건수는 지난 5년간 총 1만여 건인 것으로 추정된다. 이 중 소송의 비율이 절반에 가까워 공적배상제도(뉴질랜드 등) 또는 조정-중재-화해 등의 비소송적 분쟁 해결 제도가 활성화되어 있는 다른 나라들[9]에 비해 월등히 높다. 중재원의 조정 성립금액이 평균 약 1,000만 원인 반면, 언론에는 수억 원을 초과하는 의료분쟁 민사 배상액이 드물지 않게 보도되는 것도 소송의 의존도를 높이는 원인 중 하나다.

시스템 보완으로 환자안전사건을 예방하려면 일반적인 안전사건의 대응과 마찬가지로 에러를 자율 보고하여 시스템의 미비를 파악하고 개선해야 한다. 그러나 현재와 같은 소송 위주의 접근, 책임 추궁 및 징계 중심의 대응은 실수의 은폐를 조장한다. 이는 결국 시스템 개선의 기회, 환자안전 강화의 기회를 박탈한다. 이와 달리 선진국에서는 환자안전사건을 접근할 때 안전지대(safe space: 조사과정에서 수집된 정보를 보호하여 법정 소송 등에 사용하지 못함)의 원칙을 적용하여 의료진이 자발적으로 환자안전사건을 보고할 수 있도록 한다. 환자안전사건의 보고를 장려하여 보다 안전한 시스템을 만들 수 있도록 하는 것이다.

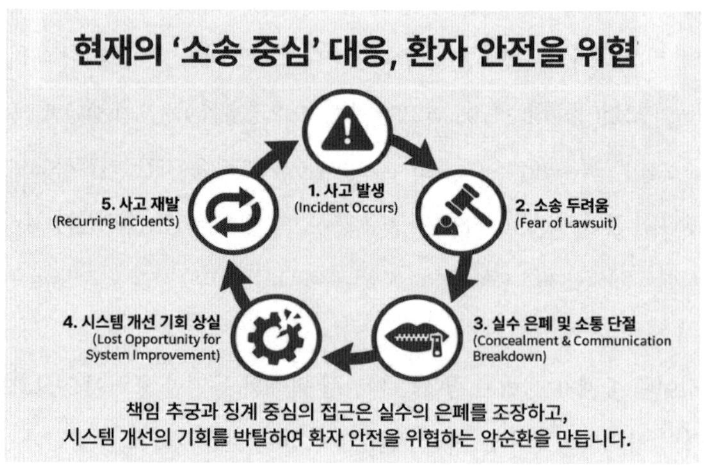

의료진에게 과실이 있는 경우 이에 대한 책임을 지도록 하는 실질적인 방법이 현재로서는 소송 외에는 없는 것도 소송을 선택하는 이유 중 하나다. 그러나 소송으로 의료진을 징계하더라도 해당 의료진이 동일한 과실을 반복하거나 유사한 상황의 에러를 반복하는 것을 막을 수 없으며, 시스템이 미비한 채

로 남아 있으면 다른 의료진의 비슷한 실수가 또다시 환자의 위해(危害)로 연결될 수 있어 환자안전을 위협한다. 주요 국가에서는 공정문화(Just culture)를 바탕으로 사건의 근본 원인(Root cause)을 조사하여 시스템의 미비를 확인-개선하고, 의료진의 과실이 환자안전사건의 결정적인 원인인 경우에는 교육, 상담, 감독 강화, 직무 조절로 조치하며, 고질적인 경우 면허 정지·취소로 대응하여 환자안전사건의 재발을 예방한다.

2) 소송 위주의 접근은 심리적·경제적 회복과 신뢰 회복을 저해

환자안전사건을 겪는 환자와 가족에게 진정으로 필요한 것은 충분한 설명과 (과실 여부와 무관한) 나쁜 결과에 대한 사과와 위로, 그리고 질병과 환자안전사건이라는 이중의 '재해'로부터 회복하기 위한 경제적·심리적 지원이다. 환자안전사건으로 인한 외상 후 스트레스 장애를 비롯한 정신적, 심리적, 사회적, 경제적 어려움은 잘 알려져 있는데, 이러한 현상은 '제1의 피해자'인 환자 및 보호자에게뿐만 아니라 의료진에게도 발생하므로 안전사건에 연루된 의료진을 '제2의 피해자'로 정의한다.[10]

사고의 경위를 충분히 설명(disclosure)하고 뜻하지 않은 나쁜 결과가 발생한데 대해 진정한 사과와 유감을 표명하며 공감하고 서로 위로하는 것은 환자안전사건의 1·2차 피해자의 심리적·경제적 회복과 신뢰 회복의 출발점이자 문제 해결의 첫 단계다. 그러나 소송에 대한 두려움이 소통과 사과를 가로막고 있다. '의사가 사과를 했으니 잘못을 인정한 것이다. 그러니 민형사상의 책임을 져야 한다'고 여기는 것이 일반적이므로 지금은 병원 법무팀이나 변호인도 의료분쟁의 경우 의료진의 사과를 막는다. 따라서 지금과 같이 환자안전사건을 분쟁이나 '개인 간의 소송'의 대상으로만 여기는 상황에서는 충분한 설명과 사과, 유감 표명이 현실적으로 불가능하다.

충분한 설명을 듣지 못한 피해자는 무슨 일이 일어났는지 알기 위해 의료진을 형사 고소·고발한다. 민사 소송은 심리적·경제적 회복을 위해 진행하는데, 피해의 원인이 의료행위에 의한 것임을 소송인이 입증해야 하지만(입증책임) 의료서비스의 특징인 정보의 비대칭으로 인해 입증이 어려우므로 사실관계 확인을 위해 형사 고소·고발을 하는 경우도 적지 않다. 그러나 형사 소송(1심 판결 평균 42개월)과 민사 소송(1심 판결 평균 25개월) 모두 판결을 얻기까지 상대적으로 오랜 기간이 소요되며,[11, 12] 배상액은 상해의 치료 및 재활 비용과 근로소득의 상실, 소송비용을 고려할 때 불충분한 경우가 대부분이다. 결과적으로 의료분쟁 소송은 환자와 가족에게 심각한 경제적·심리적 부담이다.

3) 소송, 책임 추궁 위주의 접근은 의료시스템의 지속가능성을 위협

법제처는 '의료분쟁에 대한 형사소송 청구'에 대해 의료과실로 인한 의료사고로 환자가 사망하거나 상해를 입은 경우 고소·고발이 가능하다고 소개한다. 그러나 환자의 상해나 사망은 수명·질병의 자연경과나 치료에 동반되는 합병증으로도 발생할 수 있다. 따라서 의료서비스를 받은 후 얻어진 결과가 상해, 사망의 나쁜 결과(악(惡)결과)라 하더라도 '의료과실로 인한 의료사고'가 아닌 경우가 대부분이다. 이는 형사 고소·고발 건수(연 평균 735건)에 비해 실제 기소 건수(연 평균 34건)가 매우 적은 수에 불과한 것[8]으로도 알 수 있다. 환자의 악결과에 과실이 개입되었는지는 의학적으로 판단하여야 하는데, 현재의 대응 체계에는 고소·고발에 앞서 의학적 판단을 얻는 과정이 없으므로 잘못이 없는 경우에도 형사 고소·고발이 이루어져 환자와 가족, 의료진, 수사진 모두에게 불필요한 부담이 된다. 특히 '상해·사망'이 드물지 않게 발생하는 분야인 중증

-필수의료 분야의 의료진은 자신이나 동료가 형사 고소·고발을 당하는 경우 '내가 왜 이 일을 계속해야 하나' 하는 회의를 갖게 된다. 이는 의료진이 '중증-필수의료' 분야를 기피하게 만드는 직접적인 원인이다.

한편, 우리나라는 국민건강보험의 전 국민 가입과 의료기관 당연지정제 및 진료거부금지 체계하에 있으며, 건강보험 급여 대상인 의료행위에 대해서는 국가가 정한 의료수가를 대가(代價)로 하여 의료인과 의료기관이 국가의 업무인 의료서비스를 대행한다. 그러나 민사소송 배상액은 의료행위의 수가에 대한 고려 없이 발생한 피해를 기준으로 결정되므로, 외국에 비해 낮은 의료수가를 주 수입원으로 하는 의료인이 고액의 민사소송 배상 우려가 있는 의료행위를 기피하는 것은 자연스러운 현상이다.

드물더라도 유죄 판결 또는 거액 배상액의 민사 판결이 알려지면 의료인은 '나도 저런 실수를 할 수도 있는데 이 일을 계속해도 괜찮을까?'라는, 개인으로서는 매우 합리적인 의심에 이어 현장을 떠나는 합리적인 결정을 하게 된다. 의료현장에 남은 의료진도 스스로를 보호하기 위해 방어진료, 과잉진료를 하게 되므로 의료의 질이 떨어지고 의료비용은 증가한다.[13]

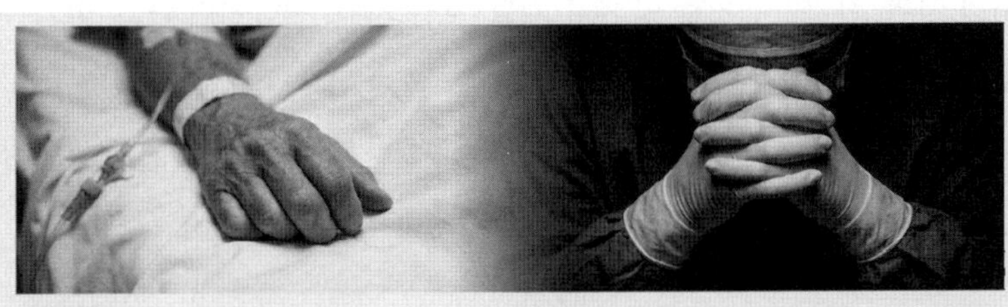

환자와 가족:
기나긴 소송, 입증의 어려움, 불충분한 보상.
남는 것은 깊은 상처뿐입니다.

의료진:
소송에 대한 두려움으로 방어 진료, 소신 진료 위축.
결국 지쳐 현장을 떠납니다.

현재의 시스템은 '개인 간의 다툼'으로 문제를 몰아가며, 모두를 패배자로 만들고 있습니다.

3. 국내 환자안전 관련 기관 현황

1) 보건복지부 산하 여러 기관에 분산된 환자안전 관련 기구

우리나라의 환자안전 관련 업무는 보건복지부 산하의 의료기관평가인증원, 중앙환자안전센터, 한국의료분쟁조정중재원 등에 분산되어 있다.

(1) 의료기관평가인증원(인증원): 환자안전 인프라의 평가 및 인증

보건복지부 산하의 기타공공기관(정원 80명)으로 병원급 의료기관의 환자안전 및 의료 질 관리 시스템을 평가하고 인증한다. 감염 관리, 약물 관리, 시설 안전 등의 필수 안전 기준을 제시하며 기준의 충족 여부를 판단한다. 「환자안전법」에 따른 중앙환자안전센터의 모기관이다.

(2) 중앙환자안전센터: 환자안전사건 보고 및 학습

「환자안전법」에 의한 환자안전의 '국가 컨트롤타워'다. 2020년 인증원이 지정되어 인증원 소속 인원 16명이 해당 업무를 담당한다. 환자안전 정책 및 위원회 지원, 환자안전기준 및 지표 개발-보급 지원, 전담인력 관리, 환자안전사고 접수(KOPS)·분석 지원, 연구 및 표준화 등의 업무를 수행한다. 보고와 교육 중심으로, 자율 보고에 의존하며 조사 기능이 없고 인력과 예산이 부족하여 근본 원인 분석이 쉽지 않고 데이터 분석, 예방 조치에 한계가 있다.

(3) 지역환자안전센터

「환자안전법」에 의해 지역별로 지정하게 되어 있으며 현재 강원대학교병원, 국군의무사령부, 단국대학교 의과대학 부속병원, 대한간호협회, 대한약사회, 대한의사협회, 대한환자안전질향상간호사회, 삼성서울병원, 성균관대학 삼성창원병원, 예수병원유지재단 예수병원이 지정되어 있다.

(4) 한국의료분쟁조정중재원: 의료분쟁의 과실 판정과 피해 구제

보건복지부 산하 공공기관(정원 157명)으로 조정·중재, 감정과 분만 관련 무과실 사고에 대한 국가 보상 사업 집행의 업무를 담당한다. 배상 여부와 그 규모를 결정(조정)하기 위한 목적으로 과실 여부를 판단(감정)하므로 시스템의 미비를 비롯한 환자안전사건의 근본 원인 분석의 기능이 없어 환자안전사건의 예방에 기여하기 어렵다.

2) 현행 구조의 한계점

현행 시스템의 가장 큰 문제는 기능의 단절과 자원의 불균형이다. 환자안전사건의 예방을 위한 시스템 평가(인증원), 시스템 미비로 발생한 사건의 분석(중앙환자안전센터), 해결(중재원) 기능이 유기적으로 연결되지 않아 동일한 유형의 사고가 반복되어도 기관 간 정보 공유나 통합적인 대응이 이루어지지 않는다. 특히 인력과 예산이 사후 분쟁 해결을 담당하는 중재원에 편중되어 있으며 사고를 미리 막고 시스템을 개선하는 예방적 기능은 취약하다.

또한 환자안전사건에 대한 대응이 과실 여부에 따른 보상과 처벌 중심이므로 의료 현장에는 사고를 은폐하려는 경향이 있으며, 환자안전사건이 전수 보고되지 않고 근본 원인이 분석되지 않으므로 시스템 미비를 파악하여 개선 조치를 하기 어렵다. 특히 환자안전 관련 기관이 모두 보건복지부 산하 기관이므로 행정안전부 소관인 병원 전 환자 이송 단계의 환자안전에 대한 자료에 접근할 수 없으며 개선 조치도 불가능하다. 사건 발생 시 환자와 보호자, 그리고 의

료진에 대한 심리적 지원이나 코디네이션 체계가 전무한 것 또한 한계다.

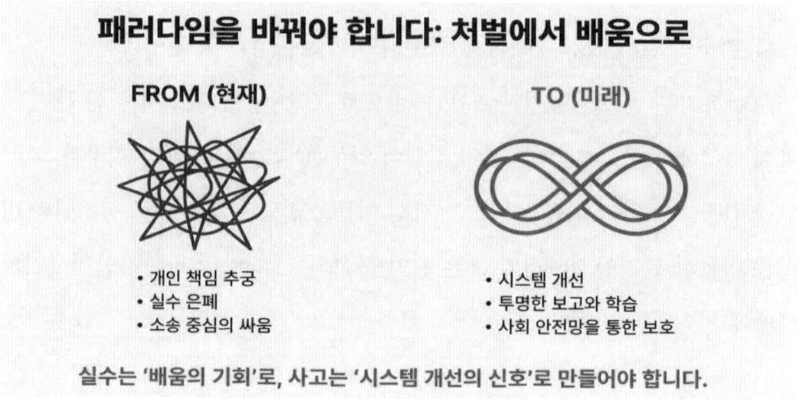

패러다임을 바꿔야 합니다: 처벌에서 배움으로

FROM (현재)

• 개인 책임 추궁
• 실수 은폐
• 소송 중심의 싸움

TO (미래)

• 시스템 개선
• 투명한 보고와 학습
• 사회 안전망을 통한 보호

실수는 '배움의 기회'로, 사고는 '시스템 개선의 신호'로 만들어야 합니다.

4. 해외의 환자안전사건 대응 체계

1) 환자안전 강화를 위한 사고 재발 예방 중심의 대응 체계

선진국의 환자안전사건 대응 체계는 재발 방지를 위한 사고의 근본 원인 파악, 시스템 개선, 그리고 의료진 교육 중심으로 이루어진다.[6] 이를 위해 '공정문화(Just Culture)', 비징벌적 접근, 안전지대(Safe Space)를 적용하여 자발적인 보고를 권장하며, 의료진이 안심하고 전후 상황을 설명할 수 있는 환경을 조성한다.

• **공정문화** 환자안전을 위한 핵심적인 조직 문화 접근법. 오류에 대한 공

정하고 편견 없는 판단으로 조직의 신뢰를 구축하여 환자안전사건이 자율적으로 보고되고 시스템이 개선될 수 있도록 설계된 체계. 처벌 문화도, 무책임 문화도 아닌 공정한 문화로, 사람들이 실수를 인정하도록 격려하면서도 고의로 위험한 행동을 선택할 때는 여전히 책임을 묻는 문화로 WHO의 'Global Patient Safety Action Plan 2021-2030'에서도 강조하고 있다. 사건사고의 분석에 시스템적 요인과 개인적 요인을 모두 고려하며 의료진의 솔직한 보고와 성찰의 문화를 조성하고 처벌보다는 학습과 개선에 중점을 두어 환자안전을 위한 시스템 설계의 개선을 추구한다.

- **안전지대(Safe Space) 원칙** 조사과정에서 수집된 정보를 보호하여 법정 소송 등에 사용할 수 없다는 원칙.

뉴질랜드는 건강장애위원회(Health and Disability Commissioner: HDC)에서 환자 권리 보호, 의료 품질 향상, 환자안전사건 재발 방지의 목적으로 독립적인 임상 전문가가 사실조사를 수행하며, 공식 사과나 시정, 재교육, 시스템 개선 등의 후속조치를 권고한다. 판결 내용은 공개되며, 공공 안전에 위험이 있는 경우 등 필요하다고 판단되는 경우에는 의사면허 관리기구인 Medical Council of New Zealand로 이관하여 경고, 벌금, 자격정지, 면허 취소, 정지 등의 조치를 취한다. Health Quality & Safety Commission에서는 질 평가, 안전프로그램 개발, 실태조사를 담당한다.

표 1 | 공정문화의 개인 행동 분류[14]

행동유형	특징	공정한 대응
단순 실수(Human Error)	의도하지 않은 실수	추가 교육 및 훈련 제공
위험한 행동(Risky Behavior)	안전하지 않은 선택	코칭 및 상담
무모한 행동(Reckless Behavior)	고의적 위험 행동	징계 조치(해고 포함)

덴마크는 환자안전청(Styrelsen for Patientsikkerhed, The Danish Patient Safety Authority)에서 의료전문가가 환자안전사건을 독립적으로 조사하여 사실관계를 파악하고 시스템 개선에 중점을 둔다. 판결문을 공개하며, 중대 과실이 있는 경우 의료징계위원회에 회부하고 중과실의 혐의가 있는 경우에는 사법기관에 의뢰한다.

일본은 예기치 못한 사망사고가 발생한 경우 의료기관이 자체 조사 및 설명하고 독립기관인 '환자안전사건조사 지원센터'에 보고하도록 의무화하고 있다. 센터는 의료기관의 환자안전사건 조사를 지원하고 유족이나 의료기관이 의뢰한 경우 사건을 조사한다. 환자안전사건의 현황 수집, 분석, 환류, 교육, 재발 방지의 역할을 수행한다.

영국에서는 환자안전사건이 발생하면 사고 발생 의료기관의 전담인력이 〈그림 7〉의 순서도에 따라 1차 조사하고 보상한다. 추가 보상을 요청하는 경우에는 전문 의료인이 과실 여부 등을 파악하고 NHS(국가보건서비스) Resolution이 보상한다. 의료인의 과실이 확인되는 경우 의료인 면허관리기구인 General Medical Council을 통해 재교육, 특정 의료행위 제한, 면허 정지·취소 등의 단계적 조치로 재발을 예방한다. The Health and Care Act 2022에 의한 독립기구인 보건의료안전조사기구(Health Services Safety Investigations Body: HSSIB)는 NHS 전반의 환자안전문제를 조사하고 시스템 차원의 안전권고사항을 개발한다.

그림 7 | 영국 환자안전사건 조사 흐름도[15]

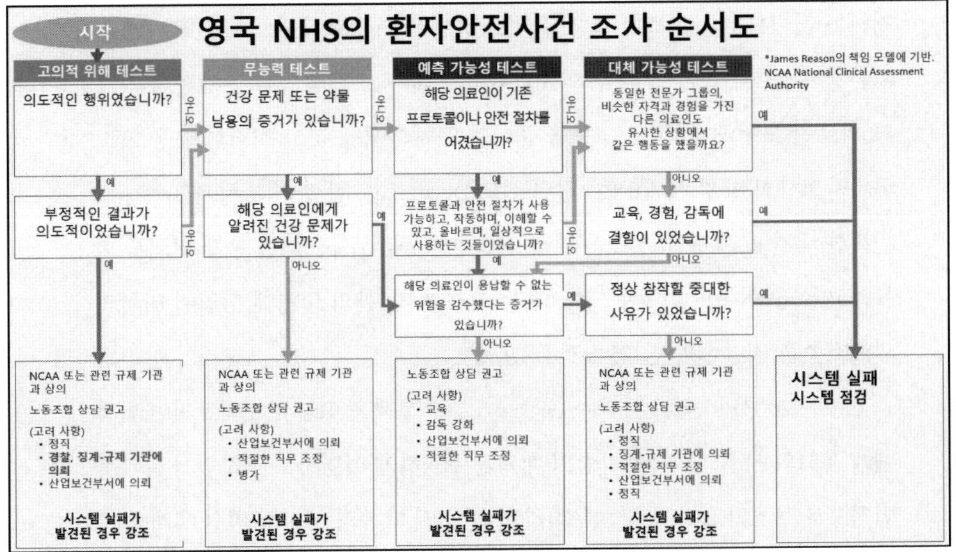

2) 소통과 해결(Communication and Resolution Programs: CRP)로 회복과 환자안전 강화 추구

미국에서는 2000년대 초 환자안전사건의 피해가 심각한 것을 자각한 미국 의학계의 보고[16]를 계기로 안전 문화를 확산하기 위한 노력이 시작되었다. 의료기관 인증기관인 Joint Commission(JC)은 환자안전사건이 발생한 경우 환자에게 고지할 것을 의료기관 인증 요건으로 하며, 각 의료기관은 정부의 재정 지원으로 환자안전사건 대응방법 '소통과 해결 도구(Communication and Resolution Programs: CRP)'를 개발하여 활용한다. CRP는 환자안전사건을 공개하고 경위를 설명하는 투명성, 사과와 화해, 재발 예방, 환자와 의료진 양측에 대한 지원으로 구성된다. 비슷한 시기에 민간에서는 'Sorry Works!' 환자운동이 시작되었다. 이는 의료소송 전문 변호사로서 의료진에게 '사과하면 과실을 인정하는 것이므로 사과하지 말 것'을 주장하던 Doug Wojcieszak이 1998년 환자안전사건으로 형을 잃은 후 의료기관의 은폐와 소송 중심 대응이 환자 가족과 의료진 모두에게 더 큰 고통을 준다는 문제의식을 갖고 시작한 운동으로, 환자안전사건 발생 시 투명한 경위 설명(Disclosure), 진심 어린 사과(Apology), 신속한 해결(Resolution), 1·2차 피해자에 대한 공감(Empathy)을 통해 신뢰를 회복하고 소송 의존도를 낮추고자 했다. 이러한 민-관의 노력에 힘입어 미국의 의료소송은 지난 20년간 75% 감소했다.[17]

호주는 2003년 '공개·사과(Open Disclosure)' 정책을 도입하여 의료진이 환자에게 사고의 사실, 결과, 재발방지 계획을 투명하게 설명하도록 하면서 사과를 법적으로 보호하고 교육을 의무화하며 환자 및 가족의 심리적 지원 체계를 마련했다.

영국은 2022년 'Patient Safety Incident Response Framework'를 도입하여 신속한 사실 공개와 사과, 재발 방지 대책 시행의 원칙을 세우고, 중증 사망사고는 HSSIB에서 독립적으로 조사한다. "사과는 법적 책임 인정이 아니며, 환자안전사건은 시스템 개선을 목표로 접근"할 것을 법률에 규정했다.

3) '환자안전 강화'와 피해의 공적 보상으로 피해자를 보호

여러 나라에서 책임소재와 무관하게(뉴질랜드, 덴마크, 스웨덴, 노르웨이, 아이슬란드, 핀란드) 또는 과실 책임과 연계하여(영국, 프랑스) 환자안전사건의 피해를 공적 재원으로 보상하여 환자와 가족을 우선적으로 보호한다. 개인의 과실보다 집단적/사회적 책임을 강조하고 소송 비용을 절감하며 피해자를 신속하게 지원하기 위해서다. 뉴질랜드와 같이 환자안전사건의 책임소재와 무관하게 국가가 보상(과실 무관 보상)하며 독립적인 조사기구에서 사실관계를 조사하는 제도를 가진 나라에서는 환자안전사건 당사자인 환자나 가족이 민·형사 소송에 의존하지 않는다.[18]

뉴질랜드는 사고보상공사(Accident Compensation Corporation: ACC)에서 의료진의 과실 여부와 관계없이 신속한 보상을 제공한다. 치료비, 재활비용, 소득손실(80%) 지원을 지원하며, ACC의 보상 대상인 경우에는 법적으로 민사 소송이 불가능하다. 환자안전사건의 보상 청구는 의료검토위원회에서 심사하여 회피할 수 있는 사건인지(회피가능성)와 보상의 적절성을 결정한다.

> 뉴질랜드 사고보상공사의 치료손상(환자안전사건 손상)의 보상 기준
>
> • 등록된 의료인에게 받은 치료가 손상의 직접적인 원인인 경우
>
> • (제외) 치료손상(treatment injury)이 아닌 경우, 즉 환자의 건강상태의 결과, 치료의 정상적인 합병증, 치료의 결과가 만족스럽지 않은 경우, 임상시험 또는 환자가 서면으로 동의한 의료행위의 결과인 경우(보상하지 않음)

덴마크는 환자보상청 Patienter-statningen에서 ① 경험 많은 전문의라면 예방할 수 있었던 과실, ② 합리적으로 감당할 수 없는 합병증, ③ 대체 가능한 치료법이 있었던 경우, 치료비와 소득손실, 통증/고통/장애를 보상한다.

스웨덴은 민간보험회사 연합체 Löf를 통해 '충분한 경험을 쌓은 의사라면 방지할 수 있었던 손해'를 보상하며, 피할 수 없는 상해(생명 위협 상황에서의 고위험 치료, 허가 용법/용량 약물의 부작용, 질병 자체의 진행으로 인한 악화)는 보상에서 제외한다. 모든 의료기관의 의료장애보상보험 가입이 의무화되어 있다. 재원은 보험금과 세수다.

표 2 | 각국의 환자안전사건 조사·보상 기구 현황

국가	환자안전사건 조사 기관	환자안전사고 보상 담당 기관	과실 관련	공적보상 재원	의료분쟁 연간배상액(원)	환자안전 총괄 부처
대한민국	없음	한국의료분쟁조정 중재원, 민·형사 소송	과실 책임	(분만)세금	185억(중재원)[a] 민사소송액(?)	보건복지부 의료기관정책과
영국	NHS, 보건의료안전조사기구 (HSSIB, 보건부 산하 독립기구)	NHS Resolution, 임상과실배상제도	과실 책임	세금	5.4조[b]	NHS England, HSSIB, CQC로 분산
뉴질랜드	건강장애위원회(HDC)	사고보상공사(ACC)	과실 무관	기금	약 3,587억 원[c]	보건부 내 HQSC
호주	주 보건부, Health Care Complaints Commission	민간 의료배상보험사 + 정부지원	과실 책임	(정부지원)세금		보건고령복지부 내 ACSQHC
덴마크	환자안전청	환자보상협회	과실 무관	세금	약 2,000억[d]	보건부 내 환자안전청
독일	없음	의사회 조정위원회 + 배상보험	과실 책임			연방보건부 (환자안전 지원)
미국	없음	소송/주별 민간 의료배상보험	과실 책임		약 7조[e]	보건복지부 산하 AHRQ
일본	일본의료안전조사기구	(분만)과실 무관 공적보상 (일본의료기능평가기구) + 민사소송	과실 무관/ 과실 책임	(분만)기관부담금	(분만) 약 840억[f]	후생노동성 의료안전추진실
프랑스	없음	의료보상관리사무국(ONIAM) 민간 의료배상보험	무과실/ 과실 책임	세금	약 2,500억[g]	보건부 내 HAS
스웨덴	SHK, 보건사회서비스감시청IVO	Löf(환자보험)	과실 무관	보험	약 700억[h]	보건사회복지국, IVO
노르웨이	의료조사위원회 NHIB(독립기구)	환자손해보상제도 NPE	과실 무관	세금·분담금	약 2,000억[i]	보건돌봄부

NHS: National Health Service, HSSIB: Health Services Safety Investigations Body, CQC: Care Quality Commission, HDC: Health and Disability Commissioner, ACC: Accident Compensation Corporation, HQSC: Health Quality & Safety Commission, ACSQHC: Australian Commission on Safety and Quality in Health Care, AHRQ: Agency for Healthcare Research and Quality(환자안전 정책·연구·지침 총괄기관), ONIAM: Office National d'Indemnisation des Accidents Médicaux, HAS: Haute Autorité de Santé(환자안전 전략·표준·지침 관장), SHK: Swedish Accident Investigation Authority, Statens haverikommission, IVO: Inspektionen för vård och omsorg, Löf: Regionernas ömsesidiga försäkringsbolag, NHIB: Norwegian Healthcare Investigation Board, Statens undersø kelseskommisjon for healse-og omsorgstjenesten, NPE: Norsk pasientskadeerstatning

a. 한국의료분쟁조정중재원. 한눈에 보는 2020~2024년도 의료분쟁 조정·중재 통계. b. NHS Resolution Annual Report 2023/24. c. Annual Report 2024. New Zealand: Accident Compensation Corporation. d. Danish Patient Compensation 2024. e. NPDB 2024 Statistics Analysis. f. JOCSC Annual Report. JCQHC. g. Rapport d'activité 2024. ONIAM. h. Annual Report 2023. Löf. i. Annual Report 2023. Oslo: Norsk pasientskadeerstatning(NPE).

영국은 NHS Resolution이 NHS 소속 의료기관의 환자안전사건에 대한 대응과 배상을 담당한다. 법적 기준에 따른 손해배상(입증 책임은 배상 청구인에게)을 하되, 민사 소송도 Resolution이 대응한다.

프랑스는 의료조정보상위원회(CCI)에서 감정·조정하고 보상을 결정하며, 무과실(책임 입증이 되지 않은) 환자안전사건의 경우 의료보상관리사무국(ONIAM)에서 보상한다.

4) 결과가 아닌 행위를 기준으로 판단

소송 중심의 의료분쟁 대응으로 의료의 지속가능성이 위협받는 상황은 우리나라만의 문제가 아니다. 다른 나라에서도 이미 비슷한 상황을 겪고 형법 개정(뉴질랜드 등), 의료행위 중과실치사죄 관련 정책에 대한 검토(2018 영국 Williams report19), 의료 과실에 관한 공식 기준 정립(미국)[20] 등의 정책 개선으로 대처했다.

뉴질랜드는 '고의가 아닌 환자안전사건에 대한 형사처벌은 의료진이 책임감을 가지고 의료서비스를 제공하며 보건의료의 질과 안전을 향상시키는 데에 도움이 되지 않는다'는 사회적인 이해를 바탕으로 1997년 형법 개정을 통해 처벌의 대상을 '합리적 주의의무 위반'에서 '중대한 일탈'로 국한시켰다. 의료계의 책임 있는 행동(accountability)을 보장하고 의료의 안전성과 질을 향상시키기 위해 ACC, HDC 등의 다수의 기관과 법령을 두고 있다.

독일, 오스트리아, 일본은 중과실 중심으로 처벌하는 것이 원칙이며, 미국과 영국은 중과실 중심으로 처벌하되 사망의 경우에만 처벌을 고려한다. "조직적·시스템적 실패의 맥락에서 발생한 단순 오류가 중과실치사 기소로 이어져서는 안 된다"[19]는 것이다.

해외의 환자안전사건 중과실의 기준

(뉴질랜드) ① 의무를 심각하게 위반(중대한 과실), ② 위반 정도가 사회 통념상 보통 사람이라면 결코 하지 않을 만큼 심한 경우(단순 실수, 판단 착오, 경미한 부주의로 인한 과실은 형사처벌의 대상이 아님)
(미국 유타주) ① 의사의 조치가 환자 사망을 야기하는 실질적이고 정당화할 수 없는 위험을 창출, ② 의사가 위험을 인식해야 했음에도 인식하지 않은 경우, ③ 위험을 인식하지 않은 것이 중대한 일탈에 해당하는 경우
(영국) 실수가 아닌 명백하고 중대한 위반으로, 동료나 선배 의료인이 용납할 수 없다고 판단하는 경우. ① 환자에 대한 주의의무 존재, ② 주의의무 위반, ③ 위반이 사망을 초래하거나 매우 기여, ④ 위반이 형사적 처벌이 필요한 정도의 중과실, ⑤ 심각하고 명백한 사망 위험을 예견할 수 있었던 경우
(일본) 통상적인 의료인의 행위 기준에서 현저하게 벗어나며, 중대한 결과를 초래할 위험성이 높은 고도의 부주의
(오스트리아) 요구되는 주의의무를 현저히 위반(누구라도 그 상황에서 동일한 실수를 저지르지 않을 정도로 객관적으로 심각하게 부주의)한 경우

5. (제안) 의료사고 안전망 강화는 환자안전 강화로부터

1) '환자안전 강화' 목적의 환자안전사건 보고-조사-재발 예방

(1) 환자안전사건의 원인 규명은 독립적인 '조사기구'에서

환자안전사건의 조사를 전담하는 상설 '환자안전조사기구'를 신설하여 원인 규명이 필요한 환자안전사건을 조사할 것을 제안한다. 조사 대상은 환자/가족, 의료인/기관이 요청하는 환자안전사건이다. 사실관계와 인과관계가 명확한 환자안전사건의 경우 각 기관에서 자체 해결할 수 있으므로 근본 원인 분석이 필요한 의료분쟁과 중앙환자안전센터에서 분석하는 중대한 환자안전사고 사례가 조사 대상이 될 것이다.

이 기구의 역할은 전문가의 독립적이고 객관적인 조사로 사실관계와 근본 원인을 확인하고 개선방안을 제시하는 것이다. 책임 추궁 대신 시스템 개선과 재발 방지에 중점을 두며, 공정문화와 안전지대 원칙(조사과정에서 수집된 정보는 법정 소송 등에 사용할 수 없음)을 적용한다. 여러 나라에서 채택하고 있는 〈그림 7〉의 영국 환자안전사건 조사 흐름도를 채택하는 것이 바람직하다. 일차적으로 환자안전사건 여부를 판단하며, 환자안전사건의 경우 시스템의 미비를 파악하고 의료진의 과실(중과실) 여부와 그 원인을 파악한다. 구성은 분야별 의료 전문가(학회/의사회 추천 전문의), 안전 전문가, 법조인, 행정가 등으로 하되 의료의 문제는 해당 분야의 전문의가 아니면 이해하기 어려운 경우가 많으므로 전문 분야별 의료인 상근 위원을 두어 전문성과 신뢰성을 확보한다.

조사는 자료 제출이나 출석 요구 대신 각 의료기관의 환자안전위원회 또는 전담인력과 협력해 현장방문 중심으로 진행하여 관련 의료진의 부담을 최소화한다. 병원 전 이송단계의 구급일지와 의무기록의 조사, 관계자 면담 등의

환자안전 조사기구: 처벌 이 아닌, 재발 방지를 위한 원인을 찾습니다

공정 문화 (Just Culture)

안전지대 (Safe Space)

전문가로 구성된 독립 기구가 시스템의 오류를 찾아 개선 방안을 제시합니다.
조사는 보상과 분리되며, '안전지대(Safe Space)' 원칙에 따라 조사 내용은 법적 소송에 사용될 수 없습니다.

조사 권한을 부여하여 근본 원인 확인이 가능하도록 한다. 조사 결과는 조사를 의뢰한 환자-보호자와 의료기관에 송부하며, 조사기구의 개선 권고사항에 대해서 의료기관이 의무적으로 조치하고 결과를 보고하도록 하여 실질적인 개선이 이루어지도록 한다. 해외에서와 같이 조사보고서를 공개(개인정보 보호)하고 당사자의 이의 제기가 가능하도록 하여 객관성과 공정성을 확보하고 정책 개선에 반영할 수 있게 한다.

참고할 수 있는 해외사례로는 노르웨이의 의료조사위원회(NHIB), 뉴질랜드의 건강장애위원회(HDC), 덴마크의 환자안전청, 영국의 보건의료안전조사기구(HSSIB), 일본의 의료안전조사기구 등이 있다.

환자안전조사기구에서 환자안전사건을 조사하게 되면 피해자는 무슨 일이 일어났는지 알기 위해 형사 고소·고발할 필요가 없어지며 이에 따라 의료분쟁의 형사 입건 건수와 기소 건수의 현격한 차이가 사라지고 의료진의 필수·중증의료 기피 현상이 완화될 수 있다. 의료분쟁의 상당한 부분을 차지하는 '환자안전사건이 아닌 악결과'에 소모되는 피해자, 의료진, 사법체계의 심리적·사회경제적 부담이 경감될 것이다. 중재원이나 법원의 의료감정과는 달리 직접 조사가 가능하므로 근본 원인을 분석할 수 있어 시스템의 미비를 파악하고 개선할 수 있다. 특히 부처 간의 장벽으로 파악하기 어려웠던 병원 전 이송단계부터 조사하여 개선하면 현재 문제가 되는 응급의료체계의 상황도 호전될 것이다. 해당 분야의 전문의가 조사하므로 수준 높은 사실관계의 확인과 근본 원인 조사가 가능한데, 공정문화와 안전지대를 적용하며 조사 결과가 배상액의 결정이나 사법적인 응징과는 무관하므로 수련의료기관의 사망례 컨퍼런스(mortality conference)와 같이 보다 엄격한 조사가 될 것이며 결과적으로 우리나라 의료의 수준을 향상시킬 것이다.

(2) 민·형사 소송 중심의 응징 대신 재발 예방: 의사면허관리기구

'환자안전조사기구'의 조사로 재발 예방 조치가 필요한 의료진의 과실이 확인된 경우에는 이를 '의사면허관리기구'에 통보하여 경고, 상담, 재교육, 특정 의료 행위의 제한 또는 감독하(下) 진료 등으로 과실의 재발을 예방할 수 있다. 개선의 가능성이 없거나 반복적·고질적인 사고의 경우에는 면허 제한이나 정지, 취소 등의 조치가 가능할 것이다. 이를 위해 독립적인 면허관리기구의 설치와 관련 의료법 개정을 요청한다. 해외 여러 나라에서 의사면허관리기구를 두고 이와 같이 조치하고 있으며(영국의 General Medical Council, 뉴질랜드의 Medical Council of New Zealand 등), 덴마크의 의료징계위원회와 스웨덴의 의료책임위원회의 운영을 참고할 수 있다.

의료분쟁에서 소송에 의존하는 이유 중 하나는 '의료진이 책임을 지게 할 방법이 소송밖에 없기 때문'이다. 의사면허관리기구를 통해 의료진이 의료인의 책무를 다하도록 하면 소송의 빈도가 줄어들 수 있으며, 의료진의 재교육으로 우리나라 의료의 질이 향상될 수 있다. 또한 고질적인 사고를 일으키는 의료진이 같은 사고를 반복하는 것을 막을 수 있다.

(3) 의료분쟁의 사법적 기준 정립: 행위의 중과실 여부를 기준으로

의료행위의 경우 상해, 사망 등의 결과가 의료인의 과실과는 무관하게 질병의 자연경과나 치료의 예견된 합병증으로 발생할 수 있으며 환자의 건강상태와 의료행위의 난이도가 결정적으로 기여하므로, 의료와 관련된 피해는 결과가 아닌 행위의 과실의 위중함을 기준으로 기소하거나 판결해야 한다. 업무상 과실치사상죄의 적용에 있어 의료행위의 특수성을 적시할 필요가 있는 것이다. 이를 위해 대법원 양형위원회에 의료 분야의 업무상 과실과 관련한 양형 기준을 정립해 줄 것을 요청한다. 유사한 해외 사례로 뉴질랜드의 1997 형법 개정, 영국의 2018 Williams 리뷰, 미국의 2024 의료과실에 관한 기준(American Law Institute) 등이 있다. 아울러 의료분쟁에서 개인의 징계 여부를 판단할 때 〈그림 7〉의 영국 환자안전사건 조사 흐름도와 같은 기준을 적용하기를 요청한다.

한편, 형사처벌이 필요한 의료행위의 중과실에 대한 사회적 합의를 도출하고 이에 따른 기준을 설정하여 의료진이 안심하고 적정진료를 할 수 있도록 보장하기를 요청한다.

(4) 소통-사과의 증거능력 배제 법제화와 소통 교육

의료분쟁의 법적인 문제를 고려할 때 반드시 필요한 것은 사고의 경위 설명과 사과·유감 표명의 내용이 분쟁 조정이나 사법 절차에서 과실의 인정, 즉 책임의 근거로 사용되지 못하도록 하는 소통-사과의 증거능력 배제 법제화다. '사과는 곧 자백'이라는 통념이 사라져야 회복의 출발점이 되는 원활한 소통, 공감, 위로가 가능하기 때문이다. 미국 여러 주의 Disclosure law와 Apology law, 캐나다와 호주의 Apology Act, 영국의 Patient Safety Incident Response Framework에서 강조하는 compassionate engagement(공감적 참여)와 Duty of Candour(정직의무), 2006년 보상법(Compensation Act 2006) section 2에서 "사과가 곧 법적 책임의 인정은 아님"을 명기하면서 사건 발생 즉시 솔직하게 사과하고 조사의 전 과정에 환자가 참여하며 지속적으로 소통할 것을 규정한 점 등을 참고할 수 있다.

나쁜 결과가 발생한 환자와 보호자에게 상황을 설명하고 공감하며 과실 여부를 떠나 나쁜 결과에 대해 사과하는 것은 쉽지 않은 소통이다. 의과대학 교육 과정에서 암울한 진단에 대해 '나쁜 소식 전하기'를 교육하는 것과 마찬가지로, 의료기관에서 환자를 진료하는 의사에게는 진료의 결과로 발생한 악결과의 나쁜 소식 전하기에 대한 올바른 소통 방법의 교육이 필요하다. 의료인 필수평점이나 의료기관 인증평가에 반영한다면 보다 원활한 교육이 가능할 것이다.

소통-사과의 증거능력 배제 법제화와 충분한 교육으로 의료진이 의료의 악결과에 대해 환자-보호자와 안심하고 소통할 수 있게 되면, 무슨 일이 생겼는지 알 수 없어 이중으로 고통받는 피해자의 울분이 해소되며 1~2차 피해자가 안심하고 서로 위로할 수 있어 심리적인 회복이 가능해진다. 이는 불필요한 분쟁을 줄일 수 있을 것이다.[21]

2) 환자안전망 기금 도입 및 과실 유무와 관계없는 신속·충분한 보상/지원

(5) 과실 여부와 무관한 공적 보상제도 도입: 환자안전망 기금

환자안전사건은 입원환자의 10%에서 발생하며 이로 인한 사망자 수는 교통사고나 산업재해의 10배 이상으로 추정되는,[1,2] 누구에게나 일어날 수 있는 사회적 위험이다. 따라서 과실 여부를 떠나, 그 피해를 사회안전망 개념으로 공적 재원으로 신속하고 충분하게 보상할 필요가 있다. 게다가 환자안전사건은 산업재해와 마찬가지로 대개 시스템의 미비로 발생하는데, 의료시스템은 정부가 만들고 운영하는 의료정책에 의해 좌우되므로 환자안전사건의 피해 보상에는 정부의 재원이 투입될 필요가 있다. 특히 자동차 사고와 달리 의료서비스에서의 악결과에는 환자의 건강상태와 의료행위의 난이도가 기여하는 부분이 절대적으로 중요하므로 피해의 중증도를 기준으로 이루어져야 할 보상의 책임이 전적으로 의료공급자에게 지워지는 것은 공정하지 않다.

따라서 우리는 '환자안전망 기금'을 조성하여 과실 여부와 무관하게 환자안

그림 8 | 의료 공동행동의 환자안전사건 대응 체계 혁신 제안

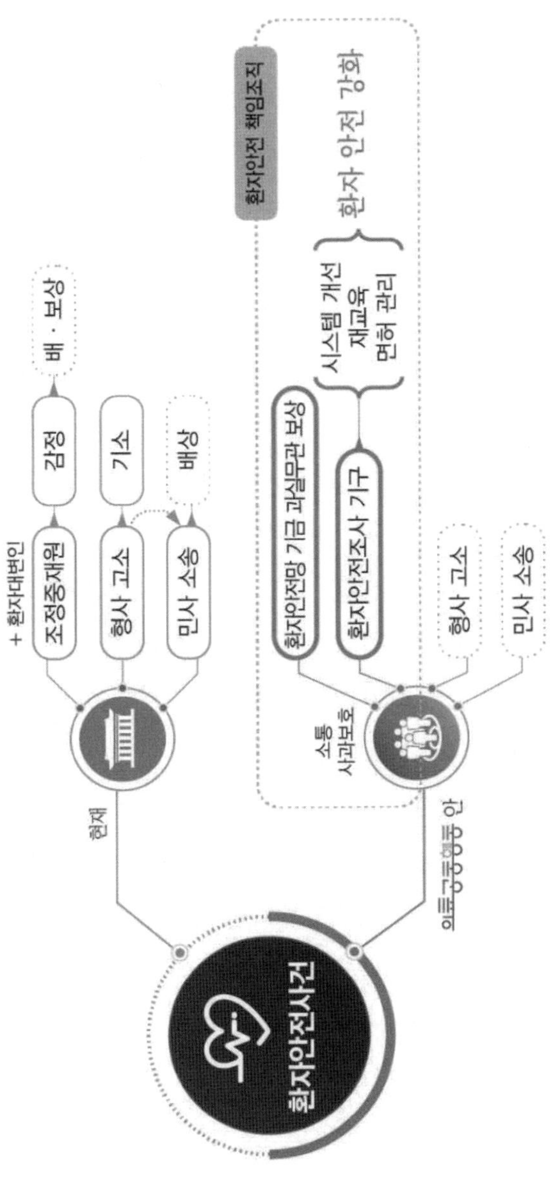

전사건의 피해를 보상할 것을 제안한다. 기금의 재원은 국민건강보험 의료수가 상대가치 항목 중 '위험도'에 해당하는 부분과 국가 예산, 안전조치 미비에 대한 과태료 등으로 마련할 수 있을 것이다. 기금의 규모는 요양급여 총액의 위험도 부분(약 3,000억~4,000억 원), 중재원의 조정 신청금액(연간 총액 약 2,000억 원), 소위 빅5+전남대병원+부산대병원의 의료분쟁비용(연 100억 원 미만, 회계공시자료 기준), 미국(한국 인구의 6배)의 연간 의료민사소송배상액(약 7조 원) 등을 고려할 때 3,000억~1조 원으로 예상된다(연간 의료분쟁 민사 소송의 배상 결정액: 자료 부존재). 국민건강보험의 요양급여 총액이 연간 약 110조 원이며 환자안전사건으로 유발되는 의료비가 선진국 의료비의 13%를 차지하는[3] 것을 고려할 때 1% 규모인 1조 원의 투자는 결코 과하지 않다. 공적 보상이 담보되면 소송에 대한 두려움이 사라져 환자안전사건 은폐의 문제가 해소될 것이며, 이는 결국 시스템 미비의 조기 발견-개선-환자안전 강화의 선순환으로 이어지므로 환자안전망 기금은 환자안전사건의 감소를 이끌어낼 수 있는 투자라 할 수 있다. 의료진의 필수·중증의료 기피 현상 또한 경감되어 우리나라 의료의 지속가능성을 향상시킬 수 있다.

환자안전망 기금의 보상 대상은 건강보험 적용 의료행위와 관련하여 발생한 환자안전사건으로, 질병의 자연경과나 치료행위의 결과로 당연히 예상되는 합병증, 치료 결과가 충분히 만족스럽지 못한 경우는 환자안전사건이 아니므로 보상의 대상이 아니다. 건강보험 적용 의료행위와 관련한 사건으로 한정하는 이유는 기금의 우선적인 재원이 국민건강보험이기 때문이다. 보상액은 손해 사정/기준에 따라 결정하되 민사 소송의 배상액을 기준으로 하며, 중증질환의 경우 2중의 재난을 겪는 것이므로 가산을 고려할 것을 제안한다. 보상 대상 여부의 판정을 위한 감정과 보상 규모 결정을 위한 조정이 필요하다.

보상은 과실 여부와는 무관하게 신속하고 충분하게 진행하되, 공적 보상이 이루어진 경우 재판상 화해와 동일한 효력이 있도록 규정하거나, 일본의 산과 보상과 같이 보상을 받은 이후 추가로 민사 소송을 진행하는 경우에는 배상액에서 기존 보상액수를 차감하도록 할 수 있다. 공적 보상의 해외 사례로는 뉴질랜드의 사고보상공사(ACC), 덴마크의 환자보상청(Patienter-statningen), 스웨덴의 Löf, 영국의 NHS Resolution 등이 있다.

3) 국민의 안전을 담보하기 위한 환자안전 책임부서 설치

(6) '환자안전 책임조직'과 보건복지부 내 '환자안전정책관' 신설

우리나라의 현행 환자안전 관련 조직은 여러 조직에 기능이 분산되어 있어 효과적인 정보 공유와 통합적인 대응이 이루어지지 않는다. 특히 환자안전사건의 근본 원인분석이 어렵고 그 결과를 시스템 개선으로 이어지게 하는 예방적 기능이 취약하다. 또한 현재 의료분쟁법에 따른 중재원, 환자안전법에 따른 환자안전센터가 모두 보건복지부의 1개 과(의료기관정책과) 업무의 일부에 불과하여 '환자안전 보장활동'을 실질적으로 담보하기 어렵다.

이에 장관 직속 '국가 환자안전 책임조직'(기능조직)과 보건의료정책실 내 '환자안전정책관'(관리부서)을 신설하여 환자안전사건 조사·시스템 개선·피해자 지원 기능(책임조직)과 환자안전 행정·법령·예산 관리(정책관)로 효과적인 환자안전 강화 체계를 구축할 것을 제안한다. 이는 제2차 환자안전종합계획에서 추구하는 '환자안전사고를 실질적으로 감소시키는 국가 차원의 체계로 전환하는' 실질적인 방법이 될 것이다.[2]

① 국가 환자안전 책임조직은 중앙과 지역환자안전센터를 아우르고, 환자안전조사기구와 환자안전망 기금 조성-운영과 지원, 안전강화 활동과

교육을 통해 실질적인 환자안전 국가 컨트롤타워의 역할을 수행한다.

- **심리지원 센터**　환자-보호자의 심리적 회복, 의료진의 심리적 회복과 전문성 회복, 상호 신뢰 회복을 지원한다.
- **환자안전 코디네이터**　환자안전사건을 겪는 환자와 보호자의 큰 어려움 중 하나는 의료시스템에 대한 이해의 부족, 의료진과의 정보의 격차다. 의료시스템을 이해하는 보건의료인이 환자안전 코디네이터로 활동하면서 환자-보호자와 의료진 간의 정보 격차를 해소하고 소통하도록 도우면서 심리적·제도적으로 지원한다. 환자안전사건의 관리와 보고, 환류의 업무도 함께 담당할 수 있다. 한국장기조직기증원 소속 코디네이터가 장기이식 상황에서 이와 유사한 업무를 한다.

(구성)(안) 조직도(예)

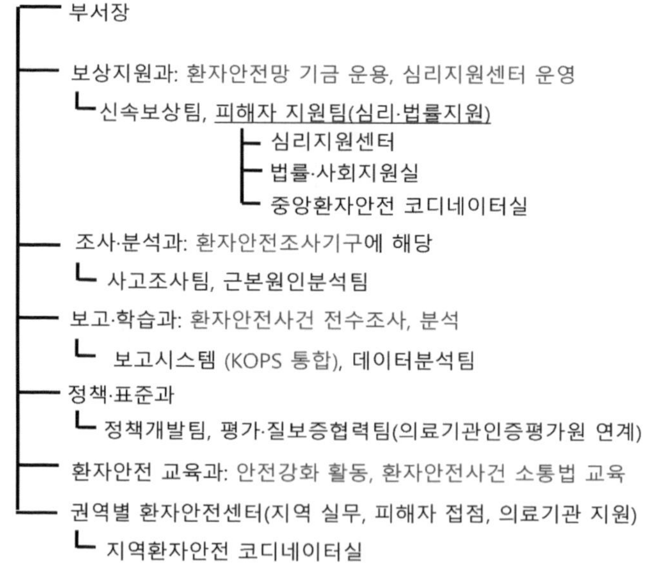

② 환자안전정책관은 의료기관정책과의 환자안전 관련 업무를 흡수하고 확장하여 '환자안전 보장활동'을 위한 법령·고시·제도 정비, 예산·정원·직제 관리, 환자안전종합계획 수립을 담당한다. 환자안전정책과, 의료분쟁분석조정과 등을 둘 수 있다.

6. 관련 법/규정 개정 제안

1) 환자안전법 (조항 신설) ① 환자안전조사기구의 설치–운영 규정, ② 환자안전 책임조직의 설치–운영 규정, ③ 소통–사과의 증거능력 제한, ④ 환자안전망 기금의 설치, 재원, 용도, 공적 보상 및 지원 규정, ⑤ 환자안전사건의 피해자[(제1피해자(환자, 가족)와 제2피해자(의료인)]의 심리적 회복 지원

2) 의료법 의료인 면허관리기구의 설치 및 운영 규정, 면허 관리 요건 개정

3) 형법 제268조(업무상과실·중과실치사상) 조항에 의료업무의 경우 결과가 아닌 행위(중과실)를 기준으로 판단함을 명시, 또는 과실치사상 양형기준표에 의료과실 사건에 대한 별도 세부기준을 신설하고 "의료과실 사건에서는 '결과' 보다 행위의 중과실 여부를 양형 핵심 요소로 반영" 명시

4) 환자안전사건 관련 소통방법 교육 제도화 ① 의료기관 인증 필수 교육 항목에 '환자안전사건 소통방법(소통, 사과, 재발 방지 설명 등)'을 포함, ② 대한의사협회 연수교육 필수과목에 '환자안전사건 관리 및 환자·보호자 소통 교육' 추가

환자와 가족 (For Patients & Families)	의료인 (For Medical Professionals)	국가와 사회 (For the Nation & Society)

• 신속한 피해 구제 (Swift Relief) • 알 권리 보장 (Right to Know) • 재발 방지 (Prevention of Recurrence)	• 안정적 진료환경 (Stable Practice Environment) • 소진 감소 (Reduced Burnout) • 필수의료 유지 (Sustaining Essential Care)	• 사회적 비용 절감 (Reduced Social Costs) • 의료시스템 신뢰 회복 (Restored Trust in the Healthcare System) • 국민 건강권 보장 (Guaranteed Public Health Rights)

7. 기대 효과

1) 환자와 가족: 신속한 피해 구제와 진실을 마주할 권리 보장

지금처럼 기약 없는 소송으로 고통받는 대신, '환자안전망 기금'을 통해 신속하고 충분하게 피해를 보상받을 수 있다. 또한 '환자안전조사기구'의 전문적인 조사를 통해 사고의 근본 원인을 명확히 알게 되며, 법적 보호를 받는 의료진의 진심 어린 사과와 소통을 통해 심리적인 위로와 회복을 얻게 된다.

2) 의료진: 소신 진료가 가능한 안전한 환경 조성

의료진은 형사처벌과 고액의 배상에 대한 두려움에서 벗어나 환자 치료에만 전념할 수 있다. 단순 실수나 불가항력적 사고가 범죄로 취급받지 않게 됨에 따라 필수의료와 중증응급의료 분야를 기피하던 현상이 완화되고 의료 인력의 유입이 늘어날 것이다.

3) 국가와 사회: 신뢰 회복과 사회적 비용 절감

사고를 은폐하던 문화가 사라지고 투명한 보고와 학습 문화가 정착된다. 이는 시스템의 결함을 조기에 발견하고 개선하는 선순환 구조를 만들어, 결과적으로 환자안전사건 발생률을 낮추고 불필요한 사회적 비용을 절감한다. 무엇보다 무너진 환자와 의료진 간의 신뢰가 회복되어 우리 사회의 의료 안전망이 튼튼해지고 지속가능한 의료체계 구축으로 국민건강권이 보장될 것이다.

8. 맺음말: 처벌에서 예방으로, 다툼에서 회복으로

우리는 지금 중대한 기로에 서 있다. '누가 잘못했는가?'를 따져 개인을 처벌하고 배상 책임을 지우는 현재의 방식은 환자의 안전을 지키지도, 피해를 온전히 회복시키지도 못했다. 오히려 의료진을 방어 진료로 내몰고 필수·중증 진료현장에서 떠나게 하며, 사고의 원인이 되는 시스템 결함을 은폐하게 만들어 결과적으로 환자의 안전을 위협해 왔다.

이제는 패러다임을 바꿔야 한다. 의료사고를 개인의 잘못이 아닌 '시스템의 실패'인 환자안전사건으로 규정하고, 처벌보다는 재발 방지에 집중해야 한다.

공정문화와 안전지대의 원칙에 기반한 독립적인 '환자안전조사기구'에서 사고의 근본 원인을 찾아내고, 사회적 안전망인 '환자안전망 기금'으로 국가는 피해를 책임지고 신속히 보상하도록 하자. 의료진의 과실은 형사처벌이 아닌 면허관리기구를 통해 교정하고 교육하여 의료의 질을 높일 수 있다.

'의료사고 안전망 강화'는 '환자안전 강화'의 관점으로 접근할 때 비로소 근본적인 해결이 가능하다. 서로를 비난하며 고통 받는 악순환을 끊고, 신뢰와 안전이 보장되는 지속가능한 의료 환경을 위해 우리 모두 뜻을 모을 때다.

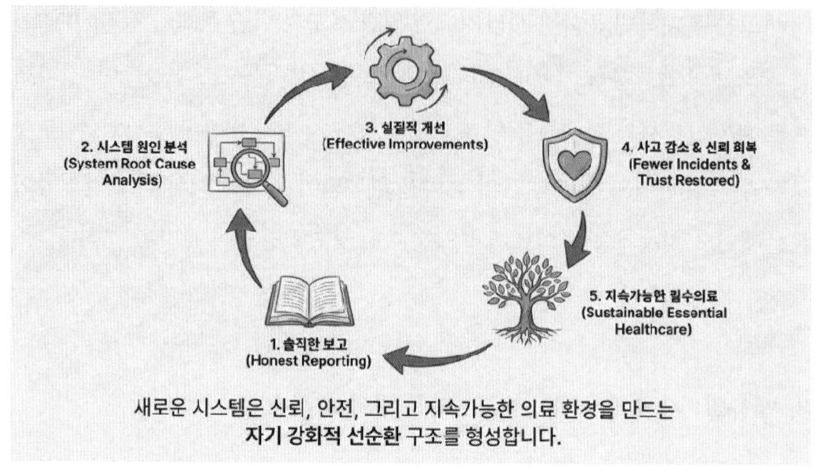

9. FAQ

Q1. 기존의 제안들과 다른 점은 무엇인가?

A. 의료사고를 환자와 의료진 개인 간의 분쟁이 아닌 환자안전사건, 즉 시스템 실패의 결과로 접근하며, 보상과 사실조사를 분리함으로써 피해를 복구하는 동시에 시스템의 미비를 발견하여 개선하자는 것이다. 구체적으로, 지난 정부안은 형사처벌을 면제하는 특례를 중심으로 했으나, 의료공동행동은 무조건적인 면책 특례에 반대한다. 경찰 조사보다 환자안전사건의 사실관계를 더 제대로 밝힐 수 있는 환자안전조사기구에서 조사하여 밝히고, 필요하다면 경고, 재교육 등으로 의료인으로서의 책무를 다하도록 한다. 보상 관련해서는 의료기관의 배상책임보험 가입 의무화 대신 '환자안전망 기금'으로 과실 유무와

관계없이 신속하고 충분하게 보상하자고 제안한다.

Q2. 이 제도가 도입되면 환자는 소송이 불가능한가?

A. 여전히 형사·민사 소송을 선택할 수 있다. 다만 환자안전조사기구를 선택하면 의료 전문가가 조사하므로 경찰조사보다 더 신속·명확하게 사실관계를 파악할 수 있다. 따라서 피해자의 입증책임 부담도 경감된다. 공적 보상을 받는 경우는 조정이 성립된 경우와 동일하게 재판상 화해와 동일한 효력이 있도록 규정하거나, 일본의 산과 의료보상제도 등과 같이 민사소송의 배상액에서 기존의 보상액수를 차감하도록 할 수 있다.

Q3. 환자안전조사기구의 조사 결과를 어떻게 믿을 수 있나?

A. 의료행위의 오류는 의사가 판단할 때 더 엄격하고 정확하게 판단할 수 있다. 환자안전조사기구의 의료 전문가는 상근직으로 하되, 해당 전문분야의 의사를 비롯해 모두가 신뢰할 수 있는 실력과 명망을 갖춘 사람으로 선발하고 조사결과를 공개하도록 한다면 독립적이고 엄정한 조사가 가능할 것이다.

Q4. 중재원에서 이미 감정을 하고 있다. 조사기구를 왜 따로 설치해야 하나?

A. 중재원의 감정은 배상을 위한 조사이므로 환자안전사건의 원인이 되는 시스템의 문제를 비롯해 포괄적이고 근본적으로 조사를 하는 데에는 한계가 있다. 사실관계를 알기 위해 경찰조사를 의뢰하는 지금과 마찬가지로, 의료 전문가의 전문적인 조사를 위해 별도의 조사기구가 필요하다. 보상기구(뉴질랜드의 ACC 등)를 운영하는 다른 나라들도 보상을 위한 감정과는 별도로 조사기구(뉴질랜드의 HDC 등)를 운영하고 있다. 중재원의 감정·조정 기능은 환자안전망 기금의 보상규모를 정하기 위해 활용될 수 있으며, 안전망 기금의 보상 대신

분쟁조정·중재의 방식을 선택하는 경우 활용할 수 있다. 환자안전사건의 일부는 지금도 '중앙/지방환자안전센터'에서 조사하고 있는데, 이 기능을 확대·강화하여 환자안전사건을 전수 보고하고, 근본 원인 분석이 필요한 환자안전사건을 조사하여 환자안전 강화에 주력할 것을 제안한다.

Q5. 환자안전사건 보고 건수가 연 2만 건이 넘는데, 조사기구의 운영이 현실적으로 가능한가?

A. 안전사건의 경위가 명확한 경우 의료기관에서 자체 해결이 가능하므로 환자안전조사기구에서 다루는 사례는 현재 중재원에서 처리하는 범위와 유사할 것으로 예상된다(중재원 조정·중재 연 2,000여 건, 형사 고소·고발 연 700여 건, 민사 소송 연 900여 건). 중재원의 연간 상담 건수는 5만여 건이지만 실제로 조정·중재 접수 건수는 연 2,000여 건이다.

Q6. 소통-사과의 증거능력 배제의 법제화가 필요한 이유는 무엇인가?

A. 환자안전사건이 발생하여 환자에게 피해가 발생한 경우 불행한 일이 발생했으므로 소통하고 위로하는 것이 당연하지만, 당장에는 원인이 무엇인지 알기 어려운 경우가 대부분이다. 의료행위의 당시에는 최선이라고 생각했던 것이 결과적으로 최선이 아니었던 것으로 판단되는 경우도 많다. 따라서 '환자안전사건 = 의료행위의 잘못'이라는 등식이 항상 성립하지는 않다. 잘못의 여부를 떠나 사고가 발생하면 의료진은 설명하고 이런 상황이 발생한 것에 대해 사과하고 위로하고 싶지만, 지금은 '의사가 사과를 했으니 잘못을 인정한 것이다. 그러니 민형사상의 책임을 져야 한다'고 생각된다. 따라서 법적인 보호를 받는다면 보다 안심하고 충분히 소통하고 사과, 위로할 수 있을 것이다. 외국에서도 같은 문제가 있어, 미국에서는 2000년대 초 'Sorry Works'

라는 캠페인이 시작되었으며 여러 나라에서 소통-사과의 내용이 법적으로 보호받는다.

Q7. 민·형사 소송의 응징 대신 재발을 예방한다는 것이 무슨 뜻인가?

A. 형사처벌은 해당 의료인이 같은 과실을 반복하지 않도록 예방하기보다는 의료진이 해당 의료 현장을 떠나게 한다. 1997년의 뉴질랜드, 2018년의 영국도 같은 문제에 직면하여 형법 개정과 Wiliams 리뷰의 적용 등으로 제도를 개선했다. 민사소송의 높은 배상액도 마찬가지다. 환자안전사건은 다른 안전사건과 마찬가지로 '일어날 수밖에 없는 인간의 실수'가 환자의 위해(危害)로 이어지지 않도록 하는 여러 단계의 안전강화 시스템이 충분하지 않은 경우에 발생한다. 따라서 유죄판결이나 막대한 민사 배상액에 대한 소식을 접하면 의료진은 '나도 저런 실수를 할 수도 있는데 과연 내가 이 일을 계속해야 할까?'라는, 개인으로서는 매우 합리적인 의심에 이어 현장을 떠나는 합리적인 판단을 하게 된다. 한편, 민·형사 소송에 대한 두려움은 사고를 은폐하게 하므로 환자안전 사건의 원인이 되는 시스템의 미비는 개선되지 않은 채 남아 있게 된다. 따라서 민·형사 소송의 응징체계는 필수의료를 무너뜨리며 의료현장을 안전하지 않은 곳으로 만든다.

'재발을 예방'하는 방법은 다양하다. 환자안전조사기구의 조사로 시스템의 미비가 발견되면 그 시스템을 개선해야 한다. 예를 들어, 의료진의 과실이 수면부족에서 비롯된 것이라면 야간 당직 후에는 낮 근무를 하지 않도록 시스템을 개선하는 것이 재발 방지에 효과적일 것이다. 익숙하지 않은 시술이나 잘못된 판단으로 안전사건이 발생했다면 재교육 또는 상담을 통해 교정하거나, 해당 시술을 제한하거나 일정 기간 동안 감독하에 진료하도록 하는 방식으로 대응할 수 있다. 교육으로 개선될 가능성이 없거나 환자의 안전을 위협하는 사고를 반복적으로 일으킨 경우에는 면허 정지나 취소 등의 조치가 필요할 것이다. 이러한 면허 관리를 위해서는 의료인 면허 정지/취소의 요건에 대한 의료법의 개정과 함께 영국의 General Medical Council(GMC)에 해당하는 의사면허관리기구의 설치가 필요하며, 의료기관의 시스템 개선을 담보하기 위해서 환자안전 강화조치 여부를 의료기관 인증 평가의 기준으로 하는 등의 의료기관에 대한 행정조치에 반영할 수 있다.

Q8. 중과실, 사망은 어떻게 처리되나?

A. 환자안전사건의 사법처리와 관련한 '업무상 과실치사상'의 처벌 기준은 업무상 과실 또는 중대한 과실로 사람을 사망이나 상해에 이르게 한 경우다. 그러나 일반적인 업무와 달리, 의료 현장에서 환자가 사망이나 상해에 이르는 경우는 환자의 중증도가 높거나 고난이도의 시술이 필요한 경우가 대부분이다. 한편, 의료행위는 본질적으로 침습적이므로 단순한 실수나 무심한 규정 무시(위반)가 심각한 악결과로 이어지기도 한다. 그러나 대부분의 경우, 특히 시스템이 잘 갖추어진 경우라면 단순한 실수나 규정 위반은 사고로 연결되지 않는다. 따라서 의료업무의 경우에는 사망, 중상해 등의 '악결과'를 기준으로 사법적인 판단을 하는 대신, 관련된 의료행위가 얼마나 심각한 위반(중과실)이었는가를 기준으로 판단할 필요가 있다. 주요 선진국에서는 이미 의료 중과실을 '중대한 부주의의 정도가 보통 사람이라면 결코 하지 않을 만큼 심한 경우'로 규정하고 있다.

문제가 된 의료행위가 일반적인 진료 과정에서 있을 수 있는 일이었는가, 아니면 있어서는 안 될 '중과실'이 악결과를 초래했는가의 판단은 대개 의학적인 것이므로 의료 전문가(환자안전조사기구)가 조사할 때 제대로 판단할 수 있다. 한편, 어떠한 경우를 '중과실'로 규정할 것인지에 대한 사회적인 합의와 기준 설정이 먼저 필요하다. 여전히 민·형사 소송을 선택할지, 환자안전조사기구와 안전망 기금의 보상을 선택할지의 결정권은 환자와 가족에게 있다.

Q9. 의료행위의 경우 결과가 아닌 행위 중심으로 기소·판결하라는 것이 무슨 뜻이며 왜 그렇게 해야 하나?

A. 의료행위의 경우 결과가 아닌 행위 중심의 기소·판결 기준을 요청하는 것은, 결과의 '위해 없음-경상해-중상해-사망' 대신 행위의 '과실 없음-경과실-중과실'을 기준으로 판단해 달라는 것이다. 의료행위의 결과를 결정하는 가장 중요한 요인은 '환자의 상태가 얼마나 위중한가'로, 환자가 건강하면 상당한 과실이 있는 경우라 하더라도 별문제 없이 회복되는 경우가 많고, 환자가 위중하면 의료행위에 전혀 문제가 없는 경우에도 사망할 수 있다. 따라서 결과를 중심으로 판단하면 의료진은 위중한 환자의 진료를 기피하게 된다. 우리의 의료시스템이 지속가능하기 위해서는 결과가 아닌 과실의 경중에 따른 판단이 필요하다.

Q10. 국민건강보험 의료수가의 '위험도' 부분을 안전망 기금으로 사용하면 의료기관에 지급하는 요양급여 총액이 줄어들지 않나?

A. '위험도'는 상대가치점수의 구성 요소 중 의료분쟁 해결을 위한 보험료 성격의 비용에 해당하는 부분이다. 따라서 의료기관이 이에 해당하는 비용을 배상보험료로 납부하거나 같은 목적의 기금 마련에 사용해야 할 것이다. 그러나 우리나라의 급여의료수가가 원가 이하로 낮은 것이 필수의료 붕괴의 또 다른 중요한 원인인 것을 고려할 때, 지불보상제도의 개선이 선행될 필요가 있다. 한편, 의료기관의 자율성을 존중하기 위하여 의료기관이 선택(위험도 부분을 지급받고 해당 의료기관에서 발생하는 사건에 대한 배상은 해당 의료기관이 책임지도록

하는 Opt-out의 옵션을 두는 방법)하도록 할 수 있다.

Q11. 의료기관의 책임보험(공제) 가입을 의무화하고 보험료 일부를 국가와 지자체에서 지원하는 것으로 민사소송에 대한 부담을 줄일 수 있지 않나?

A. 민사소송 배상금을 충당하기 위한 목적의 책임보험은 여전히 소송 중심의 응징 체계에 해당하며, 소송의 결론이 나올 때까지 환자와 의료진 모두를 피해자로 만든다. 소송의 결과를 기다리는 대신, 피해 정도에 따라 신속히 안전망 기금으로 보상하자는 것이 의료공동행동의 제안이다.

민간보험을 이용하면 중증환자를 진료하는 의료진의 보험료는 상승할 수밖에 없으므로 의료진이 필수의료를 기피하는 원인이 된다. 반면, 건강보험 재정을 각 의료기관에 지급한 후 각 의료기관이 각각 책임보험을 가입하고 보험료를 납부하는 것과 비교할 때, 건강보험 재정으로 보험에 해당하는 환자안전망 기금을 마련·운용하는 편이 보험료의 징수와 관리 등의 사회적 비용을 절감할 수 있다. 의료기관의 책임을 강조하기 위해서는 각 의료기관이 기 수령한 요양급여의 위험도 부분을 환자안전망 기금의 분담금 형태로 납부하는 방법도 가능한데, 이 경우 의료기관의 안전강화조치 여부에 따라 분담금을 증감할 수 있을 것이다.

우리나라의 의료가 현재의 상황이 된 데에는 의료제도의 영향이 절대적이다. 행위별 수가제의 단점이 보완되지 않은 채로 유지된 점 등의 문제로 의료진이 환자 한 사람 한 사람에게 충분한 시간을 들여 설명하기 어려운 구조이며 이것이 의료분쟁의 직접적인 원인이고 환자안전을 약화시키는 주범이다. 따라서 의료분쟁을 감소시키는 동시에 환자안전을 강화하기 위해서는 의료제도의 개선이 필요하며, 이는 의료제도를 만들고 운영하는 국가의 책임이다. 환자안전사건에 대한 보상이 민간이 개입하는 보험에 의존하지 않고 국가책임의 공적 재원으로 이루어져야 하는 이유가 여기에 있다.

Q12. 이 제도가 도입되면 의료기관의 배상책임보험 가입이 불필요해지나?

A. 합의를 하는 경우나 환자가 민사소송을 선택하는 경우를 고려하면 배상책임보험이 도움이 될 것이다.

Q13. 의사가 직접적인 배상 책임을 지지 않으면 사고 예방에 소홀하게 되지 않을까?

A. 의사가 직접적인 배상책임을 지게 되어 있기 때문에 많은 의료진이 필수의료를 떠났다. 사고 예방에 힘쓰게 하기 위해서는 다른 나라들과 같이 민·형사처벌 대신 면허관리, 의료기관인증제 등의 행정조치를 활용할 수 있다.

Q14. '환자안전 책임조직'이라는 새로운 정부 조직이 필요한 이유가 무엇인가?

A. 전 세계적으로 환자안전사건으로 사망하는 환자의 수는 연 300만 명으로 추정되며[우리나라: 연 사망례 3.8만 건 이상(2021년)으로 추정. 자료: 제2차 환자안전종합계획(2023~2027), 2023.12. 보건복지부], 이는 지난 코로나19(2020.1.20.~2023.8.31)로 인한 전 세계 사망례(총 709만 4,447명, 2025.4.13 기준, 감염병포털)와 국내 사망례(3만 5,605명)에 맞먹는 수준이다. 환자안전사건에 대한 보고·조사·분석·보상·지원의 포괄적 권한과 함께 의료진, 대국민 교육의 기능을 가지는 정부 조직이 필요하다.

Q15. '환자대변인' 제도가 있는데 '환자안전 코디네이터'가 따로 필요한가?

A. 환자안전사건을 겪는 환자와 보호자의 큰 어려움 중 하나는 의료시스템

에 대한 이해의 부족 및 의료진과의 정보의 격차다. 의료시스템을 이해하는 보건의료인이 환자-보호자와 의료진 간의 정보 격차를 해소하고 소통하도록 도우면서 심리적·제도적으로 지원할 필요가 있다. 현재 활동 중인 한국장기조직기증원(KODA) 소속 코디네이터가 훌륭한 예다.

참고문헌

1. *Global Patient Safety Report 2024*. 2024. World Health Organization.
2. 보건복지부. 2023. 『제2차 환자안전종합계획(2023~2027)』.
3. *The Economics of Patient Safety*. 2022. OECD.
4. 「1:29:300 법칙과 도미노 이론」. 한국소방안전원 웹진 소방안전플러스.
5. James Reason. 2000. "Human error: models and management." *BMJ*. 320, pp. 768~770.
6. *Patient Safety Incident Reporting and Learning Systems Technical report and guidance*. 2020. Geneva: World Health Organization.
7. 한국의료분쟁조정중재원. 2024. 『의료분쟁 조정-중재 통계연보』.
8. 신현웅 외. 2025. 『국민중심 의료개혁 추진방안에 관한 연구』. 보건복지부, 한국보건사회연구원.
9. Olympia Lioupi, Polychronis Kostoulas, Konstadina Griva, Charalambos Billinis, Costas Tsiamis. 2025. "Applications of Medical Mediation: A Systematic Review of Its Role in Healthcare Dispute Resolution and Bioethical Decision-Making." *Healthcare(Basel)*, 13(24).
10. Deborah Seys. 2012. "Health care professionals as second victims after adverse events: a systematic review." *Eval Health Prof*. 36(2), pp. 135~162.
11. ≪동아일보≫. 2025.3.11. "42개월 의료과실 사망 1심 선고… 18개월 他직종 업무상 과실치사상".
12. ≪조선일보≫. 2025.10.4. "민사소송 평균 7개월인데… 의료 분쟁은 2년".
13. Michelle M. Mello, Michael D. Frakes, Erik Blumenkranz, David M. Studdert. 2020. "Malpractice Liability and Health Care Quality: A Review." *JAMA*. 323(4), pp. 352~366.
14. James Reason. 1998. "Achieving a safe culture: Theory and practice." *Work & Stress* 12(3), pp. 293~306.
15. Sandra Meadows. 2005. "The Incident Decision Tree: Guidelines for Action Following Patient Safety Incidents." Advances in Patient Safety 2005.
16. Institute of Medicine. 2000. *To Err Is Human: Building a Safer Health System*.
17. David M. Studdert. 2022. "Medical Malpractice Law - Doctrine and Dynamics." *N Engl J Med*. 387(17), pp. 1533~1537.
18. R. Ameratunga. 2019. "Criminalisation of unintentional error in healthcare in the UK: a perspective from New Zealand." *BMJ*. 364, l706.
19. N. Williams. 2018. *Gross negligence manslaughter in healthcare*. gov.uk.
20. D. G. Aaron. 2025. "A New Legal Standard for Medical Malpractice." *JAMA*. 333(13), pp. 1161~1165.

[부록]

환자안전 강화를 위한 환자안전법 전부개정 및 관련법안 개정 제안

[법률안 초안] 환자안전법 전부개정법률안

제안 이유 현행법은 환자안전사고의 자율보고와 학습에 중점을 두고 있어, 사고의 근본 원인을 규명하고 실질적인 피해 구제를 하는 데 한계가 있음. 이에 독립적인 '환자안전조사기구'를 설치하여 사고 원인을 명확히 규명하고, '환자안전망 기금'을 조성하여 과실 유무와 관계없이 신속히 피해를 구제하며, 수집된 정보의 증거능력을 제한하는 등 '안전지대(Safe Space)'를 법제화하여 환자안전사고의 예방과 재발 방지 체계를 확립하려는 것임.

[법률안] 환자안전법 전부개정법률안

제1장 총칙

제1조(목적) [수정] 이 법은 환자안전을 위하여 필요한 사항을 규정하고, 환자안전사고의 조사·규명 및 피해구제 체계를 확립함으로써 환자의 보호 및 의료 질(質) 향상에 이바지함을 목적으로 한다.

제2조(정의) [수정] 1~2. (현행과 같음) 3. "환자안전조사"란 환자안전사고의 근본 원인을 규명하고 재발 방지 대책을 마련하기 위하여 실시하는 심층적인 조사 활동을 말한다. (신설) 4. "안전지대(Safe Space)"란 환자안전활동 및 조사 과정에서 생성·수집된 정보가 소송 등의 불리한 증거로 사용되지 않도록 보호하는 원칙을 말한다. (신설)

제3조(국가와 지방자치단체의 책무) [수정] ①, ② (현행과 같음) ③ 국가와 지방자치단체는 환자안전사고의 피해를 신속하고 공정하게 구제하기 위한 재원을 확보하고 관련 제도를 운영하여야 한다. (신설) ④ (현행 제3항에서 제4항으로 이동) ⑤ (현행 제4항에서 제5항으로 이동)

제4조(보건의료기관의 장과 보건의료인의 책무) [현행유지]

제5조(환자의 권리와 책무) [현행유지]

제6조(다른 법률과의 관계) [현행유지]

제2장 환자안전종합계획 및 추진체계

제7조(환자안전종합계획의 수립 등) [수정] ① (현행과 같음) ② 종합계획에는 다음 각 호의 사항을 포함하여야 한다. 1~6. (현행과 같음) 7. 환자안전조사기구의 운영 및 조사 역량 강화에 관한 사항 (신설) 8. 제19조에 따른 환자안전망 기금의 조성 및 운용에 관한 사항 (신설) 9. (기존 제7호)

제7조의2(환자안전사고 실태조사) [현행유지]

제8조(국가환자안전위원회) [수정] ① (심의 사항 4호를 6호로 변경하고 4, 5호를 추가) 4. 환자안전조사기구의 조사 결과에 따른 제도 개선 권고안 (신설) 5. 환자안전망 기금의 운용 및 관리에 관한 중요 사항 (신설)

제8조의2(국가환자안전본부 및 환자안전정책관) [신설] ① 보건복지부장관 소속으로 국가 환자안전관리를 총괄하는 국가환자안전본부(이하 "본부"라 한다)를 둔다. ② 보건복지부장관은 환자안전 및 의료 질 향상에 관한 정책을 수립·조정하고, 이에 관한 업무를 분장하는 보건복지부 내의 담당 부서들을 통할·지휘하기 위하여 환자안전정책관을 둔다. ③ 환자안전정책관은 「국가공무원법」 제2조의2에 따른 고위공무원단에 속하는 일반직공무원으로 보한다. ④ 본부 및 환자안전정책관의 조직, 직무범위, 그 밖에 필요한 사항은 대통령령으로 정한다.

제8조의3(환자안전조사기구의 설치) [신설] ① 환자안전사고의 독립적이고 전문적인 조사를 위하여 본부 산하에 환자안전조사기구(이하 "조사기구"라 한다)를 둔다. ② 조사기구는 직무 수행에 있어 독립성을 가지며, 의료인·법률가·안전 전문가 등으로 구성한다.

제8조의4(중앙환자안전센터) [기존 제8조의2 이동/수정] (기존 중앙환자안전센터의 기능 중 '조사·분석' 기능을 조사기구와 분담하고, '보고·학습·교육' 기능에 집중하도록 조정)

제8조의5(지역환자안전센터) [기존 제8조의3 이동/현행유지]

제3장 환자안전활동(기준, 지표, 위원회 등)

제9조(환자안전기준) ~ 제13조(환자안전활동에 관한 교육) [현행유지] (의료기관 내 위원회, 전담인력 배치 등 현행 시스템은 그대로 유지)

제4장 환자안전사고의 보고, 조사 및 학습

제14조(환자안전사고의 보고 등) [수정] ①~④ (현행유지) ⑤ 제1항 및 제2항에 따라 보고된 사고 중 근본 원인 규명이 필요하다고 인정되는 경우 또는 보고자가 조사를 요청한 경우 조사기구는 조사를 실시할 수 있다. (신설)

제15조(조사 및 자료요청 등) [전면개정] ① 조사기구는 제14조 제5항에 따른 조사를 위하여 현장 방문, 관계자 면담, 의무기록 열람 등을 실시할 수 있다. ② 조사기구는 응급환자 이송 과정의 조사를 위하여 소방청 등 관계 기관에 자료 제출을 요청할 수 있다. ③ 제1항 및 제2항에 따른 요청을 받은 기관의 장 또는 관계자는 정당한 사유가 없으면 이에 따라야 한다.

제16조(환자안전사고 보고·학습시스템 등) [현행유지]

제17조(비밀 보장 및 안전지대) [제목수정/내용보강] ①~④ (현행유지) ⑤ 조사기구가 조사를 통하여 획득한 진술, 기록, 자료 등은 「형사소송법」, 「민사소송법」 및 그 밖의 법령에 따른 재판, 수사, 행정처분의 증거로 사용할 수 없다. (신설) ⑥ 보건의료인이 환자안전사고와 관련하여 행한 사과, 위로, 유감 표명 등은 민·형사상 책임 인정의 증거로 채택되지 아니한다. (신설)

제5장 환자안전망 기금 및 피해구제 [신설 장]

제18조(환자안전망 기금의 설치) [신설] 정부는 환자안전사고로 인한 피해를 신속하게 보상하고 피

해자의 회복을 지원하기 위하여 환자안전망 기금(이하 "기금"이라 한다)을 설치한다.

제19조(기금의 조성) [신설] 기금은 다음 각 호의 재원으로 조성한다. 1. 「국민건강보험법」에 따른 요양급여비용 중 위험도 상대가치점수에 해당하는 금액 (의료기관이 직접 배상책임을 부담하기로 한 경우는 제외한다) 2. 정부의 출연금 3. 기금 운용 수익금

제20조(과실 무관 보상) [신설] ① 기금은 환자안전사고로 인하여 대통령령으로 정하는 중대한 피해를 입은 환자에게 보건의료인의 과실 유무와 관계없이 보상금을 지급한다. ② 보상금의 지급 절차, 보상금의 산정 등에 필요한 사항은 대통령령으로 정한다. ③ 제1항에 따라 보상금을 지급받은 경우 피해자는 해당 사고에 대하여 민사상 재판상 화해가 성립한 것으로 본다. ④ 보건복지부장관은 기금의 보상업무를 대통령령에 정하는 바에 따라 전문기관에 위탁할 수 있다.

제6장 지원 및 보칙 [신설 장]

제21조(피해자 및 보건의료인 지원) [신설] ① 국가는 환자안전사고 피해자 및 그 가족의 심리적 안정을 위한 상담 및 지원 프로그램을 운영하여야 한다. ② 국가는 환자안전사고 경험으로 인하여 심리적 어려움을 겪는 보건의료인(제2의 피해자)을 위한 심리지원 프로그램을 운영하여야 한다.

제22조(환자안전 코디네이터) [신설] ① 보건복지부장관은 환자안전사고 발생 시 환자와 보건의료인 간의 소통을 지원하기 위하여 보건의료인 면허를 소지하고 소정의 교육 과정을 이수한 자를 환자안전 코디네이터(이하 "코디네이터"라 한다)로 둘 수 있다. ② 코디네이터는 중앙환자안전센터 또는 지역환자안전센터에 소속되어 업무를 수행한다. ③ 코디네이터는 다음 각 호의 업무를 수행한다. 1. 환자안전사고에 대한 의학적·절차적 상담 및 정보 제공 2. 환자 및 환자 보호자와 보건의료인 간의 소통 중재 3. 제15조에 따른 환자안전망 기금 신청 및 제10조에 따른 조사 신청의 지원 4. 제18조에 따른 심리지원센터 연계 5. 그 밖에 보건복지부령으로 정하는 환자안전 지원 업무

제22조의1(업무 수행의 독립성 및 신분 보장) [신설] ① 누구든지 코디네이터의 업무 수행에 대하여 부당한 간섭이나 압력을 행사하여서는 아니 된다. ② 의료기관의 장은 코디네이터가 해당 의료기관 내에서 발생한 사고를 지원한다는 이유로 코디네이터의 출입을 거부하거나 진료기록 열람 협조를 거부하여서는 아니 된다. (단, 환자의 동의가 있는 경우에 한한다.)

제22조의2(비밀누설 금지 및 증언 거부권) [신설] ① 코디네이터는 업무상 알게 된 타인의 비밀을 누설하거나 다른 용도로 사용하여서는 아니 된다. ② 코디네이터는 업무 수행 과정에서 지득한 사실이나 당사자의 진술에 대하여 형사 소송 및 민사 소송, 행정 절차에서 증언을 거부할 수 있다.

제23조(면허관리기구로의 통보) [신설] 조사기구는 조사 결과 중대한 과실이나 반복적 오류가 확인되는 경우, 재발 방지를 위해 이를 면허관리기구에 통보하여야 한다.

제7장 벌칙

제24조(벌칙) [기존 제18조 이동/수정] (기존 비밀누설 처벌 조항 유지+안전지대 위반(증거 사용 시도 등)에 대한 벌칙 검토) ① (현행유지) ② 제17조 제5항을 위반하여 조사 자료를 재판 등의 증거로 제출하거나 사용한 자는 처벌한다. (신설) ③ (현행 제2항에서 제3항으로 이동)

[상세 신·구조문 대비표] 환자안전법 전부개정법률안

현행「환자안전법」	전부개정안 (제안)	개정 사유
(신설)	(장의 신설) 제1장 총칙(제1조~6조) 제2장 환자안전종합계획 및 추진체계(제7조 · 8조) 제3장 환자안전활동 (기준, 지표, 위원회 등)(제9조) 제4장 환자안전사고의 보고, 조사 및 학습(제14조~17조) 제5장 환자안전망 기금 및 피해구제(제18조~20조) 제6장 지원 및 보칙(제21조~23조) 제7장 벌칙(제24조 · 25조)	법령이 확장됨에 따라 구조를 부여함
제1조(목적) 이 법은 환자안전을 위하여 필요한 사항을 규정함으로써 환자의 보호 및 의료 질(質) 향상에 이바지함을 목적으로 한다.	제1조(목적) 이 법은 환자안전을 위하여 필요한 사항을 규정하고, 환자안전사고의 조사·규명 및 피해구제 체계를 확립함으로써 환자의 보호 및 의료 질(質) 향상에 이바지함을 목적으로 한다.	'보고·학습'을 넘어 실질적인 '진실 규명(조사)'과 '피해 구제(보상)'로 법의 목적을 확장함.
제2조(정의) 이 법에서 사용하는 용어의 뜻은 다음과 같다. 1. · 2. (생략)	제2조(정의) 1. · 2. (현행과 같음) 3. "환자안전조사"란 환자안전사고의 근본 원인을 규명하고 재발 방지 대책을 마련하기 위하여 실시하는 심층적인 조사 활동을 말한다. 4. "안전지대(Safe Space)"란 환자안전활동 및 조사 과정에서 생성·수집된 정보가 소송 등의 불리한 증거로 사용되지 않도록 보호하는 원칙을 말한다.	새로운 핵심 제도인 '심층 조사'와 '안전지대(Safe Space)'의 법적 정의를 신설함.
제3조(국가와 지방자치단체의 책무) ① · ② (생략) ③ … 행정적·재정적 지원을 할 수 있다.	제3조(국가와 지방자치단체의 책무) ① · ② (현행과 같음) ③ 국가와 지방자치단체는 환자안전사고의 피해를 신속하고 공정하게 구제하기 위한 재원을 확보하고 관련 제도를 운영하여야 한다. ④ (기존 제3항 이동) ⑤ (기존 제4항에서 이동)	국가의 책무에 '피해구제 재원(기금) 확보' 의무를 명시하여 공적 책임 강화.
제4조(보건의료기관의 장과 보건의료인의 책무)~제6조(다른 법률과의 관계)	제4조 ~ 제6조	[현행유지]
제7조(환자안전종합계획의 수립 등) ② 종합계획에는 다음 각 호의 사항을 포함하여야 한다. 1.~6. (생략) 7. 그 밖에 … 필요한 사항	제7조(환자안전종합계획의 수립 등) ② … 다음 각 호의 사항을 포함하여야 한다. 1.~6. (현행과 같음) 7. 환자안전조사기구의 운영 및 조사 역량 강화에 관한 사항 8. 제18조에 따른 환자안전망 기금의 조성 및 운용에 관한 사항 9. (기존 제7호 이동)	종합계획 수립 시 '조사 역량 강화'와 '기금 운용'을 필수 포함 사항으로 추가.
제8조(국가환자안전위원회) ① … 다음 각 호의 사항을 심의하기 위하여 … 1.~4. (생략)	제8조(국가환자안전위원회) ① … 심의하기 위하여 … 1.~3. (현행과 같음) 4. 환자안전조사기구의 조사 결과에 따른 제도 개선 권고안 5. 환자안전망 기금의 운용 및 관리에 관한 중요 사항	위원회 심의 기능에 조사 결과 이행 및 기금 운용 관련 사항 추가.

현행「환자안전법」	전부개정안 (제안)	개정 사유
	6. (기존 제 4호 이동)	
(신설)	제8조의2(국가환자안전본부 및 정책관) ① 보건복지부장관 소속으로 국가 환자안전 관리를 총괄하는 국가환자안전본부(이하 "본부"라 한다)를 둔다. ② 보건복지부장관은 환자안전 및 의료 질 향상에 관한 정책을 수립·조정하고, 이에 관한 업무를 분장하는 보건복지부 내의 담당 부서들을 통할·지휘하기 위하여 환자안전정책관을 둔다. ③ 환자안전정책관은「국가공무원법」제2조의2에 따른 고위공무원단에 속하는 일반직공무원으로 보한다. ④ 본부 및 환자안전정책관의 조직, 직무 범위, 그 밖에 필요한 사항은 대통령령으로 정한다.	분산된 환자안전 기능을 통합하고 국가적 관리 역량을 높이기 위한 컨트롤타워 신설. - 본부(기능조직): 조사, 기금 등 실무 총괄- 정책관(행정조직): 보건의료정책실 내 국장급으로서 산하 과를 지휘하여 강력한 정책 추진력 확보.
(신설)	제8조의3(환자안전조사기구의 설치) ① 환자안전사고의 독립적이고 전문적인 조사를 위하여 본부 산하에 환자안전조사기구(이하 "조사기구"라 한다)를 둔다. ② 조사기구는 직무 수행에 있어 독립성을 가지며, 의료인·법률가·안전 전문가 등으로 구성한다.	보상/분쟁과 분리된 독립적이고 전문적인 원인 조사 기구 설치 근거 마련.
제8조의2(중앙환자안전센터)	제8조의4(중앙환자안전센터) (기존 제8조의2에서 이동 및 기능 조정: 조사 기능은 조사기구로 이관하고 교육·지원 기능 강화)	[조문 이동 및 기능 조정]
제8조의3(지역환자안전센터)	제8조의5(지역환자안전센터) (기존 제8조의3에서 이동)	[조문 이동 및 현행유지]
제9조(환자안전기준) ~ 제13조(환자안전활동에 관한 교육)	제9조 ~ 제13조	[현행유지]
제14조(환자안전사고의 보고 등) ① (자율보고) ② (의무보고) … 지체 없이 보고하여야 한다. ③ · ④ (생략)	제14조(환자안전사고의 보고 등) ①~④ (현행과 같음) ⑤ 제1항 및 제2항에 따라 보고된 사고 중 근본 원인 규명이 필요하다고 인정되는 경우 또는 보고자가 조사를 요청한 경우 조사기구는 조사를 실시할 수 있다.	단순 보고에 그치지 않고 심층 조사로 연계되는 법적 고리를 마련.
제15조(환자안전지표 개발을 위한 자료의 요청) ① … 다음 각 호의 기관의 장에게 요청할 수 있다.	제15조(조사 및 자료요청 등) ① 조사기구는 제14조 제5항에 따른 조사를 위하여 현장 방문, 관계자 면담, 의무기록 열람 등을 실시할 수 있다. ② 조사기구는 응급환자 이송 과정의 조사를 위하여 소방청 등 관계 기관에 자료 제출을 요청할 수 있다. ③ 제1항 및 제2항에 따른 요청을 받은 기관의 장 또는 관계자는 정당한 사유가 없으면 이에 따라야 한다.	단순 자료 요청을 넘어 실질적인 현장 조사 권한과 병원 전 단계(소방청)에 대한 조사권 확보.
제16조(환자안전사고 보고 학습시스템 등)	제16조	[현행유지]
제17조(환자안전사고 보고의 비밀 보장 등) ③ … 직무상 알게 된 비밀을 다른 사람에게 누설하거나 … 아니 된다. ④ … 불리한 조치를 할 수 없다.	제17조(비밀 보장 및 안전지대) ①~④ (현행과 같음) ⑤ 조사기구가 조사를 통하여 획득한 진술, 기록, 자료 등은「형사소송법」및「민사소송법」및 그 밖의 법령에 따른 재판, 수사, 행정처분의 증거로 사용할 수 없다. ⑥ 보건의료인이 행한 사과, 위로, 유감 표명 등은 민·형사상 책임 인정의 증거로 채택되지 아니한다.	'안전지대(Safe Space)'와 '사과의 증거능력 제한(Apology Law)'을 명문화하여 처벌 두려움 없는 진실 규명 유도.

현행 「환자안전법」	전부개정안 (제안)	개정 사유
(신설)	제18조(환자안전망 기금의 설치) 정부는 환자안전사고로 인한 피해를 신속하게 보상하고 피해자의 회복을 지원하기 위하여 환자안전망 기금을 설치한다.	과실 무관 보상을 위한 공적 기금 설치 근거 마련.
(신설)	제19조(기금의 조성) 기금은 다음의 재원으로 조성한다. 1. 「국민건강보험법」에 따른 요양급여비용 중 위험도 상대가치점수 해당액 2. 정부 출연금 3. 기금 운용 수익금	건강보험 재정(위험도 수가)과 국고를 활용한 안정적 재원 확보 방안 명시.
(신설)	제20조(과실 무관 보상) ① 기금은 환자안전사고로 인하여 대통령령으로 정하는 중대한 피해를 입은 환자에게 보건의료인의 과실 유무와 관계없이 보상금을 지급한다. ② 보상금의 지급 절차, 보상금의 산정 등에 필요한 사항은 대통령령으로 정한다. ③ 제1항에 따라 보상금을 지급받은 경우 피해자는 해당 사고에 대하여 민사상 재판상 화해가 성립한 것으로 본다. ④ 보건복지부장관은 기금의 보상업무를 대통령령에 정하는 바에 따라 전문기관에 위탁할 수 있다.	과실 무관 보상(No-Fault) 원칙과 보상 시 민사 분쟁 종결 효과 부여.
(신설)	제21조(피해자 및 보건의료인 지원) ① 국가는 환자안전사고 피해자 및 그 가족의 심리적 안정을 위한 상담 및 지원 프로그램을 운영하여야 한다. ② 국가는 환자안전사고 경험으로 인하여 심리적 어려움을 겪는 보건의료인(제2의 피해자)을 위한 심리지원 프로그램을 운영해야 한다.	사고 당사자 모두의 회복을 돕는 심리지원 명문화. 환자뿐만 아니라 제2의 피해자(의료진)까지 포괄하는 심리 지원 체계 마련.
(신설)	제22조(환자안전 코디네이터) 보건복지부장관은 환자와 의료인 간의 소통 중재 및 기금 신청 지원을 위해 환자안전 코디네이터를 둘 수 있다.	정보 비대칭 해소 및 분쟁 예방을 위한 전문 코디네이터 제도화.
(신설)	제22조의1(업무 수행의 독립성 및 신분 보장)① 누구든지 코디네이터의 업무 수행에 대하여 부당한 간섭이나 압력을 행사하여서는 아니 된다. ② 의료기관의 장은 코디네이터가 해당 의료기관 내에서 발생한 사고를 지원한다는 이유로 코디네이터의 출입을 거부하거나 진료기록 열람 협조를 거부하여서는 아니 된다. (단, 환자의 동의가 있는 경우에 한한다.)	코디네이터의 업무 독립성 강화
(신설)	제22조의2(비밀누설 금지 및 증언 거부권) ① 코디네이터는 업무상 알게 된 타인의 비밀을 누설하거나 다른 용도로 사용하여서는 아니 된다. ② 코디네이터는 업무 수행 과정에서 지득한 사실이나 당사자의 진술에 대하여 형사 소송 및 민사 소송, 행정 절차에서 증언을 거부할 수 있다.	안전지대
(신설)	제23조(면허관리기구로의 통보) 조사기구는 조사 결과 중대한 과실이나 반복적 오류가 확인되는 경우, 재발 방지를 위해 이를 면허관리기구에 통보하여야 한다.	형사처벌 대신 *전문가에 의한 면허 관리(재교육, 정지)로 전환하기 위한 연계 조항.
제18조(벌칙) ① … 비밀을 누설하거나 … 3년 이하의 징역 …	제24조(벌칙) ① (현행과 비밀 누설 처벌 유지) ② 제17조 제5항을 위반하여 조사 자료를 재판 등의 증거로 제출하거나 사용한 자는 처벌한다. ③ (기존 ②항 이동)	안전지대 원칙 위반(증거 악용)에 대한 벌칙을 추가하여 제도의 실효성 확보.
제19조(과태료)	제25조(과태료)	[조문 이동, 유지]

관련법령의 개정 방향 제안

「의료법」 개정(면허 관리 강화)

현행: 금고 이상의 형 선고 시 면허 취소(사법적 판단 의존).
개정 방향: 환자안전조사기구의 통보에 따라, 전문가(면허관리기구)가 '재발 위험성'을 판단하여 재교육, 진료 제한, 면허 정지 등을 처분하는 자율 징계 권한 부여.

「의료분쟁조정법」 개정

현행: 조정중재원이 과실 규명(감정)과 배상(조정)을 모두 수행.
개정 방향: 「환자안전법」에 따른 '환자안전조사기구'가 사고의 원인을 규명하고, '환자안전망 기금'이 배상을 담당하는 체계를 도입함에 있어서 중재원의 기능 중 '과실 규명' 기능은 축소하고, 손해액 산정과 기금 지급을 위한 행정적 지원 중심으로 개편하여 피해 구제의 효율성을 높임.

「형사소송법」 개정(안전지대 보호의 완결성)

현행: 「형사소송법」 제106조(압수) 등은 수사기관이 필요한 경우 증거물을 압수할 수 있도록 규정하고 있음. 환자안전조사기구의 내부 자료(자율 보고 내용, 분석 회의록 등)가 압수수색 대상이 되면 의료진은 입을 닫게 됨(실수 은폐).
개정 방향: 변호사, 의사 등 특정 직역에 한하여 업무상 위탁받은 비밀에 관한 물건의 압수를 거부할 수 있도록 규정하고 있는 것을 준용하여 압수수색의 제한 규정을 신설, 압수 거부권의 주체에 '환자안전조사기구의 임직원'을 추가하여, 조사 과정에서 확보된 자료가 수사 목적으로 오남용되는 것을 방지하고 '안전지대'를 형사 절차상으로도 보장.

「민사소송법」 개정(안전지대 보호의 완결성)

현행: 「민사소송법」 제344조는 문서제출의무를 규정하고 있음. 환자안전조사기구의 내부 자료(자율 보고 내용, 분석 회의록 등)가 제출의무의 대상이 되면 의료진은 입을 닫게 됨(실수 은폐).
개정 방향: 공무상 비밀의 경우와 동일하게 환자안전조사기구의 내부 자료에 대한 문서제출의무를 면제하고, 증거 신청을 제한하여 '안전지대(Safe Space)'를 확보.

「응급의료에 관한 법률」(병원 전 단계 조사 권한)

현행: 환자안전 관리 체계가 보건복지부 산하 기관 위주여서 행정안전부(소방청) 소관인 구급 활동 기록이나 이송 과정에 대한 조사 권한이 없음.
개정 방향: 조사 협조 의무를 명시하여 환자안전조사기구가 이송 과정의 안전사고를 조사할 때 중앙응급의료센터, 소방청, 구급대 등이 의무적으로 자료를 제출하고 조사에 협조하도록 강제성을 부여.

「국민건강보험법」 개정

현행: 건강보험공단이 징수한 보험료를 '요양급여 비용' 등으로만 지출하도록 제한함.
개정 방향: 국민건강보험공단이 「환자안전법」에 따른 '환자안전망 기금'에 출연하거나 지원할 수 있는 근거 조항을 신설.

제 6 장

—

지역사회 안에 나를 잘 아는 일차의료 주치의가 있었으면

고령화·만성질환 시대, 지역의료·필수의료·공공성을 동시에 회복하는 국가 전략

대표저자

지역사회-일차의료-주치의분과 분과장 박성배

공저자

이상현

조경희

이상일

강재헌

오승원

박건희

오주환

강희경

유미화

Table of Contents

요 약

한국 보건의료는 세계 최고 수준의 접근성과 일부 질환 관리 성과를 달성해 왔으나, 병원 중심·분절적 의료이용 구조로 인해 의료비 급증, 필수의료 붕괴, 환자와 의료인의 경험 악화라는 구조적 위기에 직면해 있다. 초고령사회 진입과 함께 다질환·기능저하·장기관리 수요가 급증하고 있음에도, 현재의 의료체계는 여전히 급성기 진단과 단기 치료 중심으로 설계되어 있어 이러한 변화에 효과적으로 대응하지 못하고 있다.

문제의 핵심은 의료 자원의 부족이 아니라, 국가 차원에서 일차의료가 예방·조정·연속관리의 역할을 수행할 수 있도록 제도적으로 설계되지 않았다는 데 있다. 환자는 증상 발생 시 의료기관을 전전하며 진료를 반복하고, 의료정보와 환자 관리에 대한 제도적 책임 구조는 분절되어 있다. 경증·관리 가능한 환자까지 상급병원 외래로 집중되면서 필수의료 자원은 소진되고, 의료비는 구조적으로 증가하는 악순환이 지속되고 있다.

본 이슈페이퍼는 이러한 구조적 문제에 대한 해법으로, 등록기반 주치의-다학제 팀 중심의 일차의료 체계 전환을 국가 전략으로 제안한다. 이 제안은 의료이용을 제한하거나 통제하기 위한 정책이 아니라, 환자가 필요할 때 가장 적절한 의료서비스를 받을 수 있도록 의료이용을 조직하고 안내하는 구조를 만드는 데 목적이 있다.

주치의 제도는 국민이 주치의 팀을 선택·등록하고, 주치의 팀이 예방·만성질환 관리·병원 진료 연계·회송 이후 관리까지 환자의 의료 여정이 단절되지 않도록 조정·연결·관리하는 체계다. 주치의 팀은 의사를 리드로 간호사, 약사, 영양사, 재활치료사, 사회복지사, 케어코디네이터 등 다학제 인력으로 구성되며, ICT 기반 관리 도구를 활용해 대면·비대면·방문진료를 통합 제공한다. 단독 개원의 역시 지역 일차의료 지원센터를 통해 팀 기반 기능을 수행할 수 있다.

본 제안의 핵심은 환자군(1~4군) 분류에 따른 위험도 기반 맞춤 관리다. 예방과 건강증진 중심의 저위험군부터 방문·재택 중심의 고위험군까지 관리 강도를 차등화함으로써, 의료 자원을 효율적으로 배분하고 고위험군에 충분한 관리 역량을 집중할 수 있다. 이는 의료의 질과 안전을 동시에 향상시키는 구조적 장치다.

지불제도 역시 이러한 전환을 뒷받침하도록 개편되어야 한다. 행위별 수가 중심 구조에서 벗어나, 행위별 수가에 인당정액과 성과보상을 결합한 가치기반 혼합 지불 구조를 통해 예방·관리·조정·팀 진료를 유도한다. 위험도 보정을 통해 고위험군 관리의 불이익을 제거하고, 단계적으로 의료이용과 성과가 팀·제도 단위에서 평가·정산되도록 하는 구조를 마련함으로써 건강보험 재정의 지속가능성을 높일 수 있다.

이러한 전환은 지역의료·필수의료·공공의료를 각각 강화하는 개별 정책이 아니라, 세 영역을 동시에 회복시키는 구조 개혁이다. 지역에서는 연속적인 건강관리가 가능해지고, 상급병원은 중증·응급·전문 진료에 집중할 수 있으며, 공공의료는 소유 형태가 아닌 기능 중심으로 강화된다.

본 이슈페이퍼는 시범사업을 '여러 유형 간의 경쟁'이 아니라, 주치의 제도가 실제로 작동하기 위한 조건을 검증하는 과정으로 출발할 것을 제안한다. 이를 위해 시범사업 초기 1~2년은 보호된 학습·적응 구간('12.

시범사업은 어떻게 설계해야 하는가' 참조)으로 설정하고, 단기적인 수치 성과보다는 제도의 구조와 운영 과정이 현장에서 실제로 작동하는지를 중심으로 평가할 필요가 있다. 이러한 접근은 제도 설계상의 위험을 조기에 발견하고 조정할 수 있게 하여, 정책 실패 가능성을 낮추는 동시에 현장과 정책 실무자 모두를 보호하는 장치로 기능할 수 있다.

다만 학습·적응 구간이 종료된 이후에는 주치의 서비스의 성과가 팀·제도 단위의 평가를 통해 보상에 단계적으로 반영되도록 설계 전환이 반드시 이루어져야 한다. 이때 성과 평가지표는 단일 지표에 국한되지 않고, 환자경험, 건강성과, 의료비용, 공급자경험 등을 포괄하는 다차원 지표로 구성되어야 하며, 평가 결과가 실질적으로 보상과 연동되도록 설계되어야 한다. 이를 통해 시범사업은 단순한 운영 실험을 넘어, 결과 중심의 주치의 제도로 이행하는 기반을 마련할 수 있을 것이다.

결론적으로, 주치의·일차의료 중심 의료체계 전환은 고령화·만성질환 시대에 대응하기 위한 한국 보건의료의 국가 전략이다. 이는 의료를 줄이자는 정책이 아니라, 의료가 제 역할을 하도록 만드는 구조 개혁이며, 국민·의료계·국가 모두의 지속가능성을 확보하기 위한 필수적인 선택이다.

1. 왜 지금 전환해야 하는가

인구·질병 구조 변화와 의료체계 지속가능성의 위기

한국 보건의료는 지난 수십 년간 빠른 경제 성장과 함께 의료 접근성을 비약적으로 확대해 왔다. 전국 어디서나 비교적 짧은 대기 시간으로 의료서비스를 이용할 수 있고, 건강보험을 기반으로 한 보편적 보장체계는 국제적으로도 높은 평가를 받아왔다. 그러나 이러한 성과 이면에는 구조적으로 누적되어 온 한계가 존재하며, 그 한계는 초고령사회 진입과 함께 더 이상 미룰 수 없는 수준에 이르렀다.

가장 근본적인 변화는 인구 구조의 변화다. 한국은 세계에서 가장 빠른 속도로 고령화가 진행되고 있으며, 고령 인구의 증가는 단순히 노인의 수가 늘어나는 문제가 아니라 의료 수요의 성격 자체를 변화시키고 있다. 고령층에서는 단일 질환보다는 여러 만성질환이 동시에 존재하는 경우가 일반적이며, 질병의 완치보다는 장기간의 관리와 기능 유지, 삶의 질 관리가 핵심 과제가 된다. 이는 기존의 급성기 중심, 사건 중심 의료체계와는 근본적으로 다른 접근을 요구한다.

질병 구조 역시 빠르게 변화하고 있다. 고혈압, 당뇨병, 심부전, 만성폐쇄성 폐질환과 같은 만성질환은 단기간의 치료로 해결되지 않으며, 지속적인 모니터링과 생활습관 관리, 약물 조정, 합병증 예방이 핵심이다. 그럼에도 불구하고 현재 의료체계는 여전히 증상이 악화되었을 때 의료기관을 방문해 진단과 처치를 받는 방식에 머물러 있다. 이러한 구조에서는 질병의 조기 관리와 악화 예방이 체계적으로 이루어지기 어렵고, 결과적으로 불필요한 입원과 응급실 이용이 반복된다.

이러한 인구·질병 구조 변화는 의료비 지출 구조에도 직접적인 영향을 미치고 있다. 한국의 총의료비는 지속적으로 증가하고 있으며, 특히 고령층을 중심으로 의료이용 빈도와 비용이 빠르게 상승하고 있다. 문제는 이 증가가 반드시 건강성과의 개선으로 이어지지 않는다는 점이다. 예방 가능하거나 외래에서 충분히 관리 가능한 질환으로 인한 입원율이 여전히 높고, 다제약물 사용과 중복 진료로 인한 의료 안전 문제도 빈번하게 발생하고 있으며, 이를 예방하고 대응할 수 있는 환자안전 및 의료사고 대응 체계 역시 충분히 구축되어 있지 않다.

국제기구들은 이러한 문제를 이미 오래전부터 지적해 왔다. WHO와 OECD는 공통적으로 의료체계의 지속가능성을 확보하기 위해서는 병원 중심 구조에서 벗어나 일차의료를 중심으로 한 예방·관리·조정 기능 강화가 필수적이라고 권고하고 있다. 강한 일차의료는 의료 접근성을 유지하면서도 불필요한 의료이용을 줄이고, 건강 형평성을 개선하며, 장기적으로 의료비 증가 속도를 완화하는 효과가 있다는 것이 다수의 연구를 통해 확인되었다.

한국 역시 이러한 문제를 인식하고 다양한 시범사업을 추진해 왔다. 일차의료 만성질환관리 사업, 장애인 주치의 제도, 지역사회 통합돌봄 선도사업 등은 일차의료가 환자의 일상 속에서 건강을 관리할 수 있을 때 의료이용의 양상과 환자경험이 달라질 수 있음을 보여주었다. 그러나 이들 사업은 개별 프로그램 단위에 머물러 있어 의료체계 전체의 작동 방식을 바꾸기에는 한계가 있었다. 제도 간 연계 부족, 제한적인 참여, 지속가능한 보상 구조의 부재는 이러한 시범사업들이 구조적 전환으로 이어지지 못한 이유다.

지금이 전환의 시점인 이유는 명확하다. 첫째, 인구·질병 구조 변화가 이미 현실이 되었으며 더 이상 미래의 문제가 아니다. 둘째, 기존 체계를 유지할 경우 의료비 부담과 필수의료 붕괴는 더욱 가속화될 가능성이 높다. 셋째, 국내외 경험을 통해 일차의료 중심 전환의 방향성과 필요성에 대한 사회적 합의와 정책적 근거가 충분히 축적되었다.

따라서 지금 필요한 것은 또 하나의 개별 사업이 아니라, 의료체계의 중심축을 병원에서 지역기반 일차의료로 이동시키는 구조적 전환 전략이다. 이러한 전환은 주치의·일차의료에 새로운 역할을 부여하는 만큼, 환자안전 강화와 의료사고에 대한 사회적 안전망 구축이 반드시 병행되어야 하며, 이는 전환의 부수적 과제가 아니라 필수적인 전제조건이다. 이는 의료를 줄이기 위한 정책이 아니라, 의료가 변화한 사회적 조건에 맞게 제 역할을 하도록 재설계하는 과정이다.

인구·질병 구조 변화에 따른 의료체계 요구의 전환

과거의 의료환경	현재·미래의 의료환경
• 젊은 인구 중심	• 초고령사회
• 단일 질환	• 다질환·복합 만성질환
• 급성기 치료	• 기능저하·장기관리
• 병원 중심	• 돌봄·의료 연계
	• 일차의료 기반 지속관리

요약 박스

- 초고령사회 진입은 의료 수요의 양이 아니라 '성격'을 변화시킴
- 급성기·병원 중심 체계로는 다질환·장기관리 수요에 대응 불가
- 의료비 증가는 불가피하나, 구조 전환 없이는 비효율만 확대
- 국제사회는 이미 일차의료 중심 전환을 공통 해법으로 채택
- 지금 필요한 것은 개별 사업이 아닌 의료체계의 중심축 이동

WHO. 2015. *World Report on Ageing and Health*. World Health Organization.
OECD. 2023. *Health at a Glance 2023*. OECD Publishing.
OECD. 2020. *Realising the Potential of Primary Health Care*. OECD Publishing.

2. 한국 의료체계의 구조적 한계(AS-IS)

병원 중심·분절적 의료이용이 만들어낸 문제들

한국 의료체계는 높은 접근성과 빠른 진료를 강점으로 발전해 왔으나, 그 작동 방식은 여전히 개별 의료기관 단위의 진료 제공에 최적화되어 있다. 환자는 증상이 발생할 때마다 스스로 의료기관을 선택해 이동하며, 진료는 사건 단위로 이루어진다. 이 과정에서 환자의 건강 상태를 장기적·종합적으로 책임질 수 있도록 제도적으로 설계된 주체는 존재하지 않는다.

여기서 말하는 책임은 개별 의료인의 법적·개인적 책임을 의미하지 않으며, 환자의 의료이용과 건강관리가 단절되지 않도록 제도와 팀을 통해 연속성을 확보하는 관리 책임성(accountability)을 의미한다.

이러한 구조에서 의료이용은 연속성이 아니라 단절의 연쇄로 작동한다. 환자는 의원, 병원, 다시 다른 의원, 필요 시 응급실을 오가지만, 각 단계는 서로 충분히 연결되지 않는다. 진료 기록과 검사 결과는 기관별로 분절되어 관리되고, 이전 진료의 맥락은 충분히 공유되지 않는다. 결과적으로 동일하거나 유사한 검사와 설명이 반복되고, 치료 계획은 누적되지 않는다.

문제는 이러한 단절이 단순한 불편을 넘어 환자 안전과 의료의 질에 직접적인 영향을 미치며, 이를 예방·대응할 수 있는 환자안전 및 의료사고 대응 체계 역시 충분히 구축되어 있지 않다는 점이다. 다제약물 사용, 약물 상호작용, 중복 처방, 전원·회송 과정에서의 정보 누락은 주로 진료 이행기에서 발생하며, 이는 개별 의료인의 주의 부족 문제가 아니라 이를 총괄적으로 관리·조정할 수 있도록 제도적으로 뒷받침되는 구조가 부재한 현재의 의료시스템적 상황이 문제다. 특히 고령 환자와 복합 만성질환 환자일수록 이러한 위험에 더 많이 노출된다.

병원 중심 구조는 의료 전달체계 전반에도 왜곡된 신호를 보내고 있다. 경중·관리 가능한 질환 환자까지 상급종합병원 외래로 집중되면서, 상급병원은 외래진료를 통해 재정 균형을 유지하는 구조에 점차 의존하게 되었다. 그 결과 중증·응급·전문 진료에 집중되어야 할 인력과 자원이 분산되고, 필수의료 영역에서는 과중한 업무 부담과 인력 이탈이 반복되고 있다.

일차의료 역시 이러한 구조 속에서 본래의 역할을 수행하기 어렵다. 행위별 수가 중심의 보상체계와 짧은 진료 시간, 팀 기반 진료에 대한 보상 부재는 일차의료를 예방·관리의 중심이 아니라 의료이용의 '통과 지점'으로 만들고 있다. 환자는 문제 발생 시 일차의료를 거쳐 병원으로 이동하고, 병원 진료 이후에도 다시 일차의료로 돌아와 연속적인 관리가 이루어지지 않는 경우가 많다.

요컨대 현재의 의료체계는 의료 자원이 부족해서 작동하지 않는 것이 아니라, 의료이용을 조직하고 조정하는 구조가 부재하기 때문에 비효율과 위험이 누적되는 체계다. 이러한 구조적 한계를 해결하지 않는 한, 의료비 증가와 필수의료 붕괴, 환자·의료인 경험 악화는 반복될 수밖에 없다.

의료 시스템 관리 실패 흐름도

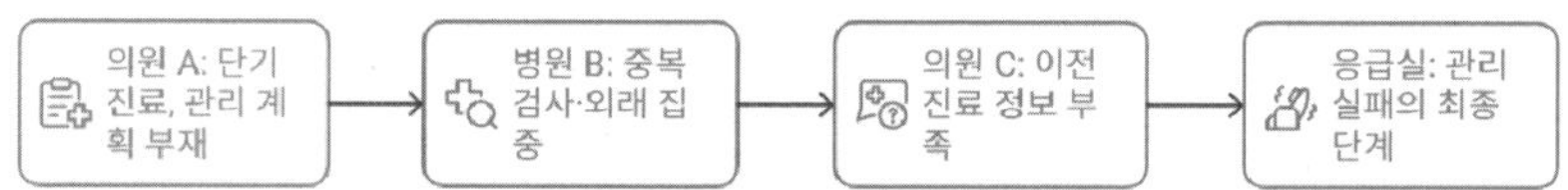

요약 박스

- 환자 여정은 이어지지만 관리와 책임은 이어지지 않음
- 중복 검사·다제약물·전원 오류는 구조적 문제
- 경증 환자 상급병원 집중 → 필수의료 붕괴
- 일차의료는 관리 주체가 아닌 통과 지점으로 전락
- 문제의 본질은 인력 부족이 아닌 구조 부재

Starfield, B., Shi, L., Macinko, J. 2005. "Contribution of Primary Care to Health Systems and Health." *The Milbank Quarterly*.
WHO. 2021. *Global Patient Safety Action Plan 2021-2030*. World Health Organization.
한국보건사회연구원. 2023.『필수의료 위기의 구조적 원인과 정책 과제』.

3. 전환의 비전(TO-BE)

주치의·일차의료 중심 의료체계의 기본 개념과 원칙

앞에서 살펴본 한국 의료체계의 문제는 개별 의료인의 역량이나 특정 기관의 노력만으로 해결될 수 있는 성격이 아니다. 문제의 본질은 환자의 의료이용을 조정·관리·연결하는 구조가 부재하다는 데 있으며, 이에 대한 해법은 의료체계의 중심축을 병원에서 지역기반 일차의료로 이동시키는 구조적 전환에 있다.

본 이슈페이퍼가 제안하는 전환의 비전은 등록기반 주치의·일차의료 중심 의료체계다. 이는 특정 의료기관을 지정하거나 의료이용을 제한하는 제도가 아니라, 환자의 의료이용이 하나의 책임 체계 안에서 조직되도록 만드는 구조다. 핵심은 '어디를 가느냐'가 아니라, 환자의 의료이용과 관리가 단절되지 않도록 책임이 어떻게 구조화되는가를 명확히 하는 데 있다.

이 장에서 말하는 책임 역시 개별 의료인에게 결과나 법적 책임을 전가하는 개념이 아니라, 팀과 제도를 통해 환자 관리의 연속성을 확보하는 관리 책임성(accountability)을 의미한다.

전환 이후 의료체계에서 환자는 주치의 팀을 선택·등록하고, 주치의 팀을 중심으로 한 관리 체계 안에서 환자의 의료 여정이 연속적으로 조직·조정된다. 주치의 팀은 예방·만성질환 관리·병원 진료 연계·회송 이후 관리까지 환자의 의료 여정이 단절되지 않도록 조정·연결·관리하는 중심 역할을 수행한다. 이 역할은 개별 진료 행위에 대한 법적·의료적 책임을 확장하는 것이 아니라, 환자의 건강 상태 변화와 의료이용이 단절되지 않도록 지속적으로 살피고 조정하는 관리 기능을 의미한다.

주치의는 단독으로 모든 문제를 해결하는 존재가 아니라, 다학제 팀을 이끄는 리더로서 기능한다. 간호사, 약사, 영양사, 재활치료사, 사회복지사, 케어코디네이터 등 다양한 전문 인력이 팀을 이루어 환자의 복합적인 건강 문제에 대응한다. 이를 통해 기존 일차의료가 안고 있던 짧은 진료 시간과 과중한 업무 부담의 한계를 구조적으로 보완할 수 있다.

병원의 역할 또한 명확해진다. 병원은 주치의 팀과의 연계를 통해 중증·전문 진료에 집중하며, 불필요한 외래 과밀에서 벗어날 수 있다. 병원 진료가 끝난 이후 환자는 다시 주치의 팀으로 회송되어 연속적인 관리가 이루어진다. 이는 병원의 기능을 약화시키는 것이 아니라, 오히려 병원이 본연의 전문성과 필수의료 역할을 회복할 수 있도록 하는 조건이다.

이러한 구조의 중요한 특징은 의료이용을 통제하지 않는다는 점이다. 환자는 여전히 의료기관 선택의 자유를 가지되, 주치의 팀을 통해 자신의 건강 상태에 가장 적합한 의료 경로를 안내받는다. 즉, 자유로운 선택 위에 안전한 조정이 더해지는 구조다.

요컨대 제시하고자 하는 의료체계는 환자 중심, 팀 기반, 지역기반이라는 세 가지 원칙 위에서 작동한다. 이는 의료이용을 줄이기 위한 전략이 아니라, 의료이용이 더 적절하고 안전하게 이루어지도록 조직하는 전략이다.

전환 이후 의료체계에서는 주치의·다학제 팀이 환자의 의료이용을 조직하는 중심 허브로 기능한다. 병원과 지역 자원은 주치의 팀과의 연계를 통해 역할을 분담하며, 환자는 어떤 의료 경로를 선택하더라도 주치의 팀과의 연결 속에서 연속적인 관리와 안전한 조정을 보장받게 된다.

요약 박스

- 전환의 핵심은 의료기관이 아니라 책임 주체
- 주치의는 단독 진료자가 아닌 팀의 리더
- 병원은 외래 과밀에서 벗어나 중증·전문 진료에 집중
- 의료이용의 자유는 유지하되, 조정과 안내가 결합
- 통제가 아닌 조직화된 의료이용 구조

WHO and UNICEF. 2020. "Operational Framework for Primary Health Care." World Health Organization.

OECD. 2020. *Realising the Potential of Primary Health Care*. OECD Publishing.

Starfield, B. 1998. "Primary Care: Concept, Evaluation, and Policy." Oxford University Press.

NASEM(National Academies of Sciences, Engineering, and Medicine). 2021. "Implementing High-Quality Primary Care: Rebuilding the Foundation of Health Care."

Bodenheimer, T., Sinsky, C. 2014. "From Triple Aim to Quadruple Aim: Care of the Patient Requires Care of the Provider." *Annals of Family Medicine*.

OECD. 2016. "Health Systems Characteristics Survey." OECD.

WHO Europe. 2016. "Integrated Care Models: An Overview." WHO Regional Office for Europe.

Kringos, D. S. et al. 2013. "The Strength of Primary Care in Europe." *British Journal of General Practice*.

OECD. 2023. "Patient-Reported Indicators Surveys(PaRIS)." OECD Publishing.

4. 외국 사례

일차의료 중심 책임 관리와 가치기반 지불의 국제적 전환 경로

고령화와 만성질환의 증가, 의료비 지출의 구조적 상승은 대부분의 선진국이 공통으로 직면한 문제다. 특히 급성기 질환과 단기 치료에 최적화된 병원 중심 의료체계는 다질환·장기 관리가 필요한 인구 구조 변화에 효과적으로 대응하지 못하면서, 의료이용의 과잉과 편중, 관리 공백, 환자경험 저하라는 한계를 드러내 왔다. 이러한 문제의식 속에서 주요 국가들은 단순한 수가 조정이나 의료 공급 확대가 아닌, 의료체계가 작동하는 방식 자체를 전환하는 개혁을 추진해 왔다.

이들 국가의 공통된 방향은 병원 중심·행위 중심 의료에서 벗어나, 일차의료를 중심으로 환자 집단을 지속적으로 관리하고 책임지는 구조로의 전환이다. 국가별 제도적 출발점과 정치·행정 환경은 달랐으나, 결과적으로 ▲환자군을 정의하는 등록 또는 귀속, ▲다학제 팀 기반 진료, ▲지역 단위 네트워크 조직화, ▲성과와 연계된 가치기반 지불이라는 공통된 구조로 수렴하고 있다.

미국, 영국, 이탈리아의 사례를 통해 일차의료 강화가 단순한 '의원 역할 확대'가 아니라, 조직·지불·네트워크를 동시에 재설계하는 구조적 전환임을 살펴보고, 한국형 주치의·지역기반 의료체계 설계에 주는 정책적 시사점을 도출한다.

1) 미국: PCMH에서 ACO로 – 관리 기능 강화와 책임 단위의 단계적 확장

미국은 오랫동안 행위별 수가(FFS)에 기반한 의료체계를 유지해 왔다. 이 구조는 의료 접근성과 기술 발전에는 기여했으나, 만성질환 관리와 예방, 진료

조정 기능이 취약하다는 한계를 드러냈다. 환자는 여러 의료기관을 자유롭게 이용했지만, 그 과정에서 누가 환자의 전체 건강 상태와 의료이용을 책임지는지는 불분명했다. 이로 인해 중복 검사, 약물 과다, 응급실 및 입원의 증가가 반복되었다.

이에 대한 대응으로 미국의 개혁은 FFS를 즉각 폐지하기보다는, 일차의료의 관리 기능을 먼저 강화하고 이후 책임 단위를 점진적으로 확장하는 경로를 선택했다.

(1) PCMH(Patient-Centered Medical Home): '진료 제공'에서 '관리'로

PCMH는 일차의료를 단순히 환자가 아플 때 방문하는 장소가 아니라, 예방·만성질환 관리·생활습관 개선·약물 관리·의뢰 조정이 통합적으로 이루어지는 관리의 중심으로 재정의했다. 의사, 간호사, 케어매니저 등으로 구성된 팀이 환자를 지속적으로 관리하며, 환자는 특정 질환이 아니라 자신의 전체 건강 상태를 관리받는 경험을 갖게 된다.

PCMH는 비용 절감 효과 자체보다도, 이후 책임기반 모델로 확장될 수 있는 관리 인프라와 문화를 형성했다는 점에서 의미가 크다.

(2) ACO: 개인 의료기관을 넘어 환자 집단에 대한 책임으로

ACO(Accountable Care Organization)는 PCMH의 원리를 개별 의원 차원이 아니라, 여러 의원과 병원, 전문의가 참여하는 네트워크 차원으로 확장한 모델이다. ACO의 핵심은 관리 책임이 개별 진료 행위나 방문 횟수가 아니라, 등록 또는 귀속된 환자 집단 전체의 비용과 질 성과가 네트워크 단위에서 평가·정산된다는 점이다.

이 구조에서는 의뢰·회송, 입원·퇴원 관리, 응급실 이용 관리가 네트워크

차원에서 조정되며, 병원과 일차의료가 경쟁 관계가 아니라 역할 분담 관계로 재정립된다.

(3) Capitation(인당정액), FFS(행위별 수가), P4P(성과기반 지불)와 Shared Savings(성과 정산)의 결합: 통제가 아닌 관리 혁신의 유인

미국 ACO의 진화 과정에서 중요한 특징은 인구기반 선지불(capitation), 행위별 수가(FFS) 후지불, 성과 정산(shared savings), 성과기반 인센티브(P4P)를 결합한 혼합형 가치기반 지불모형이다. capitation은 환자 관리에 필요한 인력과 도구에 투자할 수 있는 재정적 안정성을 제공하고, shared savings와 P4P는 질 성과를 전제로 비용·이용 관리의 결과를 사후 정산함으로써 관리 혁신이 실제 보상으로 이어지도록 설계되었다.

여기서 shared savings는 행위별 수가 등 특정 수가 방식에 종속된 제도가 아니라, 환자 집단 단위 성과를 평가·정산하는 일반적 메커니즘이다.

2) 영국: PCN(Primary Care Network) - 소규모 의원 구조를 유지한 채 기능을 확장

영국은 오래전부터 등록기반 GP 제도를 운영해 왔으나, 고령화와 다질환 증가로 인해 단일 GP 클리닉이 예방, 만성질환 관리, 사회적 문제까지 포괄하기에는 한계가 있다는 인식이 확산되었다. 이에 대한 해법으로 도입된 것이 PCN(Primary Care Network)다.

PCN은 약 3만~5만 명 인구를 기준으로 여러 GP 클리닉이 네트워크를 구성하고, 간호사, 약사, 물리치료사, 사회처방 인력 등을 공동으로 활용한다. 중요한 점은 PCN이 의원 통합이나 소유 구조 변경을 강제하지 않으면서, 관리 기

능과 책임을 네트워크 차원으로 확장했다는 점이다.

이를 통해 영국은 소규모 개원 중심 구조를 유지하면서도, 만성질환 관리, 예방 서비스, 취약계층 지원, 의료-사회서비스 연계를 강화할 수 있었다. PCN은 강제적 조직 개편이 아닌 기능 중심의 네트워크 확장 모델이라는 점에서 한국의료 환경과 높은 비교 가능성을 가진다.

3) 이탈리아: 지역기반 일차의료 개혁과 Primary Care Center의 제도화

이탈리아는 병원 병상 축소 이후 지역의료의 공백과 일차의료의 취약성이 누적되었고, 이는 팬데믹을 거치며 구조적 문제로 명확히 드러났다. 이에 따라 이탈리아는 일차의료를 병원 외(out-of-hospital) 의료체계의 중심으로 재편하는 전면적 구조 개혁을 추진했다.

(1) GP 등록제와 capitation 유지: 개인 책임을 유지하되 고립시키지 않는다

이탈리아는 모든 국민이 가정의(GP)에 등록하는 제도를 유지하며, GP는 등록 환자 수에 기반한 capitation으로 보상받는다. 개혁의 핵심은 이 구조를 폐기하지 않고, GP가 혼자 모든 책임을 지는 구조를 조직과 팀으로 보완했다는 점이다.

(2) Casa della Comunità: 진료 공간을 넘어 지역 건강 플랫폼으로

이탈리아 개혁의 상징은 Casa della Comunità로 불리는 지역 일차의료 센터다. 이는 여러 GP, 간호사, 보건 인력, 사회복지 인력이 하나의 공간 또는 네트워크로 결합된 지역 건강 허브로, 의료·돌봄·예방 서비스를 통합 제공한다. 이를 통해 단독 GP 중심 일차의료의 한계를 극복하고, 재택·돌봄 연계와 만성관리의 연속성을 강화했다.

(3) 지역 책임 구조의 표준화

이탈리아는 일차의료를 약 10만 명 규모의 지역 단위로 조직화하고, 환자 관리, 전원·회송, 의료-돌봄 연계를 체계적으로 운영하도록 표준을 제시했다. 이는 일차의료를 개별 진료 제공자의 역할을 넘어, 지역 단위 책임 관리 체계의 핵심 인프라로 재정의한 사례다.

4) 해외 사례의 공통 교훈과 한국에의 시사점

세 국가의 경험은 제도적 맥락은 다르지만 다음과 같은 공통된 교훈을 제공한다.

첫째, 일차의료 강화는 진료 방식 변화만으로는 충분하지 않으며, 조직·네트워크·지불 구조가 함께 전환될 때 효과를 낸다.

둘째, 관리 책임성(accountability)은 개인 의료인이 아니라 조직·팀 단위의 운영 체계로 구현될 때 지속가능하다.

셋째, 인당정액, 행위별 수가, 성과기반 보상의 결합인 혼합형 지불제는 통제가 아니라 관리 혁신을 촉진하는 장치로 작동한다.

넷째, 환자의 선택권을 존중하는 구조는 책임기반 모델과 양립 가능하며, 제도의 정당성을 강화한다.

이러한 해외 경험은 한국형 주치의·일차의료 중심 전환이 새로운 실험이 아니라, 이미 검증된 국제적 전환 경로를 한국의 제도·문화에 맞게 재구성하는 과정임을 보여준다.

외국 사례에서 일차의료 강화는 특정 제도나 수가 방식의 문제가 아니라, 등록을 통해 책임 대상을 명확히 하고, 팀과 네트워크를 통해 관리 기능을 확장하며, 가치기반 지불을 통해 그 성과를 정산하는 구조적 전환으로 구현되어 왔다.

구분	미국	영국	이탈리아
개혁 배경	FFS 중심 과잉·분절 진료, 만성질환 관리 실패	등록 GP 단독 운영의 한계, 다질환·고령화	병상 축소 이후 지역의료 공백, 팬데믹 충격
일차의료 기본 단위	PCMH(Patient-Centered Medical Home)	GP 클리닉	GP(가정의)
책임 확장 조직	ACO(Accountable Care Organization)	PCN(Primary Care Network)	District(약 10만 명)
환자 정의 방식	귀속(attribution) 또는 등록	등록	등록
다학제 팀	의사·간호·케어매니저·약사 등	간호·약사·물리치료·사회처방 인력	GP·간호·보건·복지 인력
공간/거점	병원·의원 네트워크	네트워크 기반(물리적 통합 아님)	Casa della Comunità (CDC)
지역 조정 허브	ACO 운영 조직	PCN 관리 조직	COT(Territorial Operations Center)
재택·방문 관리	ACO·PCMH 연계	PCN 통해 확대	Home Care 표준 포함
중간 단계 입원	병원 중심	제한적	ODC (Community Hospital)
기본 지불 방식	FFS → 혼합형	FFS 기반 계약	Capitation
가치기반 요소	Shared Savings/Losses, P4P	성과 계약 요소	성과 인센티브 (점진 강화)

Capitation	부분 → 전면(Global)	제한적	기본 구조
Shared Savings	FFS·Capitation 모두 결합	제한적	명시적 제도는 없으나 성과보상으로 기능
핵심 정책 메시지	책임은 '환자 집단'에 귀속	소규모 의원도 네트워크로 기능 확장	지역 단위 책임체계의 국가 표준화

World Health Organization and UNICEF. 2020. "Operational framework for primary health care: Transforming vision into action." World Health Organization.

OECD. 2019. "Realising the potential of primary health care." OECD Publishing.

Starfield, B., Shi, L., and Macinko, J. 2005. "Contribution of primary care to health systems and health." *The Milbank Quarterly*, 83(3), pp. 457~502.

Berwick, D. M., Nolan, T. W., and Whittington, J. 2008. "The Triple Aim: Care, health, and cost." *Health Affairs*, 27(3), pp. 759~769.

Conrad, D. A., and Perry, L. 2009. "Quality-based financial incentives in health care: Can we improve quality by paying for it?" *The Milbank Quarterly*, 87(2), pp. 459~490.

Miller, H. D. 2011. "Transitioning to accountable care: Incremental payment reform." *New England Journal of Medicine*, 364(10), pp. 972~974.

Fisher, E. S., Staiger, D. O., Bynum, J. P. W., and Gottlieb, D. J. 2007. "Creating accountable care organizations: The extended hospital medical staff." *Health Affairs*, 26(1), pp. w44~w57.

NHS England. 2019. "The NHS Long Term Plan." NHS England.

Baird, B., and Beech, J. 2020. "Primary care networks explained." The King's Fund.

Mauro, M., and Giancotti, M. 2023. "Primary care reform in Italy: Organisational, structural and technological standards under Ministerial Decree n.77/2022." *Health Policy*, 127(1), pp. 1~8.

요약 박스

- 미국: PCMH로 관리 기능 강화 → ACO로 책임 단위 확장
- 영국: PCN으로 소규모 의원의 기능을 네트워크 차원에서 확장
- 이탈리아: GP 등록·capitation 유지 + 지역기반 일차의료 센터 제도화
- 공통점: 등록, 팀, 네트워크, 가치기반 지불의 결합
- 시사점: 한국은 선택권을 존중하는 책임기반 일차의료 모델을 설계할 수 있음

5. AS-IS에서 TO-BE로

의료체계 작동 방식의 구조적 전환

외국 사례는 일차의료 강화가 단일 제도 도입이나 수가 조정의 문제가 아니라, 의료체계가 작동하는 방식 자체를 재설계하는 구조적 전환임을 분명히 보여준다. 미국·영국·이탈리아는 제도적 출발점과 경로는 달랐으나, 공통적으로 환자 집단을 정의하고, 팀과 네트워크를 통해 관리 책임을 조직화하며, 가치기반 지불을 통해 그 성과를 정산하는 방향으로 의료체계를 재편해 왔다. 이는 특정 국가의 특수한 선택이 아니라, 고령화·만성질환 시대에 의료체계가 지속가능해지기 위해 선택한 보편적 전환 경로라 할 수 있다.

이제 질문은 "이러한 전환이 필요한가"가 아니라, "한국의 의료체계는 현재 어디에 있으며, 이 전환을 가로막는 구조적 제약은 무엇인가"다. 앞선 장에서 살펴본 AS-IS와 TO-BE는 단순한 제도 차이나 서비스 추가의 문제가 아니라, 의료체계가 작동하는 기본 논리 자체의 전환을 의미한다. AS-IS 체계에서는 의료이용이 개별 사건 단위로 발생하며, 각 사건을 연결하고 조정하는 구조가 부재하다. 반면 TO-BE 체계에서는 의료이용이 등록기반 관리 체계 안에서 연속적으로 조직된다.

AS-IS 체계의 가장 큰 특징은 관리책임의 분산이다. 의료기관은 자신이 제공한 개별 진료에 대해서만 책임을 지며, 환자의 장기적인 건강 결과나 전체 의료이용에 대해서는 연속적으로 조정·관리하는 체계가 부재하다. 이로 인해 중복 검사, 다제약물, 불필요한 외래·응급실 이용이 반복되고, 환자안전 위험은 누적된다.

TO-BE 체계에서는 책임의 축이 명확히 이동한다. 주치의·다학제 팀은 등록 환자 집단의 건강 상태 변화와 의료이용 전반에 대해 등록 환자 집단의 의료이용이 단절되지 않도록 지속적으로 조정·관리하는 역할을 팀 단위로 수행한다. 이는 개별 의료인의 모든 결과 책임을 의미하는 것이 아니라, 예방·관리·조정을 통해 불필요한 위험을 줄이고 필요한 의료를 적시에 연결하는 구조적 책임을 의미한다.

정보 흐름 역시 근본적으로 달라진다. AS-IS에서는 의료정보가 기관별로 분절되어 관리되며, 환자가 정보 전달의 매개가 되는 경우가 많다. TO-BE에서는 주치의 팀을 중심으로 진료 정보와 관리 계획이 공유되고, 병원 진료 이후에도 회송을 통해 정보와 책임이 다시 연결된다.

환자경험의 변화 또한 중요하다. AS-IS 체계에서 환자는 스스로 의료 경로를 결정해야 하며, 복합적인 건강 문제를 가진 환자일수록 혼란과 불안을 경험한다. TO-BE 체계에서는 환자가 어디를 가더라도 주치의 팀과 연결되어 있다는 인식 속에서 의료를 이용하게 되며, 이는 신뢰와 안전감으로 이어진다.

병원의 역할 변화는 이 전환의 핵심 지점이다. AS-IS 체계에서 병원은 경증·중증환자를 가리지 않고 외래진료를 제공하는 구조에 놓여 있다. TO-BE 체계에서는 병원이 중증·응급·전문 진료에 집중하고, 외래 과밀에서 벗어나 본연의 기능을 회복할 수 있다. 이는 병원의 축소가 아니라, 기능의 재정렬이다.

요컨대 AS-IS에서 TO-BE로의 전환은 의료이용을 줄이거나 통제하는 정책이 아니라, 의료이용의 질서와 책임 구조를 재구성하는 전환이다. 이 전환이 전제되어야 이후 장에서 다룰 네트워크 구축, 환자군 분류, 지불제도 개편이 실제로 작동할 수 있다.

현재 의료체계 (AS-IS)

- 책임 주체: 없음
- 관리 방식: 사건 중심
- 정보 흐름: 단절
- 환자 역할: 스스로 경로 탐색
- 병원 기능: 외래 과밀, 역할 혼재

→ 책임·정보·경험 중심의 구조 전환 →

전환 이후 의료체계 (TO-BE)

- 책임 주체: 주치의·다학제 팀
- 관리 방식: 예방·연속관리
- 정보 흐름: 통합·공유
- 환자 역할: 안내·조정 속 선택
- 병원 기능: 중증·전문 진료 집중

AS-IS 체계에서는 의료이용이 개별 사건으로 분절되어 책임과 정보가 축적되지 않는다. TO-BE 체계에서는 주치의·다학제 팀을 중심으로 의료이용이 조직되며, 예방과 연속관리를 통해 불필요한 위험과 이용을 줄이는 구조가 형성된다.

요약 박스

- AS-IS의 문제는 과잉 이용이 아니라 무책임 구조
- TO-BE의 핵심은 책임 주체의 명확화
- 정보 단절 → 정보 공유
- 환자 혼란 → 안내와 신뢰
- 병원 축소가 아닌 기능 재정렬

WHO. 2021. *Global Patient Safety Action Plan 2021-2030*. World Health Organization,
OECD. 2020. *Realising the Potential of Primary Health Care*. OECD Publishing.
WHO Regional Office for Europe. 2016. *Integrated Care Models*.
OECD. 2023. *Patient-Reported Indicators Surveys(PaRIS)*. OECD Publishing,
National Academies of Sciences, Engineering, and Medicine. 2021. *Implementing High-Quality Primary Care*.

6. 등록기반 주치의 제도 설계

선택·등록·참여의 원칙과 제도 운영 방식

등록기반 주치의 제도는 의료이용을 제한하거나 의료기관 선택권을 축소하는 제도가 아니다. 이 제도의 핵심은 국민이 자신의 건강관리를 누가 책임질 것인지 명확히 선택하고, 그 선택을 제도적으로 뒷받침하는 데 있다. 즉, 등록은 통제가 아니라 관리 단위의 명확화와 연속관리의 출발점이다.

현재 의료체계에서는 환자가 의료기관을 자유롭게 선택할 수 있으나, 그 선택이 장기적인 관리 책임으로 이어지지 않는다. 반면 등록기반 주치의 제도에서는 환자가 주치의 팀을 선택·등록함으로써, 자신의 의료이용이 하나의 관리체계 안에서 조직된다. 이는 의료이용의 자유를 제한하는 방식이 아니라, 자유로운 선택 위에 지속적인 관리 관계를 형성하는 구조다.

등록 방식은 국민의 자발적 선택을 원칙으로 한다. 환자는 건강보험공단을 통해 주치의 팀을 선택·등록하며, 등록 이후에도 일정 조건하에서 변경이 가능하도록 설계된다. 이는 주치의 제도가 신뢰를 기반으로 작동해야 한다는 점을 전제로 한다. 강제적 배정이나 일률적 등록은 제도의 수용성과 지속가능성을 저해할 수 있다.

제도의 초기 단계에서는 자발적 참여를 원칙으로 하되, 정책 효과와 운영 경험이 축적됨에 따라 단계적 확대가 가능하다. 예를 들어, 전체 등록 대상 중 일부만 제도 참여를 유도하거나, 기존 진료 관계를 기반으로 한 등록을 허용함으로써 급격한 전환에 따른 혼란을 최소화할 수 있다. 이러한 단계적 접근은 현장 의료인과 국민 모두를 보호하는 장치다.

주치의 제도의 참여 대상은 공급자와 이용자 모두에게 자발성을 전제로 한다. 주치의 역할을 수행하는 의료기관은 일정한 역량 기준과 참여 요건을 충족해야 하며, 다학제 팀 구성 또는 지역 지원센터와의 연계를 통해 팀 기반 관리 역량을 확보해야 한다. 이는 제도의 질을 담보하기 위한 최소한의 조건이다.

등록기반 제도는 단순한 명부 관리가 아니라, 이후 장에서 다룰 환자군 분류, 팀 기반 진료, 네트워크 연계, 지불제도 개편의 기초 인프라다. 등록 없이는 책임도, 성과도, 연속관리도 구조적으로 작동하기 어렵다.

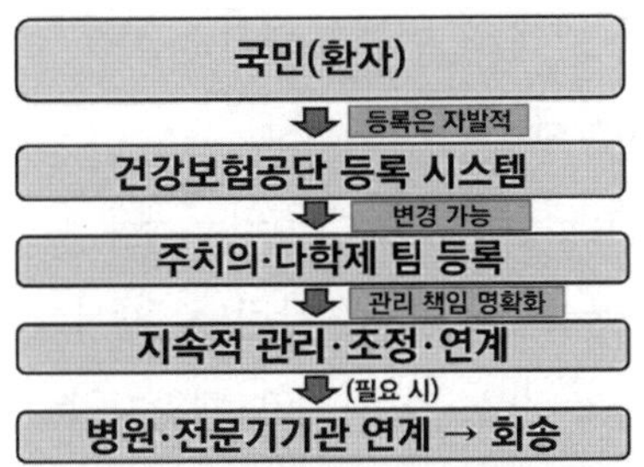

등록기반 주치의 제도는 의료기관을 지정하는 제도가 아니라, 국민이 신뢰할 수 있는 주치의 팀을 선택하고 그 선택을 기반으로 연속적인 건강관리 관계를 형성하도록 설계된 구조다. 이를 통해 의료이용의 자유는 유지되면서도 관리의 책임은 명확해진다.

요약 박스

- 등록은 통제가 아니라 책임의 출발점
- 국민·의료인 모두 자발적 참여 원칙
- 변경 가능한 등록으로 신뢰 기반 운영
- 단계적 확대를 통한 혼란 최소화
- 이후 모든 제도(팀·네트워크·지불제)의 기초 인프라

OECD. 2020. *Realising the Potential of Primary Health Care*. OECD Publishing.

WHO and UNICEF. 2020. *Operational Framework for Primary Health Care*. World Health Organization,

National Academies of Sciences, Engineering, and Medicine. 2021. *Implementing High-Quality Primary Care*.

7. 주치의·다학제 팀 기반 진료 모델

역할 분담과 관리 책임의 명확화

주치의·다학제 팀 기반 진료 모델은 단순히 여러 직종이 함께 일하는 협진 모델이 아니다. 이 모델의 핵심은 환자의 건강 관리가 단절되지 않도록 관리 역할과 기능을 명확히 하고, 이를 팀 단위로 수행할 수 있도록 진료 방식을 재설계하는 데 있다. 다시 말해, 이 모델의 핵심은 '누가 무엇을 담당하고 조정하는가'를 현장에서 분명하게 만드는 것이다.

현재 의료현장에서는 다양한 전문 인력이 존재함에도 불구하고, 환자의 전체 건강 상태와 의료이용을 종합적으로 관리·조정하는 구조는 취약하다. 의사는 개별 진료에 집중하고, 간호·약물·영양·재활·돌봄은 각기 분절적으로 제공된다. 그 결과 환자는 여러 조언을 받지만, 그 조언들이 하나의 관리 계획으로 통합되지 않는 경우가 많다.

주치의·다학제 팀 기반 진료 모델은 이러한 분절을 구조적으로 해소한다. 이 모델에서 주치의는 '모든 것을 직접 하는 의사'가 아니라, 팀 기반 관리가 효과적으로 작동하도록 임상적 판단과 조정을 담당하는 리더이다. 주치의는 등록 환자 집단을 대상으로 관리의 출발점 역할을 수행하며, 팀 구성원들의 전문적 개입을 조정하고 통합한다. 즉, 주치의의 핵심 역할은 개별 행위 제공자가 아니라, 환자 관리의 연속성을 조정·보장하는 관리 책임성(accountability)을 수행하는 임상의다.

다학제 팀은 역할의 나열이 아니라 책임기반 분업 구조로 설계된다. 간호사는 환자의 상태 모니터링과 교육, 약물 순응도 확인을 담당하고, 약사는 다제 약물 관리와 처방 검토를 수행한다. 영양사와 재활치료사, 운동처방사는 생활 습관 개선과 기능 유지에 집중하며, 사회복지사는 돌봄·복지 자원 연계와 이행기 관리를 담당한다. 해외, 특히 미국(PCMH, ACO 모델)이나 영국(NHS) 등 다학제 팀(Multidisciplinary Team: MDT) 기반의 의료시스템이 정착된 곳에서는 케어코디네이터의 역할이 매우 중요한데, 역할의 범위와 권한이 한국의 일차의료 만성질환관리 시범사업 모델보다 훨씬 넓고 입체적이다. 한국이 주로 '만성질환자의 생활습관 교육'에 초점을 맞춘다면, 해외 선진 모델에서는 "복잡한 의료시스템 안에서 환자가 길을 잃지 않도록 하는 네비게이터(Navigator)"이자 "다양한 전문가를 연결하는 허브(Hub)" 역할을 수행한다. "환자를 둘러싼 복잡한 의료 및 사회적 문제를 해결하여, 의료진이 임상적 진료에 집중할 수 있도록 돕는 시스템 매니저"라고 정의할 수 있다. 팀 구성원의 역할은 표준화된 관리 계획과 팀 내 합의에 따라 유기적으로 작동한다.

이러한 팀 기반 구조의 핵심 효과는 관리의 연속성 확보다. 환자가 외래진료를 받지 않는 기간에도 팀은 환자의 상태를 추적하고, 위험 신호를 조기에 인지하며, 필요 시 개입한다. 이는 진료실 안에서만 이루어지는 의료가 아니라, 환자의 일상 속에서 작동하는 관리 체계다. 특히 만성질환자와 고위험군 환자에게 이러한 지속적 관리 기능은 입원과 응급실 이용을 예방하는 핵심 요소다.

단독 개원의도 이 모델에서 배제되지 않는다. 다학제 팀을 자체적으로 모두 구성하기 어려운 의원은 지역 일차의료 지원센터를 통해 간호, 케어코디네이션, ICT 기반 관리 도구 등과 다학제 팀의 지원을 받아 팀 기능을 수행할 수 있다. 이는 규모의 차이가 관리 역량의 차이로 이어지지 않도록 하는 장치다.

주치의·다학제 팀 기반 진료 모델은 의료인의 업무 부담을 단순히 늘리는 구조가 아니다. 오히려 역할과 책임이 명확해짐으로써 중복 업무와 비효율을 줄이고, 의료인의 전문성이 가장 잘 발휘될 수 있는 영역에 집중하도록 돕는다. 팀 기반 진료가 의료인 번아웃을 완화하고 직무 만족도를 높인다는 연구 결과는 이러한 구조적 효과를 뒷받침한다.

요컨대 이 모델은 협업의 문제가 아니라 책임 구조의 문제다. 주치의·다학제 팀 기반 진료는 환자의 건강 결과에 대한 법적·개인적 책임을 의료인에게 전가하는 방식이 아니라, 환자 관리의 연속성과 안전을 팀 단위의 역할 분담과 제도적 장치를 통해 확보하는 방식이다. 이는 뒤에서 다룰 네트워크 구축과 지불제도 개편이 실제로 작동하기 위한 필수 조건이다.

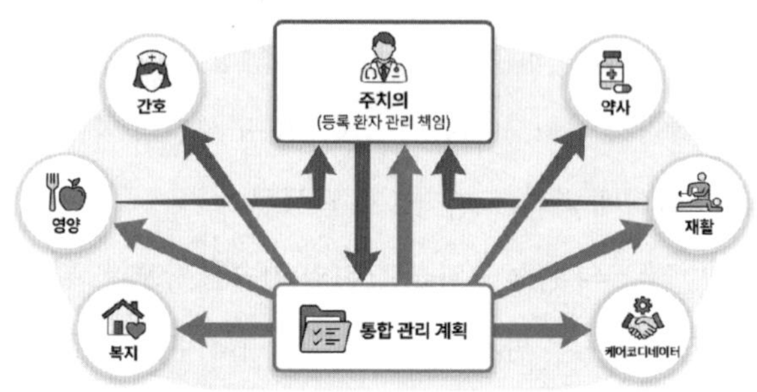

주치의·다학제 팀 기반 진료 모델에서 관리 책임은 분산되지 않는다. 주치의는 등록 환자 관리의 출발점 역할을 수행하고, 다학제 팀은 각자의 전문성을 바탕으로 그 책임을 함께 수행한다. 이를 통해 의료이용의 연속과 안전성이 구조적으로 확보된다.

요약 박스

- 핵심은 협진이 아니라 관리 책임 명확화
- 주치의는 진료자이자 관리 책임 리더
- 다학제 팀은 역할 나열이 아닌 관리책임기반 분업 구조로 설계
- 단독 의원도 지원센터를 통해 팀 기능 수행 가능
- 팀 기반 진료는 의료인의 부담이 아니라 지속가능성의 조건

McDonald, K. M., Sundaram, V., Bravata, D. M., Lewis, R., Lin, N., Kraft, S. A., McKinnon, M., Paguntalan, H., and Owens, D. K. 2014. *Care Coordination Measures Atlas Update*(AHRQ Publication No. 14-0037-EF). Rockville, MD: Agency for Healthcare Research and Quality.

Starfield, B. 1998. *Primary Care: Concept, Evaluation, and Policy*. Oxford University Press.

WHO and UNICEF. 2020. *Operational Framework for Primary Health Care*. World Health Organization,

OECD. 2020. *Realising the Potential of Primary Health Care*. OECD Publishing,

Bodenheimer, T., and Sinsky, C. 2014. *From Triple Aim to Quadruple Aim*. Annals of Family Medicine.

8. 지역기반 의료·요양·돌봄 네트워크의 구축과 운영

연계 구조와 책임 분담

주치의·다학제 팀 기반 진료 모델이 개별 환자의 관리 책임을 명확히 하는 구조라면, 지역기반 의료·요양·돌봄 네트워크는 이러한 책임이 개별 의료기관의 한계를 넘어 지역 단위에서 지속가능하게 작동하도록 만드는 구조다. 즉, 이 모델의 핵심은 "주치의 제도가 지역에서 어떻게 확장되고 유지되는가"에 있다.

현재 의료·요양·돌봄 서비스는 제도와 재원, 전달체계가 분절되어 운영되고 있다. 의료는 의료기관 중심, 요양은 장기요양보험 체계, 돌봄은 지자체와 복지 영역에서 각각 작동하며, 이들 간 연계는 개인의 노력이나 비공식적 협력에 의존하는 경우가 많다. 그 결과, 고령자와 복합 욕구를 가진 환자일수록 서비스 공백과 중복을 동시에 경험하게 된다.

지역기반 네트워크는 이러한 분절을 해소하기 위해 주치의·다학제 팀을 중심 허브로 설정한다. 주치의 팀은 환자의 의료적 필요뿐 아니라 기능 상태, 돌봄 필요, 사회적 위험 요인을 함께 파악하고, 이를 지역 내 요양·돌봄 자원과 연계한다. 이 과정에서 주치의 팀은 모든 서비스를 직접 제공하는 주체가 아니라, 연결과 조정을 책임지는 관리 주체로 기능한다.

네트워크는 의원-병원 간 연계에 그치지 않는다. 지역 내 병원과 거점병원은 중증·입원·응급진료를 담당하고, 진료 이후에는 주치의 팀으로 회송하여 연속적인 관리가 이루어지도록 한다. 동시에 방문간호, 재가의료, 장기요양, 지역 돌봄 서비스는 주치의 팀의 관리 계획 안에서 연계된다. 이를 통해 의료-요양-돌봄이 병렬적으로 존재하는 서비스 묶음이 아니라, 하나의 관리 흐름 안에서 작동하게 된다.

이러한 네트워크의 실질적 작동을 위해서는 지역 단위의 지원 인프라가 필수적이다. 권역 또는 시·군·구 단위로 설치되는 일차의료 지원센터는 네트워크의 허브 역할을 수행하며, 참여 의료기관과 팀에 대해 교육·컨설팅·품질 관리·ICT 지원을 제공한다. 이는 네트워크를 개인 간 협력에 맡기지 않고, 제도적으로 지속가능하게 만드는 장치다.

책임 분담 역시 네트워크 설계의 핵심이다. 주치의 팀은 등록 환자의 1차적 관리 책임을 지고, 병원은 중증·전문 진료 책임을, 요양·돌봄 기관은 일상생활 지원과 기능 유지 책임을 담당한다. 중요한 점은 각 주체가 자신의 역할만 수행하는 것이 아니라, 공동의 관리 목표와 정보 공유 체계 안에서 책임을 수행한다는 점이다. 이는 책임의 분산이 아니라, 책임의 정렬(alignment)이다.

지역기반 의료·요양·돌봄 네트워크는 결과적으로 의료이용의 패턴을 변화시킨다. 관리 가능한 문제는 지역에서 해결되고, 병원은 필요한 경우에만 개입하며, 요양과 돌봄은 의료와 단절되지 않은 상태에서 제공된다. 이는 불필요한 입원과 응급실 이용을 줄이고, 환자가 익숙한 지역과 생활공간에서 건강을 유지하도록 돕는 기반이 된다.

요컨대 이 네트워크는 의료 전달체계의 '보완'이 아니라, 의료체계가 지역사회 안에서 작동하도록 재구성하는 핵심 구조다. 이후 다룰 환자군 분류 전략과 지불제도 개편은 이러한 네트워크가 존재할 때 비로소 실질적인 효과를 발휘할 수 있다.

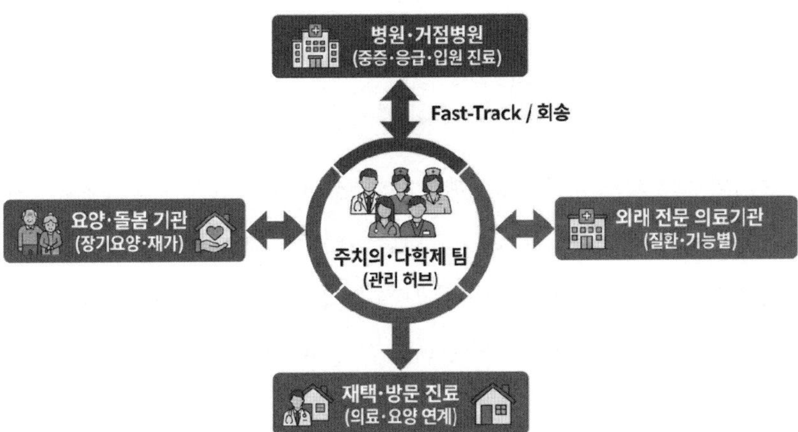

지역기반 의료·요양·돌봄 네트워크에서는 주치의·다학제 팀이 환자의 의료·돌봄 필요를 종합적으로 조정하는 중심 허브로 기능한다. 이를 통해 서비스는 분절되지 않고, 환자의 삶의 맥락 속에서 연속적으로 제공된다.

요약 박스

- 네트워크는 선택 사항이 아닌 주치의 제도의 필수 조건
- 의료–요양–돌봄을 병렬이 아닌 하나의 관리 흐름으로 통합
- 주치의 팀은 제공자가 아니라 연결과 조정의 책임 주체
- 지역 지원센터는 네트워크의 지속가능성 인프라
- 지역기반 네트워크 없이는 필수의료·돌봄도 유지 불가

WHO. 2016. *Integrated Care Models: An Overview*. WHO Regional Office for Europe.
OECD. 2020. *Realising the Potential of Primary Health Care*. OECD Publishing.
WHO and UNICEF. 2020. *Operational Framework for Primary Health Care*. World Health Organization.
OECD. 최신판. *Health at a Glance*. OECD Publishing.

9. 환자군 분류에 따른 맞춤 관리 전략

1~4군 위험도 기반 연속관리 체계

주치의·일차의료 중심 의료체계의 핵심은 모든 환자에게 동일한 의료서비스를 제공하는 것이 아니라, 환자의 건강 상태와 위험도에 따라 관리 강도와 개입 방식을 달리하는 것이다. 인구 고령화와 만성질환 증가로 인해 의료 수요가 다양화된 상황에서, 획일적인 관리 방식은 비효율과 과소·과잉 진료를 동시에 초래한다.

환자군 분류 기반 관리 전략은 이러한 문제에 대한 구조적 해법이다. 본 이슈페이퍼는 환자를 건강 상태와 기능 수준, 의료이용 위험도에 따라 4개 군으로 분류하고, 각 군에 적합한 관리 목표와 서비스 조합을 제시한다. 이 분류의 목적은 환자를 낙인찍거나 접근을 제한하기 위한 것이 아니라, 필요한 곳에 충분한 관리 역량을 집중하기 위한 것이다.

1군은 상대적으로 건강하거나 위험요인이 초기 단계에 있는 집단으로, 관리의 초점은 질병 치료가 아니라 예방과 건강 증진에 있다. 생활습관 관리, 예방접종, 건강문해 교육, 정기적 상담을 통해 질병 발생과 악화를 사전에 예방하는 것이 핵심이다.

2군은 만성질환을 가지고 있는 집단으로, 관리의 초점은 합병증 예방과 상태 유지다. 주치의·다학제 팀은 주기적인 모니터링과 목표치 기반 코칭을 통해 질환의 안정적 관리를 지원하며, 대면 진료와 비대면 관리를 혼합하여 효율성을 높인다.

3군은 만성질환의 합병증 등으로 인해 기능 저하가 시작되었거나 준와상 상태에 있는 고위험군으로, 관리의 초점은 악화 예방과 기능 유지다. 이 단계에서는 개별화된 케어플랜 수립, 사례관리자 배정, 방문진료와 다학제 개입이 필수적이다. 낙상, 욕창, 영양 상태와 같은 위험 요인을 체계적으로 관리하지 않으면 입원과 응급실 이용이 급증할 가능성이 높다.

4군은 와상 상태이거나 중증 기능 저하를 가진 최중증군으로, 관리의 초점은 안정성, 존엄성, 돌봄 연계다. 재택·방문 진료 중심의 의료 제공, 가족과 돌봄 인력에 대한 교육, 24시간/7일 상시 상담 체계, 응급 상황에 대비한 Fast-Track 연계가 필요하다. 이 단계에서는 사전연명의료 의향 논의와 돌봄 계획이 관리의 중요한 요소가 된다.

환자군 분류는 고정된 낙인이 아니라 동적인 관리 도구다. 환자의 상태 변화에 따라 군 간 이동이 가능하며, 관리 강도 역시 이에 맞추어 조정된다. 이는 의료이용을 통제하기 위한 장치가 아니라, 연속적이고 유연한 관리 체계를 가능하게 하는 구조다.

이러한 환자군 분류 기반 관리 전략은 주치의·다학제 팀, 지역 네트워크, 지불제도 개편과 결합될 때 가장 큰 효과를 발휘한다. 이후 다룰 지불제도 개편은 바로 이러한 차등 관리가 현장에서 지속가능하도록 만드는 재정적 기반이다.

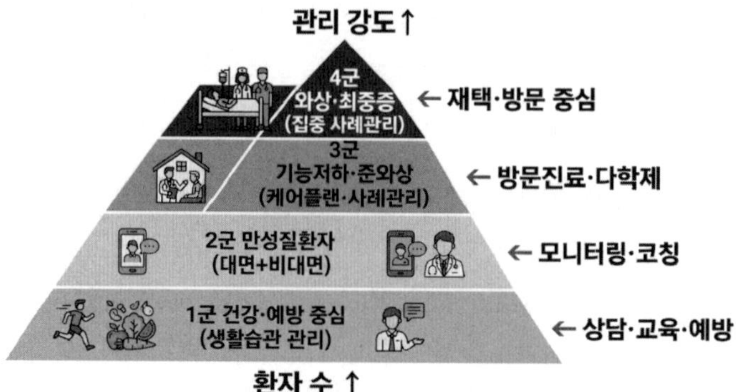

환자군 분류 기반 관리 전략은 모든 환자를 동일하게 관리하는 방식에서 벗어나, 환자의 위험도와 필요에 따라 관리 강도와 자원을 차등 배분하는 구조다. 이를 통해 고위험군에는 충분한 관리 역량을 집중하고, 저위험군에는 예방 중심의 효율적 관리를 제공할 수 있다.

요약 박스

- 환자군 분류는 낙인이 아닌 자원 배분의 기준
- 모든 환자에게 같은 관리 → 비효율
- 고위험군에 충분한 관리 집중
- 군 간 이동 가능한 동적 관리 체계
- 지불제·네트워크 설계의 핵심 기반

OECD. 2016. *Risk Stratification in Primary Care*. OECD Publishing.
WHO. 2005. *Preventing Chronic Diseases: A Vital Investment*. World Health Organization.
WHO. 2017. *Integrated Care for Older People(ICOPE)*. World Health Organization.
OECD. 2012. *Delivering Quality Long-Term Care*. OECD Publishing.

10. 지불제도 개편 전략

가치기반 혼합 지불 구조

주치의·일차의료 중심 의료체계 전환이 지속가능하기 위해서는 진료 방식의 변화뿐 아니라, 의료인의 전문적 판단과 관리 노력이 지속가능하게 발휘될 수 있도록 뒷받침하는 지불 구조가 필요하다. 기존의 행위별 수가제(Fee for Sevice, 이하 FFS)는 의료 접근성과 진료 제공을 보장하는 데에는 기여했으나, 예방·관리·조정과 같은 일차의료의 핵심 기능을 구조적으로 보상하지 못해 왔다. 이로 인해 의료이용은 관리보다 진료량 중심으로 조직되었고, 의료비 증가는 건강성과 개선과 반드시 비례하지 않았다.

본 이슈페이퍼는 이러한 한계를 극복하기 위해, 행위별 수가(FFS)를 유지하되 'Shared Savings(절감 성과 공유)'가 결합된 구조와 함께, 인당정액(capitation)과 성과기반 보상(P4P)을 결합한 가치기반 혼합 지불 구조를 제안한다. 이는 FFS를 전면 폐지하는 급진적 전환이 아니라, FFS의 장점을 유지하면서도 총의료비, 건강성과, 환자경험을 종합적으로 반영하되, 개별 의료인의 결과 책임으로 환원되지 않도록 팀과 제도 단위에서 평가되는 지표에 대한 보상을 점진적으로 결합하는 현실적 전략이다.

수정된 FFS 구조에서 의료기관은 여전히 제공한 진료 행위에 대해 기본적인 보상을 받는다. 그러나 동시에, 주치의·다학제 팀 또는 지역 네트워크 단위로 설정된 환자 집단에 대해 과거 의료비에 기반한 총의료비 벤치마크(benchmark)를 설정하고, 그 목표 대비 불필요한 의료이용이 감소하고 적정한 관리가 이루어진 경우, 그 성과를 보험자와 절약분을 공유(Shared Savings)하는 구조다. 이 구조는 의료이용을 억제하는 것이 아니라, 불필요한 이용을 줄이고 적절한 관리로 전환할수록 추가 보상이 발생하게끔 설계된 인센티브 구조다.

Shared Savings는 단독 의료기관 단위뿐만 아니라 팀 또는 네트워크 단위로도 적용된다. 이는 특정 의료인이 위험을 과도하게 부담하는 것을 방지하고, 환자 선택권을 유지하면서도 집단 단위의 관리 역할과 협업을 촉진하기 위한 장치다. 또한 품질 지표와 환자경험 지표를 충족하지 못할 경우 절감 성과를 공유하지 않도록 설계함으로써, 비용 절감이 의료의 질 저하로 이어지는 것을 구조적으로 차단한다. 하지만 네트워크 단위 보상의 경험이 전무한 우리나라 지불제도 현실상 초기에는 네트워크 단위가 아닌 의료기관 단위로 적용하되 해당 의료기관이 위험을 과도하게 부담하는 것을 방지하기 위해 초기에는 절약분만 공유하고(shared savings) 손실분 공유(shared losses)의 적용은 네트워크 단위 보상이 적용이 시작된 후 점진적 적용을 고려해 보아야 한다.

인당정액(capitation)은 서비스의 양에 기반하여 보상하는 행위별 수가 구조를 보완하는 핵심 요소다. 등록 환자 집단에 대해 위험도 보정된 의료비 예측(Hierarchical Condition Category: HCC 기반)이 반영된 인당정액 보상을 선지불로 제공하는데, 이는 환자 결과에 대한 개인적 책임을 전제로 한 보상이 아니라 관리 활동이 지속될 수 있도록 안정적인 운영 기반을 제공하는 지불 방식이다. 이는 단기적 진료량 변동에 따른 수입 불안정 및 고용 불안정을 완화하고, 고위험군 관리에 대한 구조적 불이익을 제거한다. 또한 네트워크 외부(또는 단일기관 적용 시 다른 기관) 서비스의 이용을 뜻하는 유출(Leakage)은 후정산 과정에서 반영되되, 의료의 질을 유지하거나 향상시키는 관리 노력을 저해하지 않도록 단계적·완충적으로 적용된다. 유출은 후정산을 통해 차감되는 비용으로 질 향상과 효율성 달성을 동시에 유도하며 공정한 자원의 분배를 가능케 한다.

Shared Savings 및 Leakage 기전은 전통적으로 효율성을 담보하는 기제이지만 Shared Savings의 경우 질성과표준을 충족해야 절감분을 공유받을 수 있고, Leakage의 경우 유출을 줄이기 위해 의료의 질을 유지하거나 향상시켜야 하기 때문에 두 기전 모두 질과 효율성이라는 두 마리 토끼를 보상과 연동하는 강력한 간접적 기전으로 작용한다. 이로 인해 의료기관이나 네트워크가 필요 없는 낭비적 요소를 줄이면서 동시에 미충족 수요(Unmet needs)를 충족시키도록 유도한다. 질과 효율성 모두 직접적인 처벌이나 성과 압박이 아니라, 관리 구조가 잘 작동할수록 자연스럽게 반영되도록 설계되기 때문에 지원센터 구축 등 초기 투자비용으로 들어가는 사업비 외에는 예산 중립적으로 운영이 가능하게 된다. 예산 중립적인 것이 증명된 후에는 전국적으로 많은 공급자와 이용자를 참여시킬 수 있는 기반이 될 것이다.

성과기반 보상(P4P)은 관리의 질과 효율성을 동시에 반영하는 또 하나의 장치로서, 성과 지표는 단일 임상 과정 수행 여부를 묻는 것이 아니라, 환자 관리의 과정과 연속성이 충분히 확보되었는지를 팀 단위로 평가할 수 있는 지표를 중심으로 설계된다. 혈압·혈당 관리, 환자경험, 예방 가능 입원 및 응급실 이용 감소(Triple Aim) 등은 이러한 관리 구조의 작동 여부를 간접적으로 반영하는 지표로 활용된다. 이는 비용·질·경험이 동시에 개선되는 방향으로 의료인의 행동을 정렬한다.

특히 방문·재택 진료와 같은 고난이도 관리 영역은 Shared Savings 구조의 효과가 가장 크게 나타날 수 있는 분야다. 3·4군 고위험 환자를 대상으로 한 재택·방문 중심 관리가 입원과 응급실 이용이 감소하는 등 관리의 연속성과 안전성이 확인될 경우, 그에 따른 재정적 성과는 네트워크 단위로 공유된다. 여기에 위험도 보정 인당정액과 야간·응급·복합관리 가산을 결합함으로써, 팀 기반 재택의료가 재정적으로도 지속가능하도록 한다.

지불제도 전환은 단계적으로 이루어져야 한다. 초기에는 혼합형(FFS+Capitation+P4P)을 기반으로 하되 의료기관이 (Shared Savings와 결합한) FFS와 인당정액 간의 비율을 자율적으로 선택 가능하도록 100 : 0, 50 : 50, 0 : 100 등의 선택권을 제시하고, 점진적으로 Shared Savings와 가치기반 요소의 비중을 확대한다. 이는 의료 현장의 수용성을 높이고, 정책 실패 위험을 줄이는 보호된 학습 구간을 제공한다. 포괄적·지속적·조정적 환자 관리 및 재택의료에 경험이 많지 않은 기관들은 처음에 FFS에 Shared Savings 위주의 지불모형을 선호할 가능성이 높지만 이미 그런 경험이 많거나 시범사업의 참여 기간이 늘어날수록 고정적 수입이 보장되는 인당정액 분율이 늘어날 것이며, 다학제 주치의 팀으로 환자들을 관리하는 경험이 쌓일수록 더 많은 성과기반 인센티브를 획득할 수 있게 된다.

요컨대 Shared Savings, 인당정액, P4P가 결합된 가치기반 혼합 지불 구조는 의료이용을 통제하기 위한 장치가 아니라, 의료인의 전문성과 관리 노력이 건강성과와 재정 안정성으로 연결되도록 만드는 책임 공유 메커니즘이다. 이 구조는 주치의·다학제 팀, 지역 네트워크, 환자군 분류 전략을 실제 현장에서 작동하게 만드는 핵심 동력이다.

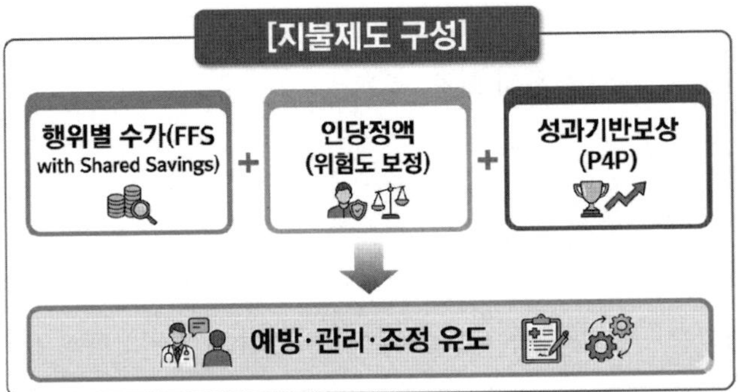

Shared Savings가 결합된 FFS와 인당정액 및 성과기반 보상이 결합된 가치기반 혼합 지불 구조는 기존 행위별 수가의 장점을 유지하면서, 등록 환자 집단의 총의료비와 건강성과에 대한 책임을 점진적으로 결합하는 방식이다. 의료기관은 기본적인 진료 행위에 대한 보상을 유지하되, 예방과 연속관리, 적절한 의료이용을 통해 불필요한 비용을 줄일 경우 그 성과를 건강보험과 공유하게 된다. 이 구조는 의료이용을 억제하거나 통제하기 위한 장치가 아니라, 의료인의 전문성과 관리 노력이 환자 관리의 연속성과 시스템의 재정 안정성으로 이어지도록 설계된 역할 기반·팀 단위의 책임성(accountability) 공유 메커니즘이다.

요약 박스

- FFS를 폐지하지 않고 책임을 결합
- Shared Savings는 통제가 아닌 보상 메커니즘
- 팀·네트워크 단위 적용으로 위험 분산
- 인당정액으로 수입 불안정과 그에 따른 고용 불안정 완화
- 위험도 보정된 인당정액은 고위험군 관리 유도
- 성과기반 보상(P4P)은 Triple Aim 관점의 결과 지표 활용으로 비용·질·경험이 동시에 개선되는 방향으로 의료인의 행동 정렬
- 지불제 개편은 전환의 현실적인 실행 엔진

OECD. 2010. *Paying for Value in Health Care*. OECD Publishing,.

McClellan, M. et al. 2010. *Accountable Care Organizations and Evidence-Based Payment Reform*. JAMA.

CMS. 2023. *Medicare Shared Savings Program*. Centers for Medicare & Medicaid Services.

Pope, G. C. et al. 2004. "Risk Adjustment of Medicare Capitation Payments." *Health Care Financing Review*.

Berwick, D. M., Nolan, T. W., and Whittington, J. 2008. *The Triple Aim*. Health Affairs.

WHO. 2016. *Home-based Care in the Context of Primary Health Care*. World Health Organization.

11. 지역의료·필수의료·공공의료에 미치는 영향

하나의 전환, 세 영역의 동시 회복

주치의·일차의료 중심 의료체계 전환은 특정 영역만을 강화하는 개별 정책이 아니다. 이는 지역의료, 필수의료, 공공의료라는 세 가지 핵심 영역을 동시에 회복시키는 구조 개혁이다. 지금까지 이 세 영역은 각각 다른 문제로 인식되어 왔으나, 실제로는 병원 중심·분절적 의료이용 구조라는 공통의 원인에서 비롯된 문제들이다.

1) 지역의료에 미치는 영향

지역의료의 핵심 문제는 의료 자원의 절대적 부족이 아니라, 연속적 관리 구조의 부재로 인한 환자들의 불신과 외면이다. 현재 지역에서는 지역의료 수요를 충분히 감당하기 위한 수준의 의료기관이 존재하더라도 환자의 장기적인 건강관리와 상급종합병원을 포함한 이용 조정이 체계적으로 이루어지지 않는 상황으로 인해 환자들이 지역의료를 신뢰하지 않고 경증·관리 가능한 문제조차 상급종합병원 외래나 응급실로 이동하며, 지역의료는 점차 쇠퇴되는 악순환을 겪고 있다.

주치의·일차의료 중심 전환은 지역의료를 의료이용의 '통과 지점'에서 '관리의 중심'으로 전환시킨다. 등록기반 주치의 팀이 지역 주민의 건강을 지속적으로 관리함으로써, 예방 가능 입원과 응급실 이용이 감소하고, 의료이용의 상당 부분이 지역 내에서 해결된다. 이는 지역의료기관의 역할과 정체성을 회복시키는 조건이다.

특히 농어촌과 의료취약지에서는 주치의 팀과 지역 네트워크가 공공의료와 협력하여 의료 접근성의 핵심 인프라로 기능한다. 방문·재택 진료, 원격 모니터링, 지역 돌봄 자원 연계를 통해 물리적 접근성의 한계를 보완할 수 있다. 이는 의료기관을 늘리지 않고도 실질적인 접근성을 개선하는 전략이다.

2) 필수의료에 미치는 영향

필수의료 위기의 본질은 인력 부족 이전에 자원의 왜곡된 사용이다. 경증·관리 가능한 환자가 상급병원 외래를 점유하면서, 중증·응급·고난도 진료에 집중되어야 할 인력과 시설이 분산되고 소모되고 있다.

주치의·일차의료 중심 체계에서는 경증 환자의 의료이용이 지역에서 관리되고, 상급병원은 중증·응급·전문 진료에 집중하게 된다. 이는 필수의료 자원을 보호하고, 의료인의 과도한 업무 부담과 번아웃을 완화하는 구조적 효과를 가져온다.

또한 고위험군 환자에 대한 사전 관리가 강화됨으로써, 갑작스러운 악화와 응급실 방문이 감소한다. 이는 필수의료를 위협하는 '예측 불가능한 과부하'를 줄이는 데 중요한 역할을 한다.

3) 공공의료에 미치는 영향

공공의료는 종종 '국가 소유 의료기관의 확대'로 오해되지만, 본 전환에서 공공성의 핵심은 소유가 아니라 기능이다. 즉, 얼마나 많은 의료기관을 소유하느냐가 아니라, 누가 취약계층을 보호하고, 지역의 필수 기능을 수행하는가가 공공성의 기준이다.

주치의·일차의료 중심 체계는 탈상품화(de-commodification)의 정도를 실질적으로 높인다. 취약계층과 고위험군이 시장 논리에서 배제되지 않고, 지속적인 관리 체계 안에서 보호받도록 설계되기 때문이다. 이는 공공의료를 별도의 체계로 분리하는 것이 아니라, 전체 의료체계 안에 공공성을 내재화하는 방식이다.

또한 Task shifting과 규모의 경제(economy of scale)를 통해 공공 기능을 효율적으로 수행할 수 있다. 다학제 팀과 지역 네트워크는 제한된 공공 재원을 가장 필요한 곳에 집중할 수 있는 구조를 제공하며, 이는 건강보험 재정의 안정성과도 직결된다.

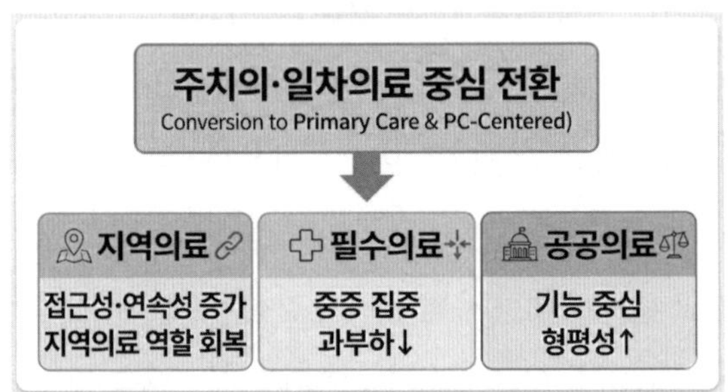

주치의·일차의료 중심 의료체계 전환은 지역의료, 필수의료, 공공의료를 각각 강화하는 개별 정책이 아니라, 하나의 구조 전환을 통해 세 영역을 동시에 회복시키는 통합 전략이다.

요약 박스

- 하나의 전환으로 세 영역 동시 개선
- 지역의료: 접근성·연속성 회복
- 필수의료: 중증·응급 집중 가능
- 공공의료: 소유가 아닌 기능 중심 공공성
- 재정 안정성과 건강 형평성 동시 제고

OECD. 2019. *Avoidable Hospital Admissions*. OECD Publishing.
OECD. 2010. *Reforming Health Care Systems*. OECD Publishing.
WHO. 2017. *Integrated Care for Older People(ICOPE)*. World Health Organization.
Bambra, C. 2016. *Health Divides*. Policy Press.
WHO. 2008. *Task Shifting: Global Recommendations*. World Health Organization.

12. 시범사업은 어떻게 설계해야 하는가

조건, 단계, 평가 전략

주치의·일차의료 중심 의료체계 전환은 단일 제도 도입으로 완성될 수 없다. 이는 의료 전달체계, 진료 방식, 지불 구조, 인력 운영, 정보 인프라가 동시에 변화하는 복합적 구조 전환이기 때문이다. 따라서 시범사업은 '모형 간 경쟁'이나 단기간의 가시적 성과를 목표로 하기보다, 전환이 실제로 작동하는 조건을 검증하는 학습 과정으로 설계되어야 한다.

1) 시범사업의 목적 재정의: 성과가 아닌 '작동 조건' 검증

기존 시범사업은 단기간의 숫자적 성과 지표에 과도하게 집중하는 경향이 있었다. 그러나 이는 성과 자체의 문제라기보다, 평가 시점과 평가 목적이 구조 전환의 속도와 맞지 않았던 데서 비롯된 한계이다. 그러나 구조 전환형 정책에서 초기 성과는 불안정할 수밖에 없으며, 숫자적 성과 중심 평가만으로는 실패 위험을 오히려 높일 수 있다. 본 이슈페이퍼는 시범사업의 초기 6~12개월의 목적을 '무엇이 작동하는가'가 아니라 '어떤 조건에서 작동하는가'를 확인하는 것으로 재정의할 것을 제안한다.

이를 위해 초기 시범사업은 보호된 학습 구간(protected learning period)으로 설정되어야 하며, 이 기간에는 의료기관과 지역이 새로운 역할과 운영 방식에 대해 충분히 학습하고 적응할 수 있도록 정책적 완충 장치가 제공되어야 한다.

2) 시범사업 기본 구조: 지역기반 네트워크 단위

시범사업은 개별 의원이나 단일 병원 단위가 아니라, 지역 단위 네트워크를 기본 단위로 설계해야 한다. 이는 주치의·다학제 팀, 병원, 요양·돌봄 자원이 실제로 연계되어 작동하는지를 검증하기 위함이다.

권장되는 기본 구조는 다음과 같다.

- 지역 일차의료 지원센터 1개소
- 주치의 역할을 수행하는 의원 네트워크(약 10개 내외)
- 다수의 지역 특성화 의원(수평적 의뢰를 위한 각 전문과 의원)
- 연계 병원 및 거점병원
- 지역 요양·돌봄 자원
- 공공의료기관 및 지자체

이 구조는 복지부가 검토 중인 여러 시범모형(병원-의원 연합형, 지자체 주도형, 공공형, 다학제 기반 대형 의원형)을 경쟁시키는 방식이 아니라, 공통의 작동 조건 위에서 다양성을 허용하는 방식으로 통합할 수 있다.

3) 단계적 확산 전략: 파일럿 → 확장 → 제도화

시범사업은 명확한 단계 구분을 전제로 설계되어야 한다.

- 1단계(파일럿): 2026년

소수 지역에서 네트워크 구성, 등록·관리 흐름, 정보 공유, 팀 기반 진료의 작동 여부 검증, 위험도 보정(HCC 기반)된 예측비용에 기반한 인당정액 시험 적용, 인프라 구축용 선지급(UIP) 고려

- 1.5단계(확장형 시범): 2027년

참여 지역 확대, 주치의 인증·교육 연계, 위험도 보정 인당정액 본격 적용

- 2단계(확산): 2028년

전국 17개 시·도 단위 확장, 가치기반 지불제와 평가 연계

- 3단계(정착): 2029년

법제화, 표준화, 성과지표 기반 운영

이러한 단계 구분은 정책 실패의 비용을 최소화하고, 학습 결과를 제도 설계에 반영할 수 있는 환류 구조를 가능하게 한다.

4) 평가 전략: 과정과 구조 평가 그리고 결과 평가

초기 시범사업 평가의 초점은 다음과 같은 구조·과정 지표에 두어야 한다.

- 주치의 등록·변경이 실제로 작동하는가
- 다학제 팀이 관리 계획을 공유하는가
- 병원-의원-요양 간 회송이 이루어지는가
- 환자경험과 신뢰가 개선되는가
- 의료인의 업무 부담이 관리 가능한 수준인가

하지만 궁극적으로는 결과측정 지표가 최종 평가의 기준이 되어야 하며 Triple Aim(환자경험, 건강지표, 효율성)의 달성 여부를 측정하되 반드시 보상 기전과 연계가 되어야 한다. 하지만 지불보상을 위한 평가는 구조가 안정화된 이후에나 도입할 수 있다.

그에 반하여 인프라 구축 및 개선을 지원하기 위해 초기 단계에 미리 지급되는 금액인 UIP(Upfront Infrastructure Payment)는 평가와 상관없이 제공되어야 한다.

5) 데이터·정보 인프라의 역할

시범사업의 성공 여부는 정보 인프라에 크게 좌우된다. 마이헬스웨이, 건강보험 청구자료, 임상 데이터가 주치의 팀과 네트워크 차원에서 활용될 수 있도록 상호운용 가능한 플랫폼이 구축되어야 한다. 환자 정보와 서비스 내용 공유를 위한 환자 케어툴이 포함되어 있어야 하며, 주치의가 많은 수의 등록환자를 원활히 관리할 수 있도록 행정적 업무를 줄여주는 임상결정보조도구/ AI 활용 비대면 상담 관리/ Care Gap 리마인더/ 환자군 Dash Board 기능 등이 함께 탑재되어야 한다. 데이터는 통제를 위한 도구가 아니라, 관리와 학습을 지원하는 백업 시스템으로 설계되어야 한다.

요약 박스

- 시범사업의 초기 목적은 숫자적 성과 경쟁이 아닌 작동 조건 검증
- 궁극적으로는 결과를 평가하여 보상과 연동
- 지역 네트워크 단위 설계가 필수
- HCC 기반 위험조정된 예측비용에 근거한 관리수가 책정
- 보호된 학습 구간 확보 및 인프라 구축을 위한 초기 선지급(UIP)
- 단계적 확산과 환류 구조
- 데이터는 통제 아닌 학습 도구

OECD. 2016. *Innovating Education and Training for Health Workers*. OECD Publishing.
WHO and UNICEF. 2020. *Operational Framework for Primary Health Care*. World Health Organization.
Best, A. et al. 2012. "Large-System Transformation in Health Care." *The Milbank Quarterly*.
NASEM. 2021. *Implementing High-Quality Primary Health Care*.

13. 공동행동 각 분과 의제와의 구조적 연결

일차의료 네트워크의 허브 역할

주치의·일차의료 중심 의료체계 전환은 공동행동 특정 분과의 단일 과제가 아니라, 공동행동이 제기해 온 여러 의제를 하나의 구조 안에서 결합하는 통합 프레임이다. 지금까지 논의된 중증환자경험, 응급의료, 의료사고 안전망, 보장성·재정, 돌봄 통합 등의 의제는 각각 중요하지만, 분절적으로 접근할 경우 정책 효과는 제한적일 수밖에 없다. 여기서는 주치의·일차의료 네트워크가 이러한 의제들을 현장에서 동시에 작동하게 만드는 구조적 허브임을 설명한다.

1) 중증환자경험분과와의 연결

중증환자경험 개선의 핵심은 치료 기술의 고도화만이 아니라, 의료 여정 전반의 연속성과 조정이다. 현재 중증환자는 병원 중심의 집중 치료 이후 지역으로 돌아왔을 때 관리 공백을 경험하는 경우가 많다. 주치의·다학제 팀과 지역 네트워크는 중증 치료 이후의 회송, 재활, 약물 관리, 일상 복귀 지원을 구조적으로 연결함으로써 치료 이후의 삶까지 포함하는 환자경험 개선을 가능하게 한다.

2) 응급의료분과와의 연결

응급의료의 부담 증가는 응급실 인프라 부족 이전에 사전 관리 부재에서 비롯된다. 주치의·일차의료 중심 체계에서는 고위험군 환자의 상태 변화를 사전에 모니터링하고, 악화 조짐이 있을 경우 Fast-Track으로 병원과 연계함으로써 응급실의 예측 불가능한 과부하를 줄인다. 이는 응급의료를 약화시키는 것이 아니라, 응급의료가 응급에 집중할 수 있도록 보호하는 구조다.

3) 환자안전강화분과와의 연결

환자안전사건과 의료분쟁 문제의 상당 부분은 개별 의료인의 실수보다 이행기(transition of care)에서의 정보 단절과 관리 부재에서 발생한다. 주치의·다학제 팀 기반 관리와 네트워크 연계는 전원·회송 과정에서의 정보 누락을 줄이고, 다제약물 관리와 환자 교육을 강화함으로써 사고 예방 중심의 안전망을 구축한다.

4) 보장성·재정분과와의 연결

보장성 강화와 재정 지속가능성은 대립되는 목표가 아니다. 주치의·일차의료 중심 전환은 예방과 관리, 적절한 의료이용을 통해 총의료비 증가 속도를 구조적으로 완화한다. 가치기반 혼합형 지불 구조는 재정 절감을 의료의 질 저하가 아닌 관리 성과의 결과로 연결하며, 이는 보장성과 재정 안정성을 동시에 추구하는 실질적 경로다.

5) 돌봄통합분과와의 연결

돌봄 통합은 제도 간 연계를 선언하는 것만으로는 달성되지 않는다. 의료-요양-돌봄을 실제로 연결하는 현장 책임 주체가 필요하다. 주치의·다학제 팀은 환자의 의료적 필요와 돌봄 필요를 함께 파악하고, 지역 자원과 연계함으로써 돌봄 통합을 일상적으로 구현한다. 이는 지역사회 의료-요양-돌봄 통합서비스가 현장에서 작동하도록 만드는 실행 구조다.

6) 수련개선분과와의 연결

수련 개선 문제는 단순히 교육 과정의 질이나 근무 여건의 문제가 아니라, 의료체계가 어떤 역할을 의료인에게 요구하는가와 직결된 구조적 문제다. 현재 수련 체계는 급성기 병원 진료와 단기 처치 중심으로 설계되어 있어, 예방·관리·조정·팀 기반 진료와 같은 일차의료 역량을 충분히 습득하기 어렵다.

주치의·일차의료 중심 의료체계는 수련의 내용과 환경을 근본적으로 변화시킨다. 지역기반 주치의·다학제 팀과 네트워크는 의과대학, 전공의, 간호·보건 전문 인력이 실제 환자 관리 전 과정을 경험할 수 있는 상시 교육장으로 기능한다. 이를 통해 수련은 단순한 진료 기술 습득을 넘어, 환자 여정 관리, 다학제 협업, 지역 자원 연계라는 미래 의료에 필수적인 역량 중심으로 재편될 수 있다.

또한 권역 단위 재교육센터(PRR)와 주치의 인증제는 의료인의 평생 역량 개발 경로를 제도적으로 보장함으로써, 수련 이후에도 지속적인 전문성 향상과 역할 확장을 가능하게 한다. 이는 수련 개선을 별도의 과제로 분리하지 않고, 의료체계 전환의 결과로 자연스럽게 달성하는 접근이다.

7) 의료소비자주권분과와의 연결

의료소비자 주권은 단순히 선택권 확대나 정보 제공 차원의 문제가 아니다. 진정한 소비자 주권은 환자가 자신의 건강과 의료이용에 대해 이해하고, 참여하며, 영향력을 행사할 수 있는 구조가 존재할 때 비로소 실현된다. 현재 의료체계에서 환자는 형식적으로는 의료기관 선택권을 가지지만, 실제로는 정보 비대칭과 구조적 복잡성 속에서 수동적인 이용자로 머무는 경우가 많다.

주치의·일차의료 중심 의료체계는 의료소비자 주권을 개별 환자의 역량 문제에서 구조의 문제로 전환시킨다. 환자는 주치의 팀을 선택·등록함으로써 자신의 건강관리 파트너를 명확히 정하고, 진료와 관리 과정에서 지속적인 설명과 상담, 의사결정 지원을 받는다. 이는 단발적 설명 동의(informed consent)를 넘어, 지속적 의사결정 참여(shared decision-making)가 가능해지는 조건이다.

또한 주치의·다학제 팀은 환자의 의료이용 데이터를 단절된 기록이 아니라, 환자 자신도 이해할 수 있는 관리 정보로 전환한다. 마이헬스웨이와 같은 개인 건강 정보 플랫폼과의 연계는 환자가 자신의 건강 상태와 관리 목표를 인지하고, 의료이용의 결과를 되돌아볼 수 있는 기반을 제공한다. 이는 의료소비자를 단순한 '이용자'가 아니라, 관리 과정의 공동 주체로 위치시키는 변화다.

중요한 점은, 이러한 소비자 주권 강화가 의료이용의 무제한적 확대를 의미하지 않는다는 것이다. 오히려 이해와 참여가 높아질수록 불필요한 검사와 진료에 대한 수용은 감소하고, 신뢰 기반의 관리 관계는 의료이용의 질을 높이는 방향으로 작동한다. 즉, 의료소비자 주권은 비용 증가 요인이 아니라, 의료체계의 합리화를 가능하게 하는 핵심 조건이다.

요컨대 주치의·일차의료 중심 네트워크는 의료소비자 주권을 구호나 권리 선언의 수준에 머물게 하지 않고, 일상적인 진료와 관리 구조 속에서 실질적으로 구현하는 장치다. 이는 공동행동이 지향하는 '이용자-공급자 공동행동'의 가장 직접적인 제도적 구현이라 할 수 있다. 요컨대 주치의·일차의료 중심 네트워크는 공동행동 각 분과의 의제를 대체하거나 흡수하는 것이 아니라, 각 의제가 현장에서 동시에 실현되도록 만드는 공통의 작동 기반이다. 이는 공동행동이 지향하는 '이용자-공급자 공동행동'의 철학을 구조적으로 구현하는 방식이기도 하다.

요약 박스

- 공동행동 분과 의제는 구조적으로 하나의 문제
- 주치의·일차의료 네트워크는 분과 의제의 현장 실행 허브
- 중증환자경험분과: 치료 이후까지 이어지는 연속관리로 중증환자의 의료 경험과 삶의 질 개선
- 응급의료분과: 사전 관리와 Fast-Track 연계로 응급실 과부하 완화 및 응급의료 집중도 제고
- 환자안전강화분과: 이행기 관리와 정보 연계 강화로 사고 이후 대응이 아닌 예방 중심 안전망 구축
- 보장성·재정분과: 예방·관리 기반 전환과 가치기반 지불모형으로 보장성과 재정 지속가능성 동시 강화
- 돌봄통합분과: 주치의·다학제 팀을 중심으로 의료-요양-돌봄의 현장 통합 구현
- 수련개선분과: 지역기반 팀 진료를 통해 관리·협업 중심의 미래 의료 역량 수련 체계화
- 의료소비자주권분과: 등록기반 주치의 제도로 환자를 의사결정의 공동 주체로 전환
- 이용자-공급자 공동행동의 철학을 제도로 구현

OECD. 2023. *PaRIS-Patient-Reported Indicator Surveys*. OECD Publishing.

OECD. 2020. *Emergency Care: Improving Performance*. OECD Publishing.

WHO. 2021. *Global Patient Safety Action Plan 2021-2030*. World Health Organization.

Berwick, D. M. et al. 2008. *The Triple Aim*. Health Affairs.

WHO. 2017. *Integrated Care for Older People(ICOPE)*. World Health Organization.

NASEM. 2021. *Implementing High-Quality Primary Health Care*. National Academies Press.

Elwyn, G. et al. 2012. "Shared Decision Making: A Model for Clinical Practice." *Journal of General Internal Medicine*.

OECD. 2015. *Patient Empowerment and Health Outcomes*. OECD Publishing.

14. 법·제도 기반 정비 방향

일차의료 중심 전환의 지속가능성 확보

주치의·일차의료 중심 의료체계 전환은 시범사업이나 행정 지침만으로는 지속가능할 수 없다. 의료 전달체계, 지불제도, 인력 양성, 데이터 활용이 함께 변화하는 구조 개혁은 명확한 법적 근거와 제도적 안정성이 뒷받침될 때 비로소 일회성이 아닌 국가 전략으로 작동한다. 따라서 지금까지 제시한 구조 전환을 법적·제도적으로 고정하기 위한 핵심 방향을 제시하고자 한다.

1) 일차의료 강화 특별법의 필요성

현재 우리나라 보건의료 관련 법체계는 의료법, 국민건강보험법, 지역보건법, 장기요양보험법 등으로 분절되어 있으며, 일차의료를 의료체계의 중심으로 위치시키는 포괄적인 법적 틀은 부재하다. 이로 인해 주치의 제도, 팀 기반 진료, 지역 네트워크는 개별 시범사업이나 행정사업 형태로 반복 도입·중단되는 한계를 보여왔다.

일차의료 강화 특별법은 이러한 분절을 보완하여, 주치의·일차의료 중심 의료체계 전환의 기본 원칙과 국가의 책무를 명시하는 '상위 법적 프레임'으로 기능해야 한다. 이는 기존 법률을 대체하기보다는, 각 법률을 연결하고 방향성을 제시하는 역할을 한다.

2) 건강 주치의 제도의 법적 근거 명시

특별법의 핵심 내용 중 하나는 건강 주치의 제도의 법적 근거 명시다. 이는 예방·치료·관리를 포괄하는 주치의 역할을 제도적으로 정의하고, 등록기반 관리, 팀 기반 진료, 지역 연계를 가능하게 하는 법적 토대를 제공한다.

중요한 점은 법률에서 제도의 세부 설계를 과도하게 고정하지 않는 것이다. 대상, 참여 방식, 운영 모델 등은 대통령령 및 하위 규정에 위임함으로써, 지역 특성과 정책 환경 변화에 따라 유연하게 설계·확장할 수 있도록 하는 구조가 바람직하다.

3) 국가와 지방자치단체의 책무 규정

주치의·일차의료 중심 의료체계는 특정 지역이나 특정 의료기관의 선택 사항이 아니라, 전국 어디서나 접근 가능한 기본 의료 인프라가 되어야 한다. 이를 위해 특별법은 국가와 지방자치단체의 책무를 명확히 규정할 필요가 있다.

국가는 제도 설계, 재정 지원, 지불제도 운영, 데이터 인프라 구축의 책임을 지고, 지방자치단체는 지역기반 네트워크 구축, 일차의료 지원센터 운영, 지역 자원 연계를 담당하는 역할 분담 구조가 법적으로 명시되어야 한다. 이는 중앙-지방 간 책임 전가를 방지하고, 제도의 안정적 운영을 담보한다.

4) 지불제도·데이터·인력 정책과의 연계 근거

법·제도 기반 정비는 주치의 제도만을 규정하는 데 그쳐서는 안 된다. 가치기반 지불제도, 혼합형 지불 구조, 데이터 연계 활용, 수련 및 평생교육 체계가 상호 연동되는 근거가 법률 차원에서 마련되어야 한다.

특히 건강보험 청구자료와 임상 데이터의 연계, 마이헬스웨이와 같은 개인건강 정보 플랫폼 활용은 개인정보 보호 원칙을 전제로 하되, 관리와 공익적 목적의 데이터 활용을 명확히 허용하는 규정이 필요하다. 이는 관리 책임을 요구하면서 데이터 활용을 제한하는 정책적 모순을 해소하기 위한 필수 조건이다.

5) 법제화의 정책적 의미

일차의료 강화 특별법 제정의 정책적 의미는 단순히 새로운 제도를 도입하는 데 있지 않다. 이는

- **룰**(rule) 주치의·일차의료 중심 의료체계라는 국가의 방향 명시
- **돈**(money) 지속가능한 재정 지원과 지불제도 개편의 법적 근거
- **사람**(people) 의료인·이용자·지역이 참여할 수 있는 안정적 제도 환경

을 동시에 담보하는 핵심 인프라다.

법제화는 주치의 제도를 강제하기 위한 수단이 아니라, 선택과 참여가 지속가능하도록 보호하는 제도적 장치다. 이를 통해 주치의·일차의료 중심 전환은 정권이나 정책 기조 변화에 좌우되지 않는 중장기 국가 전략으로 자리 잡을 수 있다.

다만 법제화는 속도보다 완성도가 중요한 과제이며, 충분한 준비 없이 성급하게 추진되어서는 안 된다. 미완성된 상태에서 유연성이 결여된 법제화는 제도의 안정성을 높이기보다, 오히려 향후 제도 개선과 확산을 제약하는 장치로 작용할 위험이 있다.

따라서 법제화는 시범사업의 운영 결과와 현장의 경험을 면밀히 분석한 이후, 차분하지만 철저한 준비 과정을 거쳐 완성도 높은 형태로 단계적으로 추진

되어야 할 것이다. 이를 통해 주치의 제도는 실험적 정책을 넘어 지속가능한 공공제도로 안착할 수 있을 것이다.

요약 박스

- 일차의료 전환은 시범사업만이 아닌 법적 프레임 필요
- 일차의료 강화 특별법은 방향을 정하는 상위 법체계
- 건강 주치의 제도의 법적 근거 명시
- 국가-지자체 책무 분담의 제도화
- 지불·데이터·인력 정책의 구조적 연계
- 제도는 강제가 아니라 지속가능한 선택을 보호

WHO and UNICEF. 2020. *Operational Framework for Primary Health Care*. World Health Organization.
OECD. 2020. *Realising the Potential of Primary Health Care*. OECD Publishing.
OECD. 2016. *Health in Cities*. OECD Publishing.
OECD. 2015. *Health Data Governance*. OECD Publishing.

15. 기대 효과와 정책적 파급력

국민·의료계·국가 차원의 구조적 변화

주치의·일차의료 중심 의료체계 전환은 단일 제도의 도입 효과를 넘어, 의료이용 방식·전달체계·재정 구조·인력 생태계 전반에 연쇄적인 변화를 유도하는 구조 개혁이다. 여기서는 이 전환이 국민, 의료계, 국가 차원에서 가져올 기대 효과와 중장기 정책적 파급력을 정리한다.

1) 국민에게 미치는 효과

주치의·일차의료 중심 체계에서 국민이 가장 크게 체감하는 변화는 '항상 연결되어 있다는 감각'이다. 등록기반 주치의·다학제 팀은 국민이 의료 문제가 발생할 때마다 새로운 선택을 반복하지 않아도 되는 구조를 제공한다. 이는 의료 접근성을 단순히 물리적 거리의 문제가 아니라, 연속성과 신뢰의 문제로 전환시킨다.

지속적인 관리와 조기 개입을 통해 중증화와 예방 가능 입원이 감소하고, 응급실 이용 역시 안정화된다. 특히 다제약물 관리, 이행기 관리, 고위험군 집중관리는 환자안전을 실질적으로 향상시키는 핵심 요소다. 이는 단순한 의료이용 감소가 아니라, 의료이용의 질적 전환이다.

또한 환자군 분류 기반 관리와 의료소비자 주권 강화는 취약계층과 취약지의 접근성을 개선하고, 건강 격차를 완화하는 효과를 가져온다. 이는 '아픈 사람이 더 불리해지는 구조'를 완화하는 방향의 체계적 개입이다.

2) 의료계에 미치는 효과

의료계 차원에서의 가장 중요한 효과는 전문성의 재정의와 업무 구조의 안정화다. 주치의·다학제 팀 기반 진료는 의료인의 역할을 단순한 진료 행위 제공자에서, 관리·조정·협업을 수행하는 전문직으로 확장한다. 이는 의료인의 직무 만족도와 전문직 정체성을 회복하는 데 기여한다.

예측 가능한 보상 구조(위험도 보정 인당정액, Shared Savings, 성과보상)는 의료인의 수입 변동성을 완화하고, 장기적 관점의 환자 관리를 가능하게 한다. 팀 기반 관리는 업무 부담을 개인에게 집중시키지 않고 분산함으로써, 번아웃과 이탈을 구조적으로 줄이는 효과를 가진다.

대형병원과 상급종합병원 역시 이 전환의 수혜자다. 경증 외래 중심의 수익 구조에서 벗어나, 중증·입원·전문 진료에 집중할 수 있는 환경이 조성되며, 이는 필수의료의 지속가능성을 높인다.

3) 국가와 사회에 미치는 효과

국가 차원에서 주치의·일차의료 중심 전환은 건강보험 재정의 구조적 안정화 전략이다. 예방·관리 중심의 의료이용 전환은 총의료비 증가율을 완만하게 하고, Shared Savings 구조는 재정 효율화의 성과를 의료의 질 저하 없이 달성할 수 있는 경로를 제공한다.

의료 전달체계의 정상화는 수도권·대형병원 쏠림을 완화하고, 지역기반 의료·요양·돌봄 네트워크를 강화한다. 이는 의료 접근성 문제를 의료기관 증설이 아닌 체계 설계의 문제로 해결하는 접근이다.

아울러 재택의료, 방문진료, 디지털 헬스, 데이터 기반 관리 영역에서 새로운 일자리와 산업 생태계가 형성된다. 이는 보건의료를 비용 부담 영역이 아니라, 사회적 투자와 고용 창출 영역으로 재정의하는 효과를 가진다.

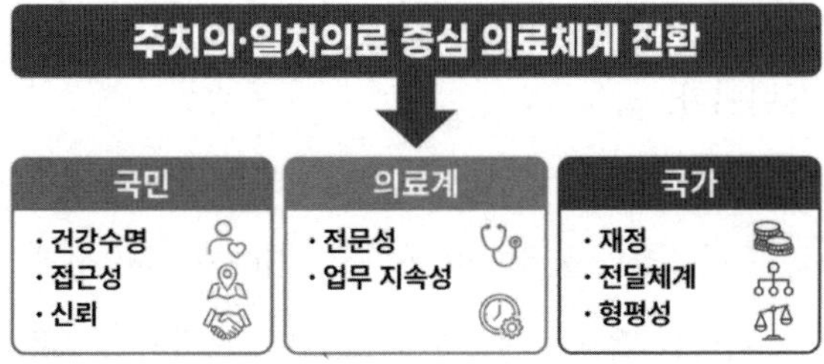

주치의·일차의료 중심 의료체계 전환은 국민의 의료 경험, 의료인의 업무 환경, 국가의 재정과 전달체계를 동시에 개선하는 구조적 개혁이다. 이는 단기 성과가 아니라 중장기적 사회적 투자 효과를 창출한다.

요약 박스

- 국민: 연속관리로 안전·삶의 질·신뢰 향상
- 의료계: 전문성 회복, 예측 가능한 보상, 번아웃 완화
- 국가: 재정 안정화, 전달체계 정상화, 형평성 제고
- 산업·사회: 재택·디지털 헬스 기반 일자리와 혁신 창출
- 총평: 의료비 절감이 아닌 의료체계 가치 상승

OECD. 2023. *Patient-Reported Indicator Surveys(PaRIS).* OECD Publishing.
WHO. 2021. *Global Patient Safety Action Plan 2021-2030.* World Health Organization.
Bodenheimer, T., and Sinsky, C. 2014. *From Triple Aim to Quadruple Aim.* Annals of Family Medicine.
OECD. 2010. *Reforming Health Care Systems.* OECD Publishing.
OECD. 2016. *Better Ways to Pay for Health Care.* OECD Publishing.
WHO. 2020. *Digital Health Strategy.* World Health Organization.

16. 결론 및 정책 제안

일차의료 중심 전환은 선택이 아닌 국가 전략이다

본 이슈페이퍼는 우리나라 보건의료체계가 직면한 문제를 단기적 성과나 개별 제도의 미비가 아니라, 의료체계의 작동 구조 자체의 문제로 진단했다. 고령화와 다질환 구조로의 전환, 병원 중심·분절적 의료이용, 관리 책임의 부

재, 의료인의 소진과 필수의료 위기는 서로 다른 문제가 아니라 동일한 구조적 한계의 다른 표현이다.

지금까지 우리나라 의료는 뛰어난 의료인 개인의 역량과 높은 접근성에 힘입어 일정 수준의 건강성과를 유지해 왔다. 그러나 이러한 성과는 점점 더 많은 비용과 헌신, 위험을 전제로 유지되고 있으며, 현재의 구조로는 성과의 지속가능성을 담보하기 어렵다. 이는 의료의 질이 낮아서가 아니라, 질을 지탱하는 구조가 취약하기 때문이다.

이에 본 이슈페이퍼는 해결책으로서 등록기반 주치의·일차의료 중심 의료체계로의 구조 전환을 제안했다. 이 전환의 핵심은 의료이용을 통제하거나 의료기관을 재배치하는 것이 아니라,

- 누가 조정·관리의 중심 역할을 수행하는가
- 어떻게 관리가 지속되는가
- 성과가 어떻게 보상되는가

라는 의료체계의 기본 질문에 명확한 답을 부여하는 데 있다.

주치의·다학제 팀, 지역기반 의료·요양·돌봄 네트워크, 환자군 분류에 따른 차등 관리, Shared Savings 결합 행위별 수가 포함 가치기반 지불 구조, 데이터 기반 관리 인프라, 그리고 이를 뒷받침하는 법·제도는 각각 독립된 정책이 아니라 하나의 전환 논리를 구성하는 상호의존적 요소다. 이 중 어느 하나만 도입해서는 구조 변화가 일어나지 않으며, 과거 시범사업과 같은 한계가 반복될 수밖에 없다.

중요한 점은, 본 전환이 의료계·이용자·국가 중 어느 한 주체의 이익만을 위한 정책이 아니라는 것이다. 이는

• 국민에게는 연속성과 안전을 갖춘 의료 경험을,
• 의료인에게는 전문성과 지속가능한 업무 구조를,
• 국가에는 재정 안정성과 전달체계 정상화를 동시에 제공하는 공동의 출구 전략이다.

무엇보다 이 전환은 의료계를 통제하기 위한 정책이 아니라, 의료계가 더 불리한 통제 모델로 밀려나기 전에 주도권을 가지고 선택할 수 있는 구조 개혁의 마지막 기회라는 점에서 전략적 의미를 가진다. 지금의 선택이 향후 수십 년간 우리나라 의료의 방향을 결정할 것이다.

정책 제안(요지)

1. 등록기반 주치의·다학제 팀 모델의 국가 표준화
   ○ 자발적 선택·등록을 원칙으로 한 주치의 제도 도입
   ○ 관리 책임은 환자 개별 환자가 아닌 등록 환자 집단
   ○ 수행은 팀 단위로 분담

2. 지역기반 의료·요양·돌봄 네트워크 구축을 기본 단위로 한 정책 설계
   ○ 개별 기관이 아닌 지역 네트워크 단위 시범사업
   ○ 일차의료 지원센터를 허브로 한 지속가능 구조 마련

3. 가치기반 혼합 지불 구조로의 전환
   ○ 단순 수가 인상이 아닌 지불 구조 개편

- 위험도 보정 인당정액 + 행위별 수가 with Shared Savings + 성과보상 결합
- ‘관리하지 않아도 되는 참여’가 불가능한 설계

4. 환자군 분류(1~4군)에 따른 차등 관리와 자원 집중 전략 채택
   - 고위험군에 충분한 관리 자원 집중
   - 예방·관리·재택·완화의 연속 스펙트럼 구축

5. 수련·평생교육 체계 개편을 통한 인력 역량의 구조적 강화
   - 지역기반 팀 관리 현장(네트워크 일차의료 의원 및 지역 일차의료 지원센터)을 상시 수련장으로 활용
   - 주치의 인증제 및 권역 재교육센터(PRR) 제도화

6. 일차의료 강화 특별법 제정을 통한 제도·재정·책무의 법적 고정화
   - 건강 주치의 제도의 법적 근거 명시
   - 국가-지자체 역할 분담 명확화
   - 지불·데이터·인력 정책의 구조적 연계 담보

최종 메시지

일차의료 중심 주치의 제도는 의료를 더 통제하기 위한 정책이 아니라,
의료가 더 이상 무너지지 않게 하기 위한 국가 전략이다.
지금의 선택은 단기적 성과의 문제가 아니라,
우리 사회가 어떤 의료체계를 다음 세대에 남길 것인가에 대한 결정이다.

17. FAQ

정책·현장·이용자 관점의 핵심 쟁점 정리

주치의·일차의료 중심 의료체계 전환은 구조적 변화인 만큼, 정책 설계 단계에서 다양한 우려와 질문이 제기될 수밖에 없다. 이러한 우려를 회피하기보다, 제도의 설계 논리 안에서 정면으로 다루고 답변하는 것이 전환의 성공 가능성을 높인다. 여기서는 실제 정책 논의 과정에서 반복적으로 제기될 가능성이 높은 질문들을 중심으로 그에 대한 답변을 정리한다.

Q1. 주치의 제도는 의료기관 선택의 자유를 제한하지 않는가?

A. 아니다. 선택권은 유지되며, 관리 책임만 명확해진다.

등록기반 주치의 제도는 의료기관 이용을 제한하는 제도가 아니다. 국민은 주치의 팀을 자발적으로 선택·등록하며, 필요 시 변경도 가능하다. 병원과 전문의 이용 역시 제한되지 않는다. 다만 의료이용이 단절적으로 이루어지지 않도록, 주치의 팀이 연결과 조정의 역할을 수행할 뿐이다. 이는 자유를 축소하는 것이 아니라, 자유로운 선택이 안전하게 작동하도록 돕는 구조다.

Q2. 결국 경증 환자를 병원에서 못 가게 막는 제도 아닌가?

A. '금지'가 아니라 '유인 구조'의 변화다.

이 제도는 경증 환자의 병원 이용을 행정적으로 제한하지 않는다. 대신, 지역에서 충분히 관리받을 수 있는 구조를 만들고, 그 과정에서 불필요한 병원 이용이 줄어들도록 인센티브를 재설계한다. 병원은 중증·전문 진료에 집중할 수 있고, 환자는 더 가까운 곳에서 더 지속적인 관리를 받게 된다.

Q3. 의료비 절감을 위해 진료를 줄이려는 정책 아닌가?

A. 아니다. 진료 '억제'가 아니라 '적절성'의 문제다.

본 전환의 목표는 의료비 총액을 인위적으로 줄이는 것이 아니라, 예방 가능 입원·응급실 이용·중복 진료를 줄이는 구조를 만드는 것이다. 처음에는 오히려 초기 투자 비용이 많이 필요할 것이다. 따라서 장기적으로 볼 때 결과적으로 나타나는 의료비 절감 효과는 자연적으로 따라오는 결과다. 예를 들어 행위별 수가 부분에 적용되는 공유절약(Shared Savings)은 질 지표와 환자경험을 충족할 때만 적용되며, 진료 축소로 인한 절감은 보상 대상이 아니다. 이는 비용 절감 정책이 아니라, 서비스의 양이 아닌 가치(질+효율성)의 증가에 대해 보상하는 가치기반 의료로의 전환 전략이다.

Q4. 의료인의 업무 부담이 오히려 늘어나는 것 아닌가?

A. 단기적으로는 역할 조정이 필요하나, 중장기적으로는 부담이 분산된다.

초기에는 팀 구성과 역할 재정립에 따른 학습 부담이 있을 수 있다. 그러나 다학제 팀 기반 진료는 업무를 개인에게 집중시키지 않고 분담함으로써, 장기적으로 의료인의 과중한 책임과 번아웃을 완화한다. 관리 책임은 명확해지지만, 수행은 팀이 함께한다. 또한 데이터베이스화, 행정자동화, 관리도구플랫폼, IT, AI 등의 적용으로 의료인/공급자들이 환자 관리에 더욱 집중할 수 있도록 하는 노력이 필요하다.

Q5. 단독 개원의나 소규모 의원은 참여하기 어렵지 않은가?

A. 지원센터를 통해 팀 기능을 보완하도록 설계되어 있다.

다학제 팀을 자체적으로 구성하기 어려운 의원을 위해, 지역 일차의료 지원센터가 인력·ICT·케어코디네이션을 지원한다. 이는 규모가 작은 의료기관도 동일한 관리 기능을 수행할 수 있도록 하는 형평성 장치다.

Q6. 대형병원·상급종합병원은 수익이 줄어들지 않는가?

A. 외래 중심 구조에서 벗어날 기회를 제공한다.

현재 대형병원은 경증 외래진료로 수익을 보전하는 구조에 놓여 있다. 주치의·일차의료 중심 전환은 병원이 중증·입원·전문 진료에 집중할 수 있도록 환자 흐름을 재정렬한다. 이는 병원의 역할을 축소하는 것이 아니라, 본연의 기능을 회복할 수 있는 구조적 전환이다.

Q7. 개인정보와 데이터 활용에 대한 우려는 어떻게 해소하는가?

A. 통제가 아닌 '관리와 공익 목적' 중심으로 설계한다.

데이터 활용은 개인정보 보호 원칙을 전제로 하되, 본인의 자발적인 동의가 있을 때만 활용 가능한 것이 전제되고 등록 환자 관리와 안전 확보를 위한 공익적 목적에 한해 제한적으로 활용된다. 환자 접근권과 설명 책임을 강화함으로써, 데이터 활용에 대한 신뢰를 높이는 것이 핵심이다.

Q8. 왜 지금 이 전환이 필요한가? 나중에 해도 되지 않는가?

A. 고령화·다질환 구조에서는 '지연'이 곧 비용과 위험의 확대다.

현재의 병원 중심 구조는 이미 고령화·만성질환 시대와 불일치하고 있다. 전환을 미룰수록 의료비와 필수의료 붕괴 위험은 커진다. 지금은 제도를 설계하고 학습할 수 있는 마지막 정책적 여지의 시기다.

Q9. 우리나라 일차의료의 질환별 건강성과(health measure)는 이미 세계적으로 낮지 않다. 그런데 왜 주치의 제도가 필요한가?

A. 문제는 '질의 평균'보다 '관리 구조와 지속가능성'이다. 관리의 질을 보여주는 예방 가능한 입원율을 봐야 한다. 우리는 당뇨, 고혈압 입원율이 OECD 평균보다 높다.

우리나라의 일부 질환별 건강 지표가 국제 비교에서 결코 낮지 않다는 것은 사실이다. 이는 의료 접근성이 높고, 의료인의 임상 역량이 우수하다는 점을 보여주는 중요한 성과다. 하지만 대한민국의 고혈압·당뇨병 관리 현황을 OECD 평균과 비교하면, OECD는 국가별로 측정 방식이 다른 '단순 조절률(%)'보다는, 일차의료에서 관리가 잘 되었다면 입원할 필요가 없는 '예방 가능한 입원율(Avoidable Hospital Admission Rates)'을 주요 비교 지표로 사용한다. 한국은 병원 문턱이 낮아 환자들이 약을 타기는 쉽지만, 생활 습관 교정이나 지속적인 상담이 부족해 증상이 악화되어 입원하는 비율이 OECD 평균보다 높다.

OECD 국가들은 의사가 환자의 혈압·혈당을 지속적으로 모니터링하여 입원을 예방하는 반면, 한국은 약물 처방 위주의 짧은 진료(3분 진료)가 많아 이러한 '예방적 관리' 지표가 떨어지는 것이다. 따라서 결론은 다음과 같다

첫째, 현재의 건강성과는 '구조적 관리의 결과'라기보다 '개별 의료이용의 누적 결과'에 가깝다. 환자가 여러 의료기관을 오가며 반복 진료와 검사를 통해 성과를 만들어내고 있지만, 이 과정에서 중복·과잉 이용, 다제약물, 이행기

『OECD 한눈에 보는 보건의료 2025』로 보는 우리나라 보건의료의 질

구분	한국(건/인구 10만 명)	OECD 평균	상태
당뇨병 입원율	159.0명	111.0명	한국이 더 높음(부정적)
고혈압 입원율	(지속 감소 추세)	(국가별 편차 큼)	OECD 평균 상회 수준 유지

자료: *OECD Health at a Glance 2025.*

관리 부재라는 위험이 함께 누적되고 있다. 즉, 성과는 유지되고 있으나 관리 책임은 누구에게도 명확히 귀속되지 않는 구조다.

둘째, 평균 지표는 문제를 가린다. 우리나라 일차의료 성과는 환자군 간 격차가 크고, 고령·다질환·취약계층으로 갈수록 관리의 질과 연속성이 급격히 떨어진다. 이는 단일 질환 중심의 성과지표로는 포착되지 않는 문제이며, 바로 이 지점에서 주치의 기반의 지속·포괄 관리 구조가 필요하다.

셋째, 현재 성과는 비용과 자원 투입에 크게 의존하고 있다. 높은 외래 이용률과 병원 접근성은 단기적으로는 좋은 지표를 만들 수 있지만, 고령화·만성질환 증가 국면에서는 의료비 급증과 필수의료 붕괴로 이어질 위험이 크다. 주치의 제도는 성과를 낮추기 위한 정책이 아니라, 현재의 성과를 더 적은 위험과 더 낮은 사회적 비용으로 유지하기 위한 구조 전환이다.

넷째, 주치의 제도의 목적은 건강 지표를 '더 높이기'보다, 성과를 '안전하고 공정하게, 지속가능하게 유지'하는 데 있다. 다제약물 관리, 이행기 관리, 예방가능 입원 감소, 환자경험과 안전성은 기존 질환별 지표만으로는 충분히 평가되지 않지만, 고령사회에서는 핵심적인 성과 영역이다.

마지막으로, 국제적으로도 일차의료 성과가 좋은 국가일수록 주치의·등록 기반 관리 체계를 갖추고 있다. 이는 성과가 나빠서 주치의를 도입한 것이 아니라, 성과를 장기적으로 유지하기 위해 주치의 구조를 선택한 것이다.

요컨대,

주치의 제도는 '일차의료가 못해서' 필요한 것이 아니라, '지금의 성과를 앞으로도 유지하기 위해' 필요한 제도다.

Q10. 많은 책임을 주치의에게 요구하면서 수가만 조금 올려주면, 결국 과거 시범사업들처럼 구조 변화 없이 최소한의 '추가 행위만 늘어난 제도'로 끝나는 것 아닌가?

A. 그 위험은 현실적이며, 그래서 본 제안은 '수가 인상'이 아니라 '구조 전환'을 전제로 설계되었다.

이 우려는 충분히 타당하다. 실제로 과거 여러 시범사업은

- 책임은 확대되었으나
- 지불 구조와 업무 구조는 그대로인 채
- 일부 관리 행위와 수가만 추가되어 결국 기존 진료 위에 업무 부담만 덧씌워진 사례로 남았다.

본 제안이 과거 시범사업과 근본적으로 다른 지점은, 책임을 요구하는 방식이 아니라, 책임이 작동하도록 '구조를 바꾸는 데' 초점을 둔다는 점이다.

첫째, 책임은 '행위'가 아니라 '구조'에 부여된다.

과거 시범사업의 문제는

- "이것도 해라, 저것도 해라"는 행위 요구는 있었지만
- 환자 관리의 책임 주체와 단위가 명확하지 않았다는 데 있다.

본 제안에서는

- 책임은 개별 행위가 아니라 등록 환자 집단에 귀속되며

• 성과와 보상은 환자군 단위·팀 단위로 평가된다.

즉, 더 많은 행위를 하면 보상받는 구조가 아니라, 관리 결과가 달라질 때 보상이 발생하는 구조다.

둘째, 단순 수가 인상이 아니라 지불 구조 자체를 바꾼다.

본 제안의 핵심은 "수가를 조금 올려주는 것"이 아니라 행위별 수가(with Shared Savings) + 위험도 보정 인당정액 + 성과보상의 결합이다.

이 구조에서는 관리하지 않으면 → 추가 보상이 발생하지 않고 환자 상태가 개선되고 불필요한 이용이 줄어들 때만 → 성과가 공유된다.

따라서 단순히 전화 몇 번 더 하고 서류 몇 개 더 쓰는 방식으로는 추가 수익을 만들 수 없도록 설계되어 있다.

셋째, 팀과 네트워크 없이 '주치의 개인'에게 책임을 묻지 않는다.

과거 시범사업의 또 다른 실패 요인은

• 책임은 개인에게
• 수행은 개인에게
• 보호장치는 없는 구조였다는 점이다.

본 제안에서는

• 주치의는 관리 책임의 리더이되
• 수행은 다학제 팀과 지역 네트워크가 분담한다.

팀과 네트워크가 작동하지 않으면 제도 자체가 작동할 수 없도록 설계 조건 자체에 팀·네트워크를 포함시켰다.

넷째, '관리하지 않아도 되는' 선택지가 사라진다.

과거 시범사업에서는 참여는 했지만 기존 진료 방식을 그대로 유지하더라도 큰 불이익이 없었다.

본 제안에서는 등록 환자 집단의 결과가 총의료비, 입원·응급 이용, 환자경험으로 가시화되고 그 결과가 지불과 연계된다.

즉, "아무것도 안 바꿔도 되는 참여"가 구조적으로 불가능하다.

다섯째, 이 전환이 실패하면 '다음은 더 강한 통제'가 온다.

의료계 내부적으로 가장 솔직하게 말하자면,

- 이 전환을 의료계가 주도하지 못하면 다음 단계는
  - 더 강한 규제
  - 더 직접적인 통제
  - 더 불리한 방식의 관리 모델이다.

이 제안은 의료계가 주도권을 가진 상태에서 구조를 바꿀 수 있는 거의 마지막 창구에 가깝다.

결론적으로 이 제안은 "책임만 늘리는 주치의 제도"가 아니라, "책임이 작동하지 않으면 성립하지 않는 구조 전환 모델"이다.

과거 시범사업과 달라지지 않는다면, 그것은 제도가 잘못 설계된 것이고 그 점을 인정한 상태에서 아예 다른 방식으로 설계하고 있다는 것이 본 답변의 핵심이다.

Q11. 외부 검진 결과까지 주치의가 모두 관리하고 책임져야 하는가?

A. 현재 의료시스템에서는 불가능하다. 그래서 본 이슈페이퍼는 '그것이 가능하고, 환자와 의료인 모두에게 안전한 구조'를 제안한다.

현행 의료체계에서는 외부 기관에서 시행된 종합검진 결과까지 주치의가 모두 확인·기억·관리하고 그 결과에 대해 실질적인 관리책임을 지는 것이 현실적으로 불가능하다. 제한된 진료 시간, 분절된 정보 체계, 행위별 수가 중심의 지불 구조뿐 아니라, 환자안전과 의료사고에 대한 제도적 안전망이 충분히 구축되지 않은 상황에서는 이러한 요구가 의료인 개인에게 과도한 위험으로 전가될 수밖에 없다.

현재 시스템에서는 외부 검진 결과를 "한 번 봐준 것"과 "관리 책임을 진 것"의 경계가 불분명하며, 이는 의료인에게 법적·윤리적 불안을 초래한다. 따라서 제한적인 상담 범위를 명확히 하고, 일부 정보만 선별적으로 활용하는 현장의 관행은 책임 회피가 아니라 현행 제도하에서 환자안전와 의료인 보호를 동시에 고려한 불가피한 선택이다.

본 이슈페이퍼가 제시하는 한국형 주치의 모형은, 이러한 개인적 부담과 위험을 전제로 하지 않는다. 오히려 환자안전과 의료사고 대응을 제도적으로 보호하는 구조를 전환의 필수 조건으로 명시한다.

이 모형에서는 환자의 검사·진료·돌봄 정보가 기관 간 자동으로 연계·공유되고, 주치의·다학제 팀은 케어툴을 통해 이를 체계적으로 활용한다. 관리 책임은 개인 의사에게 귀속되지 않으며, 팀과 시스템 단위의 관리 책임(accountability)으로 구조화된다. 이와 함께, 관리 과정에서 발생할 수 있는 위험과 불확실성은 의료사고 안전망과 제도적 보호장치를 통해 흡수되도록 설계된다.

또한 이 모형에서 보상은 특정 관리 행위 그 자체에 대해 주어지는 것이 아니다. 정보를 더 많이 보고 더 많은 일을 했기 때문에 보상을 받는 구조가 아니라, 이러한 관리 구조를 통해 환자의 건강 상태가 실제로 개선되고 불필요한 입원·응급 이용이 감소하는 결과가 나타났을 때, 그 성과가 가치기반 지불 모형을 통해 공급자에게 환류되는 구조이다.

즉, 환자 정보의 종합적 활용과 지속적 관리는 '추가적인 책임'이 아니라, 환자안전이 보장된 조건하에서 작동하는 기본 서비스가 되며, 그 결과가 공급자에게도 합리적으로 보상되는 구조다.

결국 본 이슈페이퍼가 제안하는 한국형 주치의 모형의 핵심은 첫째, 불완전한 안전망하에서 개인에게 책임을 전가하지 않는 것이며, 둘째, 환자안전·의료사고 안전망, 정보공유 시스템, 케어툴, 가치기반 지불이 함께 작동할 때만 주치의 관리책임이 성립하도록 설계하는 것이다.

이러한 구조 전환 없이 주치의에게 더 많은 정보 관리와 관리책임만을 요구하는 접근은 지속가능하지 않다. 반대로, 환자안전과 의료인 보호가 제도적으로 담보된 구조가 구축된다면, 오늘날 '불가능한 서비스'로 여겨지는 일들은 주치의에게 부담이 아닌 표준적이고 일상적인 진료의 일부가 될 수 있을 것이다.

18. 일차의료 혁신 시범사업 정부안(12/23/2025)에 대한 의견

시범사업안의 한계와 성공적인 시범사업을 위한 보완 대안

1) 환자 본인부담 구조가 주치의 서비스를 '기본 권리'가 아닌 '선불 서비스'로 전환시키는 문제

(1) 문제 설명

정부안은 주치의 서비스 이용에 대해 환자 본인부담금 20%를 적용하고, 이를 연 단위로 사전 납부하는 구조를 고려하고 있다. 이 방식은 제도적으로는 기존 건강보험 본인부담 구조의 연장선에 있으나, 실제 환자 입장에서는 아직 경험하지 못한 서비스에 대해 선불로 비용을 지불하는 형태로 인식될 가능성이 크다. 그 결과 주치의 서비스가 공적 보장 서비스라기보다, 이용자가 선불로 비용을 지불해야 하는 선택적 서비스로 인식될 위험이 있다.

(2) 추측되는 설계 과정에서의 고민

이는 건강보험 재정의 추가 투입을 최소화하면서도 환자의 책임 있는 참여를 유도하려는 정책적 판단에서 비롯된 것으로 보인다. 또한 기존 만성질환관리사업의 본인부담 구조를 준용함으로써 제도 간 형평성을 유지하려는 고려도 작용했을 가능성이 있다.

(3) 예상되는 결과

그러나 본인부담액이 증가하는 선불적 본인부담 구조는 시범사업 초기 참여를 제약하는 주요한 제도적 장애 요인으로 작용할 가능성이 크다. 이용자/환자들이 시범사업 참여를 주저하게 만드는 요인이 될 수 있으며, 특히 의료이용 경험이 충분하지 않은 환자에게는 지불에 대한 저항으로 작용할 가능성이 높다. 이는 참여 환자 모집 자체를 어렵게 하고, 제도의 대표성을 훼손할 위험이 있다.

2군(65세 이상)의 경우 연간 환자 본인부담액은 3만 434원으로 설정되어 있으며, 이는 연간 대면진료 3회를 중심으로 비대면 관리, 교육·상담, 평가계획 수립 등 총 9회의 관리 서비스 제공을 전제로 한다. 이를 전체 서비스 횟수로 환산할 경우 회당 약 3,400원 수준이나, 환자 인식 측면에서는 대면진료 3회만을 기준으로 판단하여 대면 1회당 약 1만 원의 부담으로 체감될 가능성이 높다. 특히 기존 외래진료 시 1회 1,500원의 정액 부담에 익숙한 노인 환자에게는 이러한 구조가 비용 증가로 인식되어 시범사업 참여에 부정적인 영향을 미칠 수 있다.

(4) 성공을 위한 대안

주치의 서비스는 선택적 혜택이 아니라, 건강보험 제도가 지향하는 보편적 의료보장의 연장선에서 접근되어야 할 기본 서비스라는 점을 제도 설계 단계에서 분명히 할 필요가 있다. 이러한 관점에서 볼 때, 환자 수용성을 확보하기 위해서는 기존 행위별 수가 체계하에서 적용되어 온 방문당 정액제 형태의 진료비 본인부담 수준을 원칙적으로 유지하는 것이 바람직하다.

한편, 선불제를 도입할 경우 환자의 지속적 참여와 적정 의료이용을 유도하기 위한 인센티브 설계 측면에서는, 환자의 과거 연간 본인부담액을 12개월로 분할하여 월 단위로 선불 납부하도록 하되, 일정 기간 의료이용이 감소하거나 관리 목표를 충족한 경우에는 일부 월의 본인부담을 면제 또는 감경하는 방식을 검토할 수 있다.

2) 한국형 HCC 결과가 이미 존재함에도 불구하고, 지불 구조에는 충분히 반영되지 않은 통합수가

(1) 문제 설명

정부안은 환자군 분류와 정책 설계의 근거로 NHIS-HCC 2.0을 포함한 건강위험도 기반 의료비 예측 연구를 명시적으로 활용하고 있다. 그러나 실제 제시된 1·2·3·4군별 인당정액 관리료는 HCC 위험점수에 기반한 의료비 예측 결과가 직접적으로 반영된 지불 구조라기보다는, 기존 재진 진찰료를 중심으로 한 행정적 합산 방식에 가깝다. 이는 HCC를 "설명과 연구"의 수준에 머물게 하고, "지불 결정의 핵심 변수"로는 활용하지 않은 구조다.

(2) 추측되는 설계 과정에서의 고민

정부는 시범사업 초기 단계에서 지불 구조의 변동성과 행정 복잡성을 최소화하기 위해, HCC의 전면적 적용을 2단계 이후 과제로 설정한 것으로 보인다. 또한 HCC를 지불에 직접 연동할 경우 재정 소요의 불확실성이 커질 수 있다는 점도 부담으로 작용했을 가능성이 있다.

(3) 예상되는 결과

그러나 이미 검증된 비용예측 도구가 존재함에도 이를 지불 구조에 제한적으로만 활용할 경우, 통합수가는 의료현장에서 근거가 불명확하고 의료현장의 실제 비용 구조를 충분히 반영하지 못한 정액 보상으로 인식될 가능성이 크다. 이는 제도의 신뢰도를 약화시키고, 시범사업이 실제 비용 구조를 학습할 기회를 스스로 제한하는 결과로 이어질 수 있다.

(4) 성공을 위한 대안

HCC를 '향후 고도화 과제'로 유보하기보다, 시범사업 1단계부터 제한적이라도 지불 구조에 반영할 필요가 있다. 통합수가는 HCC를 통해 예측된 의료비를 근거로 책정되어야 하며, 이를 반영하지 않을 경우 통합수가는 의료현장의 실제 비용 구조와 괴리된 비현실적인 보상체계로 인식될 가능성이 크다. 이러한 상황에서는 의료기관이 제공 가능한 최소 수준의 서비스에 머무르거나, 반대로 서비스 내용을 강제할 경우 시범사업에 대한 참여 유인이 약화되는 결과로 이어질 위험이 있다.

따라서 최소한 3·4군에 대해서는 HCC 기반 통합수가를 즉시 도입하여, 의료 자원 소요가 큰 환자군에 대한 수가 현실화를 우선적으로 시도할 필요가 있다. 이는 시범사업 초기 단계에서부터 위험도와 보상 간의 정합성을 확보하는 데 기여할 것이다.

아울러 2026년 1~6월의 시범사업 준비 기간 동안 NHIS-HCC ver.2.0을 고도화하여, 늦어도 2027년부터는 HCC 기반 통합수가를 전면적으로 적용할 수 있도록 제도적·기술적 기반을 마련해야 한다. 이러한 단계적 접근은 시범사업의 안정성을 유지하면서도, 향후 본사업 전환을 위한 실질적인 근거를 축적하는 데 필수적이다.

3) 위험조정의 지연 도입이 시범사업 초기부터 의료기관 행태를 왜곡할 가능성

(1) 문제 설명

정부안은 위험조정과 수가 고도화를 시범사업 이후 단계에서 순차적으로 도입하겠다는 접근을 취하고 있다. 그러나 위험조정이 충분히 작동하지 않은 상태에서 시범사업이 시작될 경우, 동일한 통합수가하에서 의료 자원 소요가 큰 환자를 관리할 경우 의료기관이 구조적으로 불리한 상황에 놓일 가능성이 있다. 이로 인해 시범사업 초기부터 의료기관의 환자 선택 및 관리 행태가 왜곡될 가능성이 존재한다.

(2) 추정되는 설계 과정에서의 고민

위험조정을 본격적으로 적용할 경우, 환자 분류 기준을 둘러싼 논쟁과 이에 따른 행정 부담, 민원 증가가 불가피하다는 점이 설계 과정에서 주요한 부담 요인으로 작용했을 가능성이 있다. 또한 시범사업을 제도 도입 이전의 '학습 단계'로 규정하고, 가능한 한 단순한 구조로 출발하려는 정책적 판단 역시 이러한 접근에 영향을 미쳤을 것으로 보인다.

(3) 예상되는 결과

그러나 위험조정이 미흡한 상태에서 형성된 초기 참여 의료기관과 환자 구성은 선택 편향(selection bias)을 내포할 가능성이 크다. 이러한 편향은 이후 HCC 기반 위험조정을 도입하더라도 단기간 내에 교정되기 어렵다. 그 결과, 2단계 시범사업을 위해 산출되는 HCC 기반 의료비 예측치와 위험조정 계수 역시 제도 설계의 한계를 반영한 의료이용 및 제공 양상을 반영하게 될 위험이 높다.

(4) 성공을 위한 대안

위험조정은 시범사업 이후에 도입할 고도화 과제가 아니라, 시범사업의 타당성과 유효성을 담보하기 위한 최소한의 전제 조건으로 인식되어야 한다. 정부가 이미 축적한 HCC 연구 성과를 적극 활용하여, 시범사업 초기 단계부터라도 제한적·단계적인 위험조정을 지불 구조에 반영하는 방안을 검토할 필요가 있다. 이는 시범사업 초기의 행태 왜곡을 예방하고, 이후 단계적 고도화를 위한 신뢰 가능한 근거를 확보하는 데 기여할 것이다.

4) 환자군 분류 체계와 군별 등록 비율 가정의 실용성 문제

(1) 문제 설명

정부안은 업코딩 방지를 목적으로 환자군별 등록 비율을 15 : 40 : 30 : 15로 사전에 설정하고 있다. 그러나 이러한 비율 설정은 지역별 환자 분포와 의료기관의 실제 참여 여건, 환자의 등록 의향을 충분히 반영하지 못할 가능성이 크다. 특히 현실적으로 4군 환자의 비율은 전체 인구 대비 매우 낮아, 개별 의료기관 단위에서 목표 비율을 충족하는 것이 사실상 어려울 수 있다. 15%의 4군 등록은 대부분의 의원들이 달성 불가능한 등록 비율이라서 이를 강제조항으로 삼을 경우 참여를 거부할 가능성이 높다.

(2) 추정되는 설계 과정에서의 고민

이와 같은 비율 설정은 제도 남용과 업코딩을 사전에 차단하고, 시범사업 전반의 행정적 관리 가능성을 높이기 위한 통제 장치로 설계되었을 가능성이 있다. 즉, 복잡한 위험조정이나 사후 관리 대신, 단순한 비율 규제를 통해 제도의 안정성을 확보하려는 정책적 판단이 작용했을 것으로 보인다.

(3) 예상되는 결과

그러나 경직된 비율 설정은 의료기관의 자율적인 참여를 제약하고 실제 환자 구성과 무관한 형식적 등록 관리에 행정 역량이 소모되는 결과를 초래할 수 있다. 또한 의료기관이 목표 비율을 맞추기 위해 등록을 조정하거나 참여를 회피하는 등 시범사업의 취지와 무관한 행태가 유발될 가능성도 배제하기 어렵다.

(4) 성공을 위한 대안

환자군 분류와 군별 비율 관리는 개별 의료기관의 책임으로 전가하기보다, 건강보험공단과 심사평가원이 보유한 기존 청구자료 및 장기요양보험 데이터를 활용하여 중앙 차원에서 수행하는 것이 보다 합리적이다. 군별 등록 비율 역시 사전에 고정된 목표치로 설정하기보다는, 실제 환자 분포와 참여 양상을 반영하여 자연스럽게 형성되도록 하는 방향이 바람직하다.

아울러 서비스 제공을 위한 환자군 분류와 지불을 위한 분류는 명확히 구분하여 설계할 필요가 있다. 1·2·3·4군 분류는 환자의 필요도에 따른 군별 맞춤형 서비스 제공을 위한 도구로 활용하되, 이를 반드시 통합수가의 차등으로 직접 연계할 필요는 없다. 반면, 지불 수준의 차이는 앞서 제시한 바와 같이 HCC 기반 위험조정을 중심(HCC 기준 4분위 등)으로 산정하는 것이 보다 합리적인 접근이라 할 수 있다.

5) 성과보상 체계에서 환자경험 지표가 배제된 문제

(1) 문제 설명

정부안은 건강성과와 합리적 의료이용을 주요 성과지표로 제시하고 있으나, 환자경험(patient experience)은 성과 평가 및 보상 체계에 포함되어 있지 않다. 이는 주치의 제도가 지향하는 핵심 가치인 '환자중심성'이 평가 구조에 충분히 반영되지 못하고 있음을 의미한다.

(2) 추정되는 설계 과정에서의 고민

환자경험은 임상 지표나 이용량 지표에 비해 계량화가 어렵고, 측정 방식에 따라 결과의 변동성이 클 수 있다는 인식이 정책 설계 과정에서 부담 요인으로 작용했을 가능성이 있다. 또한 평가의 단순성과 행정적 안정성을 우선 고려한 판단 역시 영향을 미쳤을 것으로 보인다.

(3) 예상되는 결과

이러한 접근이 유지될 경우, 주치의 제도가 표방하는 '환자 중심' 원칙은 제도적 선언에 그치고, 실제 평가와 보상에서는 구현되지 않을 위험이 있다. 그 결과 의료기관은 환자경험 개선보다는 측정 가능한 성과지표에만 집중하는 행태를 보일 가능성이 높으며, 이는 주치의 서비스의 본질적 가치와 괴리를 초래할 수 있다.

(4) 성공을 위한 대안

환자경험은 건강성과 및 효율적 의료이용과 함께 성과보상 체계를 구성하는 핵심 축으로 포함되어야 하며, 초기 단계부터 측정 가능한 지표 형태로 도입될 필요가 있다. 환자경험 지표가 배제될 경우, 서비스 제공의 '양'이 아니라, 환자경험과 관리 구조의 질을 포함한 성과에 대해 평가·보상하겠다는 정부의 정책적 의지가 평가·지불 체계에서 실질적으로 구현되기 어렵다. 따라서 단순하면서도 신뢰 가능한 환자경험 지표를 선정하여, 시범사업 초기부터 성과보상에 반영하는 방안을 검토해야 한다.

6) 지원센터 기능 대비 재원 및 역할 설정의 불균형 및 가능기관 자격 문제

(1) 문제 설명

정부안에서 제시한 지원센터는 다학제 서비스 연계, 방문·재택의료 지원, 소규모 의원에 대한 지원 등 광범위한 역할을 부여받고 있으나, 이에 상응하는 재원과 인력 규모는 충분히 확보되지 않은 것으로 보인다. 역할과 자원의 불균형은 지원센터의 기능 수행에 구조적 제약으로 작용할 가능성이 크다.

또한 지원센터 지정 가능 기관을 보건소·보건의료원 등 공공기관과 거점 2차 병원으로 한정함으로써, 일차의료의원 연합체나 지역의사회 등 민간 일차의료 네트워크가 자발적으로 참여하여 자체 네트워크 내 일차의료 기관을 지원하는 구조는 제도적으로 배제되어 있다. 이는 실제 지역기반 일차의료 네트워크의 다양성과 자율성을 충분히 활용하지 못하는 한계로 이어질 수 있다.

(2) 추정되는 설계 과정에서의 고민

이와 같은 구조는 시범사업 초기 단계에서 재정 부담을 최소화하면서 기존 기관과 인프라를 최대한 활용하려는 정책적 판단의 결과로 추정된다. 즉, 새로운 조직과 재원 투입보다는 기존 공공·민간기관의 참여를 전제로 제도를 설계하려는 접근이 영향을 미쳤을 가능성이 있다.

(3) 예상되는 결과

그러나 이러한 조건하에서는 지원센터가 일차의료 현장을 실질적으로 지원하는 기능을 하지 못해, 행정적 업무 부담이 충분한 지원 없이 현장에 집중되는 구조로 인식될 위험이 있다. 또한 공공기관의 경우 수익성이 핵심 동기가 아니므로 일정 수준의 참여가 가능할 수 있으나, 민간 거점병원의 자발적이고 지속적인 참여를 유도하기는 현실적으로 어렵다. 초기에는 네트워크를 통한 환자 유입 가능성 등을 기대하며 참여할 수 있으나, 실제로 일차의료 기관이 주치의 기능을 충분히 수행할 수 있을 때까지 요구되는 인적·조직적 투입과 지속적인 지원의 부담이 크다는 점이 명확해질 경우, 지원센터 참여를 중단하거나 최소한의 형식적 역할에 그칠 가능성이 높다. 이는 지원센터 기능의 실효성을 약화시키는 요인으로 작용할 수 있다.

(4) 성공을 위한 대안

지원센터가 실질적인 지원 기능을 수행하기 위해서는 재원 규모의 현실적 확대(최소한 2배 이상), 또는 지원 대상 기관 수의 조정(5~6개로 축소), 나아가 지방자치단체의 공동 재정 책임 명시 등 구조적 조정이 필요하다. 아울러 향후 HCC 기반 위험조정이 적용될 경우, 관리 구조가 안정적으로 작동한 결과 발생한 재정적 여력을 지원센터 운영에 재투자하는 방식을 도입하는 방안도 중장기적으로 검토할 수 있을 것이다.

요약 박스

- 시범사업의 쟁점들은 개별 설계 문제가 아닌 구조적 하나의 문제: 본인부담, 수가, 위험조정, 성과보상, 지원체계는 서로 분리된 이슈가 아니라 동일한 설계 인식에서 파생된 문제
- 주치의 서비스는 선택적 프로그램이 아닌 권리 기반 공공서비스: 선불적 본인부담 구조는 주치의 제도를 '권리'가 아닌 '유료 서비스'로 인식시키는 핵심 장애 요인
- 위험조정(HCC)은 고도화 과제가 아니라 시범사업의 최소 전제: 위험조정의 지연은 초기부터 의료기관·환자 선택 편향과 행태 왜곡을 초래할 가능성
- 환자군 분류와 지불 구조는 명확히 분리되어야 함: 군 분류는 서비스 설계 도구로 활용하고, 지불은 HCC 기반 위험도 중심으로 결정하는 구조가 필요
- 환자경험은 성과보상의 보조 지표가 아닌 핵심 축: 환자경험이 배제될 경우 '결과 중심 보상'이라는 정책 목표는 실질적으로 구현 불가
- 지원센터는 역할 확대가 아닌 지속가능한 지원 구조가 핵심: 역할 대비 재원·인력 불균형은 민간 참여 위축과 형식적 운영으로 이어질 위험 있음
- 시범사업은 비용 절감 장치가 아니라 제도 작동 조건을 검증하는 정책 실험: 관리 편의성보다 제도 정합성과 행태 유인을 우선하는 설계 전환 필요
- 성공의 관건은 단순성이 아니라 정합성: 권리·위험도·행태·경험을 지불 구조에 얼마나 일관되게 반영하느냐가 시범사업의 성패를 결정

제 7 장

—

건강보험 하나로도 충분했으면(1)

이재명 정부의 건강보험 보장정책, 연간 본인부담상한제 강화로 시작하자

대표저자

보장성강화와실손보험개선분과 분과장 김종명

공저자

김성주

오주환

강희경

안정희

유미화

하은진

Table of Contents

요 약

건강보험 보장 현황과 평가

그간 김대중, 노무현, 박근혜, 문재인 대통령 정부는 건강보험 보장성 강화를 지속적으로 추진했고, 상당한 성과를 남겼다. 전국민건강보험 출범, 중증질환 특례제도, 연간 본인부담상한제, 특진료·상급병실 급여화, MRI/초음파 급여화 등 핵심적인 보장성 강화 정책을 도입했다. 그 결과 중증질환·고액질환·입원진료 등 의료비 부담이 큰 영역에서 건강보험 보장률[1]은 크게 개선되었고 한때 진료비할인제도라는 비판을 받았던 국민건강보험은 의료비 걱정 해결을 목표로 하는 의료보장제도의 중심축이 되었다.

그럼에도 건강보험의 평균 보장률 지표는 60% 초중반에서 정체[2]되어 있는데, 보장성 강화 정책의 수혜에서 비켜간 비급여가 지속적으로 팽창되고 있기 때문이다. 중증질환·고액질환·입원진료의 보장성은 크게 개선된 것과 달리 경증질환·소액질환·외래진료의 보장성은 정체되거나 오히려 하락[3]했기 때문이다. 이는 비급여의 급여화 정책의 불완전성과 비급여 팽창을 유발하는 실손의료보험에 대한 규제에 실패했기 때문에 발생한 일이다.

국민건강보험이 당면한 과제와 대응

우리의 국민의료비 지출은 2023년 9.9%로 OECD 평균을 넘어섰고, 향후 인구고령화가 지속된다는 점을 고려할 때 의료비 지출은 급증할 가능성이 크다. 건강보험 보장성을 강화해 국민의 의료비 걱정을 줄여야 하겠지만, 보장성 강화로 인한 사회적 부담의 증가도 고려해야 하는 상황이다. 또한 비급여의 존재와 이를 팽창시키는 실손의료보험은 낭비적 의료비 지출을 유발하여 사회적 부담을 악화시키고 있다.

이재명 정부는 비용효과적인 건강보험 보장 정책과 낭비적 의료비 지출을 규제하는 정책이 동시에 추진해야 한다. 비용효과적인 건강보험 보장 정책은 최소한의 재원으로 건강보험이 목표로 하는 최대의 보장 강화 효과를 얻는 것을 말한다. 이에 가장 부합하는 정책이 연간 본인부담상한제 강화 정책이다. 동시에 비급여의 급여화와 실손의료보험 개혁으로 불필요한 사회적 부담을 최소화해야 한다.

현행 연간 본인부담상한제 현황과 문제점

연간 본인부담상한제 강화를 통한 건강보험 보장성 강화 정책의 장점은 다음과 같다. 첫째, 연간 본인부담상한제 정책은 경증질환·소액질환까지 포함한 일률적인 건강보험 보장 확대보다는 의료비 부담이 큰 중증질환·고액질환 등에 우선하여 보장성 강화를 집중한다. 둘째, 고액 진료비를 우선 지원함으로써 보장성 강화 효과는 극대화할 수 있는 반면, 목표하는 보장성 타깃에만 재원을 집중 투입하므로 재원은 더 적게 소요된다. 셋째, 보장성 강화로 인한 불필요한 의료비 낭비, 과잉진료, 도덕적 해이 등 논란 발생을 최소화할 수 있다.

지금 건강보험 제도에도 연간 본인부담상한제가 존재한다. 하지만 중증질환·고액질환의 의료비 부담을 해소하는 효과는 제한적이다. 그 이유는 첫째, 본인부담제 상한 기준액이 소득 대비 10% 수준으로 매우 높고

(소득구간에 따라 87만~808만 원), 둘째, 상한제에 적용되는 본인부담금 중 법정 본인부담금만 선별급여의 본인부담은 제외하고 있으며, 마지막으로 필수 비급여가 여전히 급여화되지 않고 있기 때문이다.

2023년 연간 본인부담상한제로 환급한 금액은 2조 6,278억 원이었고, 환급받은 국민은 201만 명으로 대상 국민의 4.1%에 불과했으며, 1인당 평균 환급액도 131만 원에 불과했다. 현재 대상 국민은 진료비 기준(비급여제외)으로 연간 1,000만 원 이상이 발생해야 대상자가 될 수 있다. 연간 본인부담상한제가 제 역할을 하려 한다면, 적어도 진료비 기준 연간 500만 원 이상, 대상 국민의 8% 이상 되는 것이 바람직하다.

연간 본인부담상한제 개혁 방안

우리는 현행 연간 본인부담상한제를 다음과 같이 개혁해야 한다고 주장한다.

첫째, 본인부담상한액 기준을 지금보다 낮춰야 하고, 복잡한 소득구간도 단순화해야 한다. 우리는 상한액 기준을 소득의 10%가 아니라 5% 수준으로 낮출 것으로 주장한다. 동시에 소득구간도 7개 구간으로 복잡하다. 이를 3개 구간으로 단순화하자.

둘째, 본인부담상한제 적용 대상 의료비를 선별급여로 확대해야 한다. 선별급여의 환자부담도 50%, 80%, 90%가 있다. 50% 선별급여부터 점차적으로 상한제 대상에 포함해야 한다. 동시에 의학적으로 필요한 비급여는 급여화가 필요하다.

셋째, 상한제 적용방식을 사후 환급에서 사전 환급으로 변경해야 한다. 현재 상한액을 초과한 금액은 당해연도가 아닌 차기년도가 되어야 환급을 받는 구조다. 상한액 기준은 당해연도에 적용할 수 있어야 하는데, 이를 위한 한 방법이 소득기준을 당해년도가 아니라 전년도를 기준으로 적용하는 것이다. 이렇게 한다면 어렵지 않게 적용 가능하다.

개혁은 단계적인 추진이 가능하며, 다양한 방식을 적용할 수 있다. 예를 들어, 입원진료비와 외래진료비에 대해 각각 별도의 본인부담상한제를 적용할 수 있다. 연간 본인부담상한제 개혁에 소요되는 재원에 대해서는 별도의 연구를 통한 추계가 필요할 것이다. 단순히 대상자 수가 현행보다 2배로 늘어난다면 재원도 2배로 늘어날 것이다. 즉, 2조 6,000억 수준이 아닌 5조 원 이상으로 늘어날 것이다. 이에 대한 재원은 국고지원을 확대하거나 사회연대적 건강보험료를 인상해야 할 것이다. 국민의 동의를 얻기 위한 사회적 공론화를 위한 논의가 필요하다.

본인부담상한제 개혁 전후 비교

<table>
<tr><th colspan="2"></th><th>현행 본인부담상한제</th><th>본인부담상한제 개혁 방안</th></tr>
<tr><td rowspan="4">상한제
적용 대상
환자부담
의료비</td><td>법정 본인부담</td><td>적용</td><td>적용</td></tr>
<tr><td>선별급여</td><td>미적용</td><td>적용(단계적)</td></tr>
<tr><td>필수 비급여</td><td>미적용</td><td>적용(급여전환 전제)</td></tr>
<tr><td>비필수 비급여</td><td>미적용</td><td>미적용</td></tr>
<tr><td colspan="2">상한제 설정방법</td><td>7개 소득구간 정액
87만~808만 원</td><td>3개 소득구간 정액
1~3분위: 50만 원
4~7분위: 150만 원
8~10분위: 300만 원</td></tr>
<tr><td colspan="2">적용방법</td><td>사후 환급</td><td>사전 환급</td></tr>
<tr><td colspan="2">대상범위</td><td>급성기 및 요양병원 진료비</td><td>좌동</td></tr>
</table>

1) 중증질환 81.5%(2022년), 입원 69.3%(2023년)로, 건강보험 평균 보장률 65.7%(2022년)보다 높다.
2) 문재인케어 시행 전후 3.1%p 증가에 그쳤다(2016년 62.6% → 2022년 65.7%).
3) 외래진료 56.1%(2023년)는 건강보험 평균 보장률 65.7%(2022년)보다 낮다.

1. 건강보험 보장 현황과 평가

1) 과거 정부의 보장성 강화 정책의 성과

그간 김대중, 노무현, 박근혜, 문재인 대통령 시절 정부는 건강보험 보장성 강화를 지속적으로 추진했고, 상당한 성과를 남겼다. 김대중 정부는 쪼개진 직장조합과 지역조합을 통합하여 명실상부한 전 국민 통합 건강보험 시대를 열어 의료보장제도의 기초를 닦았다. 노무현 정부는 암·희귀난치성질환에 대한 산정 특례제도를 도입했고 연간 본인부담상한제도 실시하여 중증질환 중심의 건강보험 보장성 강화 정책을 강력히 추진했다. 박근혜 정부는 복지국가에 대한 국민적 요구에 부응해야 했고, 특진료·상급병실료·간병료 등 3대 비급여를 해소할 정책을 제시하고 추진했다. 문재인 정부는 의학적 비급여의 전면 급여화, 통합간호간병제도 확대 등 소위 문재인케어로 불리는 건강보험 보장성 강화 정책을 추진했다.

반면 이명박 정부와 윤석열 정부는 건강보험 강화 정책을 추진하지 않았다. 이명박 정부는 건강보험 보장성 강화보다 의료민영화 정책을 추진하여 국민적 반발에 부딪혔고, 친위쿠데타로 한국 사회를 다시 독재국가로 회귀시키려 했던 윤석열 정부는 문재인 정부의 건강보험 보장 정책을 되돌리는 시도만 했다.

지난 정부의 건강보험 보장 정책 추진으로 국민건강보험 제도의 기능과 역할은 질적인 변화를 거치며 성장했다. 특히 낮은 보장으로 인해 국민의 의료비 고통이 컸던 중증질환·고액질환·입원진료 등에서 건강보험 보장률은 크게 개선되었다. 4대 중증질환, 종합병원급 이상 의료기관의 보장률, 입원진료 보장률의 개선 효과는 〈그림 1〉, 〈그림 2〉와 같다.

그림 1 | 4대 중증질환 보장률 변화

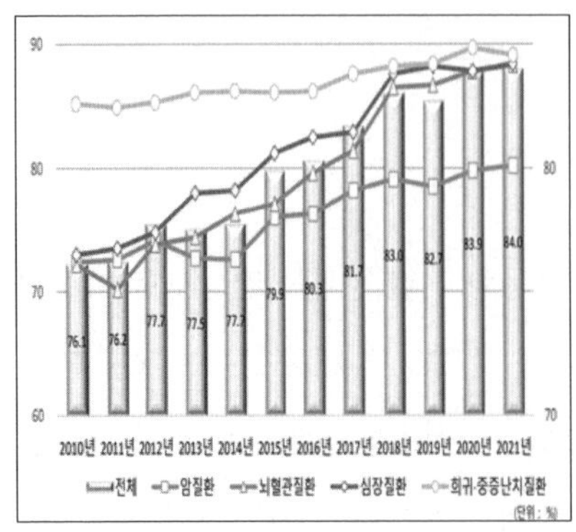

그림 2 | 의료기관별 보장률 변화

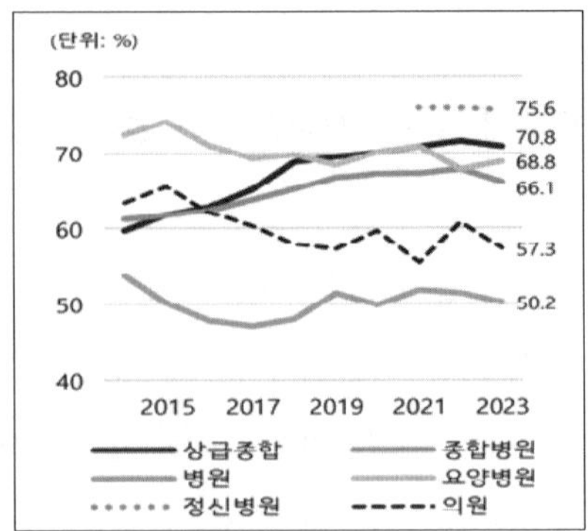

- 4대 중증질환의 보장률은 2010년 76.1%에서 2021년 84.0%로 크게 높아졌다. 2021년 평균 건강보험 보장률은 64.5%임을 감안할 때 중증질환일수록 보장률이 월등히 높아졌다(〈그림 1〉).
- 입원진료 보장률도 지속적으로 개선되었다. 2010년 입원과 외래 간의 보장률 격차는 7.9%p였지만, 2021년엔 15.5%p로 커졌다. 이는 입원 보장률은 지속적으로 개선된 반면, 외래 보장률은 정체 혹은 살짝 감소했음을 의미한다(〈그림 3〉).
- 중증질환을 주로 진료하는 종합병원과 상급종합병원의 보장률도 크게 상승했다. 2015년 60% 수준에 불과했던 종합병원급 보장률은 2023년엔 상급종합병원이 70.8%, 종합병원이 68.8%로 높아졌다. 큰 병을 진료하는 큰 병원일수록 보장률이 높았다. 반면 동네의원과 병원급(중소병원) 의료기관의 보장률은 떨어지는 추세다(〈그림 2〉).
- 2023년 현재 의료기관별 보장률과 비급여 비중은 〈표 1〉과 같다. 특징적으로 중병을 주로 치료하는 큰 병원일수록 보장률이 높고(비급여 비중이 작고) 동네의원일수록 보장률이 낮다(비급여 비중이 높다).

그림 3 | 입원/외래/약제비 보장률 변화

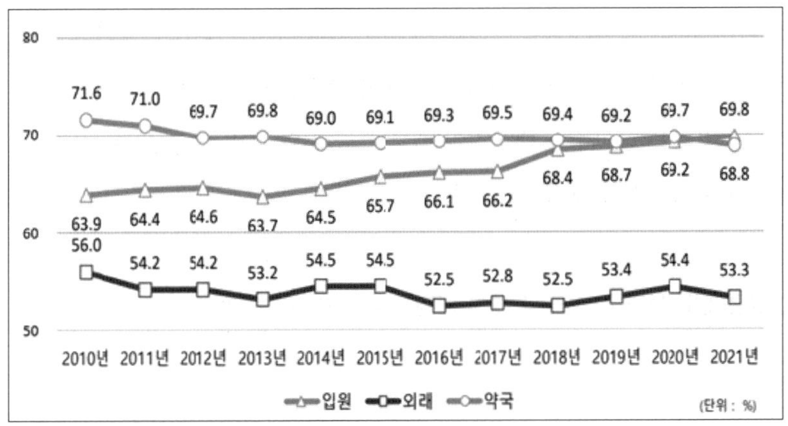

표 1 | 2023년 의료기관 종별 보장률과 비급여 비중

	건강보험 보장률(%)	법정 부담률(%)	비급여 부담률(%)
전체	64.9	19.9	15.2
상급종합	70.8	20.8	8.4
종합병원	66.1	22.9	11
병원	50.2	18.1	31.7
요양병원	68.8	18.9	12.3
정신병원	75.6	21.6	2.8
의원	57.6	20.3	22.4
치과병원	25.4	14.6	60
치과의원	36.3	14.9	48.8
한방병원	39.1	15.8	45.1
한의원	59.2	20.3	20.5
약국	69.4	28.2	2.4

그간 지속적인 건강보험 보장성 정책으로 의료비 부담이 컸던 중증질환·고액질환·입원진료의 보장률이 크게 개선되었음을 알 수 있다. 이로써 국민건강보험은 출범 초기에는 진료비할인제도라는 비판을 받았지만, 지금은 국민의 의료비 걱정을 덜어주는 핵심적인 역할을 하고 있으며, 명실상부한 의료보장제도의 중심축으로 자리매김했다.

2) 그럼에도 절반의 성공에 그친 건강보험 강화와 그 원인

그간 정부의 지속적인 건강보험 보장성 강화에도 평균 건강보험보장률 지표는 60%대 초중반에서 정체되어 있다는 점은 놀랍다(〈그림 4〉). 이는 건강보험 보장성 강화 정책이 절반의 성공에 그쳤다는 것을 의미한다. 그 이유를 찾기란 어렵지 않다. 앞의 〈그림 2〉, 〈그림 3〉이 보여주듯이 중증질환·고액질환·입원진료의 보장성은 크게 늘었지만, 경증질환·소액질환·외래진료의 보장성은 정체되거나 오히려 하락했기 때문이다. 그 결과 보장률 수치 개선은 미미했다.

건강보험 보장성 강화 정책은 비급여의 급여화 정책과 직결된다. 비급여가 줄어들면 보장률은 상승하고 비급여가 늘어나면 보장률은 감소한다. 앞의 〈그림 2〉에서 종합병원급 보장률이 개선되었는데, 이는 비급여 비중이 줄어든 결과다. 〈표 2〉를 보면, 상급종합병원의 보장률은 크게 개선되었는데, 이는 비급여가 크게 감소한 덕분이다. 반면, 요양병원과 의원급 의료기관에서는 보장률이 오히려 하락했는데, 이는 비급여가 크게 늘어난 결과다.

보장성 강화 정책을 지속 추진했는데도 일부 의료기관에서 보장률이 하락했다는 것은 해당 의료기관이 보장성 강화 정책에서 제외된 비급여가 지속적으로 팽창하고 있다는 것을 의미한다. 특히 요양병원과 의원급 의료기관에서

그림 4 | 연도별 건강보험 보장률 추이

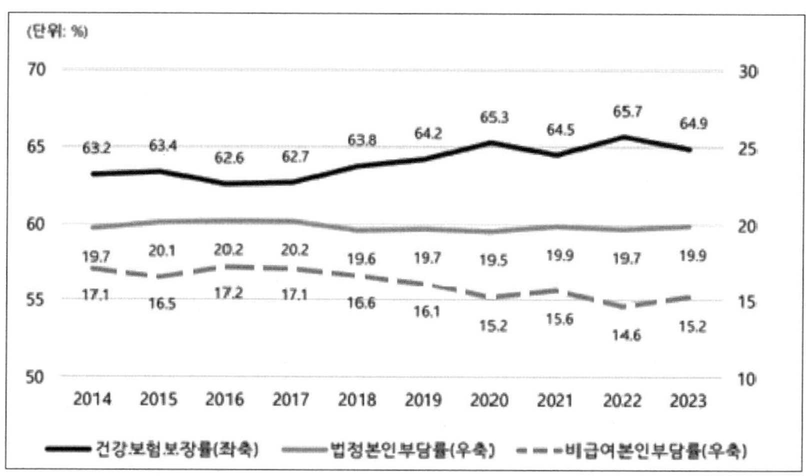

표 2 | 의료기관 종별 보장률 및 비급여 비중 변화(단위: %)

의료기관 종별	보장률 변화	비급여 변화
	2012년 → 2023년	2012년 → 2023년
건강보험 전체	62.5 → 64.9	17.0 → 15.2
상급종합병원	57.4 → 70.8	26.3 → 8.2
종합병원	58.7 → 67.3	22.1 → 8.7
병원	51.6 → 51.8	29.2 → 29.6
요양병원	74.8 → 70.8	3.9 → 9.9
의원	64.4 → 55.5	14.8 → 25.0

비급여는 크게 늘었다. 그 이유가 무엇일까. 우리는 실손의료보험에 주목한다. 비급여 팽창을 유발하는 실손의료보험 규제의 실패가 보장성 강화 정책의 효과를 반감시킨 원인이다.

3) 실손의료보험이 건강보험 보장에 끼친 영향

2007년 판매가 시작된 실손의료보험은 현재 약 4,000만 명이 가입한 상태이며, 실손의료보험 지급 보험금은 매년 급격하게 증가하고 있다. 실손의료보험 지급 보험금은 2023년 14조 원에 이르렀고 그중 60%인 8.2조 원이 비급여 보험금이다(〈표 3〉). 2023년 국민건강보험 진료에서 발생하는 비급여 총액이 20.2조 원으로 추정되는데, 그중 40%를 실손의료보험이 보상하고 있다.

실손의료보험이 보상하는 비급여는 특정 의료기관, 특정 진료과, 특정 질환에 쏠려 있다는 특징이 있다. 실손보험금으로 지급된 8.2조 원의 비급여를 세분해 보면, 도수치료/증식치료/체외충격파 등 근골격계질환이 2.3조 원, 비급여주사제가 2.3조 원으로 두 분야가 비급여 보험금의 절반 이상을 차지하고 있다.

- 보험연구원의 분석에 의하면, 청구대상 질환은 근골격계질환, 상해질환, 암, 눈질환 순으로 근골격계질병의 비중이 45%였다. 입원 청구의 비급여는 인공수정체, 도수치료, MRI 순이었으며, 외래는 도수치료, 체외충격파, 증식치료, MRI 순이었다. 입원 외래에서는 모두 근골격계 관련 질병에서 실손보험금 청구가 많았다(〈그림 5〉).

현재 실손의료보험이 보상해 주는 주요 비급여 항목은 실손의료보험 등장 이전에는 거의 제공되지 않았던 비급여 항목으로, 실손의료보험이 보상해 주어 환자부담이 급격히 줄어들자, 의료기관들은 해당 비급여 진료를 급격히 늘리기 시작했다. 특히 실손의료보험이 보상해 주는 비급여를 진료에 활용하기 용이한 진료과에서 크게 나타났다. 의원급 의료기관 내에서도 진료과에 따라 비급여 변화는 크게 상이한 양상을 보이는데, 실손의료보험이 보상해 주는 비

표 3 | 실손의료보험 지급 보험금 추이

연도	2015년	2016년	2017년	2018년	2019년	2020년	2021년	2023년
실손보험금 지급액	5.6조	6.9조	7.5조	8.8조	11.0조	11.8조	12.4조	14.0조

그림 5 | 입원/통원 진료에서 비급여 비중 순위

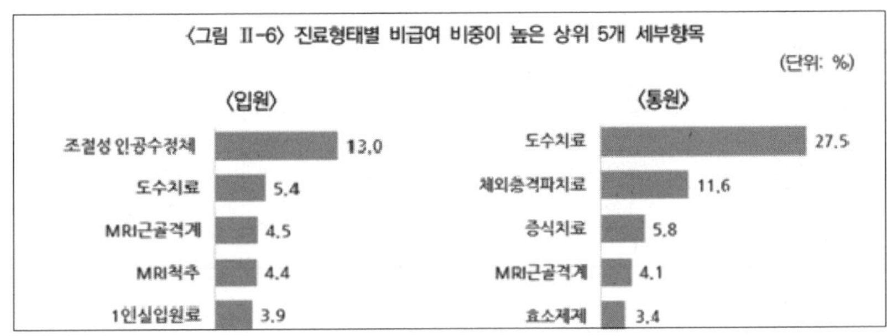

자료: 보험연구원.

표 4 | 의료기관 종별 보장률 및 비급여 비중 변화(단위: %)

의료기관 종별	보장률 변화	비급여 변화
	2015년 → 2023년	2015년 → 2023년
의원급 전체	65.5 → 57.3	14.8 → 22.4
내과	70.6 → 61.2	12.8 → 20.3
정신과	66.9 → 72.2	6.0 → 5.3
소아과	71.3 → 56.1	7.5 → 28.0
산부인과	41.9 → 57.0	44.7 → 19.2
정형외과	64.2 → 49.1	13.1 → 31.0
재활의학과	54.7 → 34.4	30.8 → 49.6

급여 진료가 용이한 진료과(〈표 4〉 정형외과, 재활의학과 등)의 비급여 비중은 크게 증가한 반면, 실손의료보험이 보상하는 비급여 진료가 어려운 진료과(예: 정신과, 산부인과)는 건강보험 보장 효과가 크게 나타난 것을 알 수 있다.

표 5 | 2023년 의료기관 종별·진료형태별 비급여 규모 추정

	비급여(전체)	비급여(입원)	비급여(외래)
전체	19조 8,608억 원	6조 5,619억 원	13조 8,219억 원
상급종합	1조 8,377억 원	1조 2,502억 원	5,654억 원
종합	2조 2,621억 원	1조 4,307억 원	8,348억 원
병원	4조 2,338억 원	2조 7,385억 원	1조 4,871억 원
요양병원	7,754억 원	6,867억 원	1,121억 원
정신병원	203억 원	139억 원	35억 원
의원	7조 774억 원	8,615억 원	6조 2,479억 원
치과병원	5,257억 원	-	5,080억 원
치과의원	5조 1,865억 원	-	5조 1,865억 원
한방병원	5,683억 원	3,222억 원	2,238억 원
한의원	7,149억 원	-	7,155억 원
약국	5,681억 원	-	-

2023년 비급여 총 규모는 약 20조 원에 이르며, 이를 의료기관 종별·진료형태별로 규모를 추정하면 〈표 5〉와 같다.

- 전체 비급여 중 주로 중증질환을 진료하는 종합병원급 이상 의료기관이 차지하는 비중은 20%에 불과하다. 비급여의 대부분은 중소병원, 의원급 의료기관에서 발생한다.
- 전체 비급여의 30% 정도는 입원진료에서 발생하며, 나머지 70%는 외래진료에서 발생한다. 외래진료에서 발생하는 비급여의 대다수는 의원과 치과의원에서 발생한다.
- 이것은 실손의료보험이 보상하는 비급여(8.4조 원)의 대부분이 종합병원급이 아닌 중소병원, 의원급에서 발생하고 대부분이 입원진료보다는 외래진료에서 발생하고 있다는 것을 의미한다.

이처럼 실손의료보험은 건강보험 보장성 강화 정책의 효과를 반감시키고

있으며, 특정 진료영역에서 비급여 팽창을 크게 유발하고 있다. 실손의료보험이 출시된 지 20년 가까이 된 시점에서 실손의료보험의 기능과 역할에 대한 전면적 재검토가 필요해 보인다. 국민의 의료비 부담을 완화하고 낭비적인 의료비 증가를 막기 위한 건강보험 제도 개혁이 필요한 시점이다.

2. 국민건강보험이 당면한 과제와 대응

1) 급격한 국민의료비 증가와 상이한 시각차

우리나라는 더 이상 의료비 지출이 적은 국가가 아니다. 국민의료비 지출은 2023년 9.9%로 OECD 평균을 넘어선 의료비 지출 과다 국가다. 향후 저출생 고령화가 지속된다는 점을 고려할 때 국민의료비 지출은 급증할 가능성이 크다. 정형선 교수는 현 추세대로 의료비가 증가할 경우 2030년에는 경상의료비 지출이 400조 원에 이를 것이고, GDP의 16% 규모가 될 것이라고 예측한 바 있다.

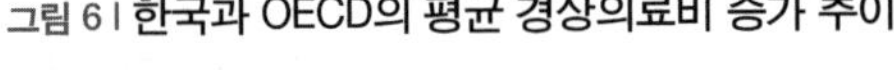
그림 6 | 한국과 OECD의 평균 경상의료비 증가 추이

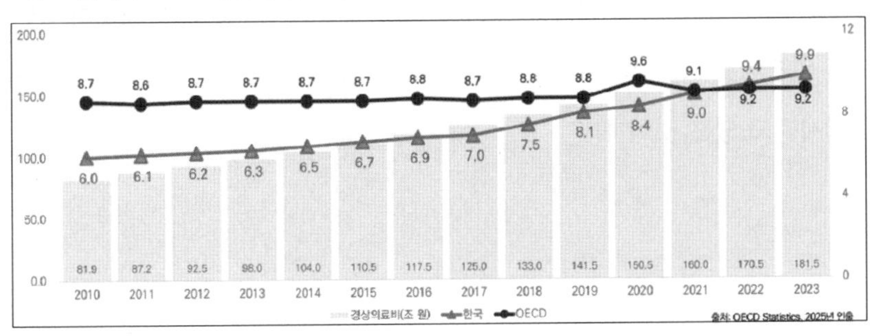

건강보험 보장성 강화 정책을 둘러싸고 상반된 시각차가 존재한다.

- 한편에서는 그간 건강보험 보장성 강화 정책이 보장성 강화로 연결되지 못한 채, 오히려 건강보험료 인상이라는 국민부담만 가중시켰다는 인식을 갖고 있다. 그래서 해법으로 보장성 강화는 이제 자제하고 국민의 선택권을 보장해 주는 방향으로 갈 것을 주장한다. 사회적 해결책보다는 개인적 해결책을 선호하는 것으로 보인다.
- 다른 한편에서는 의료보장에서 국가의 역할과 책임성을 주장하며, 건강보험의 보장성 강화를 지속적으로 주장해 왔다. 이런 주장은 김대중, 노무현, 문재인 정부 등 민주진영 집권 시 의료정책의 기본 방향이 되었다.

우리 사회는 급격한 저출생 고령화로 인해 전체 인구 중 노인인구의 비중이 늘어나므로 불가피하게 국민의료비가 증가할 수밖에 없는 구조를 갖고 있다. 그러나 건강보험 보장성의 지속적인 강화도 국민의료비를 증가시키는 한 요인임을 부정할 수 없다. 건강보험의 보장성이 강화되면 의료장벽이 낮아지므로 그간 시민들이 필요한데도 비용부담으로 인해 이용하지 못했던 의료서비스 이용이 늘어난다. 보장성 강화가 추구하는 긍정적인 효과다. 동시에 일부에서는 꼭 필요하지 않은데도 의료이용을 더 하려는 경향도 나타난다. 불필요한 과잉의료다. 이런 효과를 극명하게 나타나게 하는 것이 실손의료보험임은 두말할 나위 없다. 특히 실손의료보험은 실손보험이 아니었다면 제공되지 않았을 비급여를 크게 팽창시키고 있다. 사회적으로 불필요하고 과다한 지출을 유발시키고 있는 것이다.

2) 우선순위 설정과 사회적 합의 필요

우리는 건강보험 보장에 관한 서로 다른 시각차를 넘어 우리 사회가 함께 머리를 맞대고 합리적인 방안을 찾아나가야 한다. 우리 사회가 해결해야 할 우선과제와 방법을 찾는다면 어렵지 않다.

- 한 예로, 간병부담을 더 이상 감당하기 어려워지자 비인륜적인 방법이 등장했는데, 그것이 소위 '간병살인'이다. 이 문제에 대해 우리 사회는 이를 사회가 함께 해결해야 할 과제로 볼 것인가, 아니면 안타깝지만 개인의 문제로 내버려둘 것인가를 선택해야 한다. 아마도 대다수 시민들은 우리 사회가 함께 해결해야 할 과제라고 여길 것이다. 그렇다면 이 문제를 해결하기란 쉽다.

반면, 의료비 부담이 크지 않은 경증질환까지 완벽한 무상의료를 해야 한다는 주장에는 적지 않은 시민들이 고개를 갸웃거릴 것이다. 건강보험이 모든 의료비 부담을 100%까지 보장하는 건 좋다 치더라도, 그땐 과잉의료도 크게 늘어날 것이고 시민들이 부담해야 할 비용(건강보험료와 세금)도 덩달아 크게 증가할 것이기 때문이다.

여기서 우리는 쉽게 합의할 수 있는 지점이 생긴다. 적어도 건강보험이 큰 병이나 고액 의료비로 인해 발생하는 시민들의 의료비 고통을 없어야 한다는 데에는 합의 가능할 것이다. 그러기 위한 추가적인 건강보험료나 세금 부담도 동의할 수 있을 것이다. 반면, 건강보험이 경증이나 소액의 의료비까지 모두 보장해 줌으로써 발생하는 불필요한 의료낭비 비용까지 시민들이 함께 부담해야 한다고 한다면 동의를 얻긴 쉽지 않을 것이다.

3. 연간 본인부담상한제 강화 필요성

1) 건강보험의 핵심 과제

우리의 건강보험이 당면한 과제는 세 마리 토끼를 모두 잡아야 한다는 점이다. 첫째, 의료비 걱정을 해소하기 위한 보장성 강화를 추진해야 한다. 둘째, 보장성 강화 시 동반될 수 있는 과잉의료와 같은 낭비적인 의료비 지출은 줄여야 한다. 셋째, 보장성 강화에 필요한 사회적 부담도 국민이 수용할 수 있는 범위 내에서 이뤄져야 한다.

특히 과잉의료와 같은 낭비적인 의료비 지출은 건강보험 보장성 강화뿐 아니라 실손의료보험의 도덕적 해이, 그리고 수익창출을 우선시하는 민간의료기관 중심의 의료공급체계에서도 크게 발생하고 있는 터라, 이에 대한 대책도 반드시 필요하다.

우선 이 보고서에서는 비용효과적인 건강보험 보장성 강화 방안을 중심으로 논의하고자 한다. 우리는 이재명 정부 시대에 추진할 건강보험 보장성 강화는 현행 연간 본인부담상한제를 개혁하는 데서 시작해야 한다고 주장한다.

2) 연간 본인부담상한제 강화의 장점

건강보험 강화는 비용효과적인 방법으로, 최소한의 재정투입으로 최대의 보장성 강화 효과를 얻을 수 있는 정책이 추진되어야 하는데 이에 가장 부합하는 정책이 연간 본인부담상한제 강화다. 이 정책의 장점은 다음과 같다.

첫째, 연간 본인부담상한제 정책은 경증질환·소액질환까지 포함한 일률적인 건강보험 보장 확대보다는 의료비 부담이 큰 중증질환·고액질환 등에 우선하여 보장성 강화를 집중한다. 의료보장제도의 목적이 의료불안 해결을 목표로 한다는 점에서, 의료비 부담이 큰 진료비에 보장성 강화 정책의 우선순위를 두는 것은 매우 바람직하다고 할 수 있다.

둘째, 고액 진료비를 우선 지원함으로써 투입 재원 대비 보장성 강화 효과는 극대화할 수 있다. 아무래도 일률적인 보장 확대에 소요되는 재원보다 목표하는 보장성 타깃에만 재원을 집중 투입하면 더 적은 재원이 들게 된다.

셋째, 보장성 강화로 인한 불필요한 의료비 낭비, 과잉진료, 도덕적 해이 등 논란 발생을 최소화할 수 있다. 보장성을 강화하면 필요한 의료이용뿐 아니라 과잉의료도 늘어나는 것이 당연하다. 하지만 보장성 강화로 인한 과잉의료는 중증질환보다 경증질환에서, 고액질환보다 소액질환에서 더 자주 나타난다는 것은 잘 알려진 사실이다. 즉, 중증·고액질환을 우선한 보장성 강화 정책은 과잉의료 발생을 최소화하는 비용효과적인 정책이다.

2023년 국민건강보험 환자의 연간 진료비 구간별 현황을 살펴보면 다음과 같다. 전체 인구의 약 3.25%에서는 연간 1,000만 원 이상의 진료비가 발생하고 있다. 이들은 인구는 적지만 전체 진료비의 36%를 쓰고 있다. 전체 인구의 83%는 연간 300만 원 이하의 진료비를 지출하고 있으며, 전체 진료비의 34% 정도를 쓰고 있다.

- 평균 건강보험 보장률이 65%임을 고려할 때 연간 1,000만 원의 진료비가 발생할 경우 환자가 부담하는 본인부담 의료비는 약 400만 원이다. 만일 연간 5,000만 원의 진료비가 발생한 경우 환자가 부담하는 본인부담의료비는 2,000만 원이 넘는다. 서민들이 감당할 수 없는 의료비 부담이다.
- 건강보험의 역할이 의료비 부담을 해소하는 것이라는 점에서 보자면, 중증질환의 보장률이 80%라 해도 환자부담은 절대적으로 클 수밖에 없다. 반면, 경증질환은 보장률이 50%로 낮더라도 환자부담은 적다. 따라서 중

표 6 | 2023년 국민건강보험 환자의 연간 진료비 구간별 인구 비중 및 진료비 비중(단위: %)

연간 진료비	인구 비중	진료비 비중
5,000만 원 초과	0.25	9.07
1,000만 원 초과 ~ 5,000만 원 이하	3.00	26.81
500만 원 초과 ~ 1,000만 원 이하	5.30	15.84
300만 원 초과 ~ 500만 원 이하	8.46	14.30
100만 원 초과 ~ 300만 원 이하	31.09	24.10
100만 원 이하	51.90	9.89

중질환일수록 그리고 진료가 높을수록 보장률은 훨씬 높아야 한다. 고액·중증질환의 부담을 획기적으로 줄일 수 있는 방안이 바로 연간 본인부담 상한제다.

3) 현행 연간 본인부담상한제의 문제점

현행 건강보험제도에서도 연간 본인부담상한제도가 존재한다. 2004년 시작된 본인부담상한제는 소득구간에 따라 설정한 본인부담 상한을 두고 있고 상한금액과 기준이 수차례에 걸쳐 변화되어 왔다(〈표 7〉).

하지만 현행 연간 본인부담상한제가 중증 고액질환의 의료비 부담을 덜어주는 역할은 크지 않다. 지난 2023년 본인부담 환급액은 2조 6,278억 원이었는데, 이는 건강보험 전체 진료비(110조 원)의 2.4% 수준에 불과했다. 환급 대상 국민은 201만 명으로 대상 국민의 4.1%에 불과하다. 〈표 6〉에서 연간 진료비가 1,000만 원 이상이 3.25%, 500만 원 이상이 8.55%라는 점을 고려할 때 연간 진료비가 1,000만 원 정도는 발생해야 연간 본인부담상한제의 혜택을 볼 수 있을 정도로 기준이 높다고 할 수 있다.

환급을 받은 대상자의 1인당 평균 환급액을 계산해 보면, 평균 131만 원에

표 7 | 연도별 본인부담상한액 현황

연도	연평균 건강보험료 분위(저소득 → 고소득)						
	1분위	2~3분위	4~5분위	6~7분위	8분위	9분위	10분위
2004년 7월	6개월간 300만 원(제도 시행)						
2007년 7월	6개월간 200만 원						
2009년 1월	연간 200만 원(하위 50%)			300만 원(중위 30%)		400만 원(상위 20%)	
2014년	120만 원	150만 원	200만 원	250만 원	300만 원	400만 원	500만 원
2015년	121만 원	151만 원	202만 원	253만 원	303만 원	405만 원	506만 원
2016년	121만 원	152만 원	203만 원	254만 원	305만 원	407만 원	509만 원
2017년	122만 원	153만 원	205만 원	256만 원	308만 원	411만 원	514만 원
2018년	80만 원	100만 원	150만 원	260만 원	313만 원	418만 원	523만 원
요양병원 120일 초과 입원	124만 원	155만 원	208만 원				
2019년	81만 원	101만 원	152만 원	280만 원	350만 원	430만 원	580만 원
요양병원 120일 초과 입원	125만 원	157만 원	211만 원				
2020년	81만 원	101만 원	152만 원	281만 원	351만 원	431만 원	582만 원
요양병원 120일 초과 입원	125만 원	157만 원	211만 원				
2021년	81만 원	101만 원	152만 원	282만 원	352만 원	433만 원	584만 원
요양병원 120일 초과 입원	125만 원	157만 원	212만 원				
2022년	83만 원	103만 원	155만 원	289만 원	360만 원	443만 원	598만 원
요양병원 120일 초과 입원	128만 원	160만 원	217만 원				
2023년	87만 원	108만 원	162만 원	303만 원	414만 원	497만 원	780만 원
요양병원 120일 초과 입원	134만 원	168만 원	227만 원	375만 원	538만 원	646만 원	1,014만 원
2024년	87만 원	108만 원	167만 원	313만 원	428만 원	514만 원	808만 원
요양병원 120일 초과 입원	138만 원	174만 원	235만 원	388만 원	557만 원	669만 원	1,050만 원

자료: 보건복지부.

불과하다. 이것으로 의료비 부담을 해소해 주기는 어려울 것이다. 더구나 소득구간별로 살펴보면 201만 명 중 88%가 하위 1~5분위 계층으로, 이 계층에 환급액의 75.7%가 집중되었다. 6~10분위 계층은 상대적인 혜택을 적게 누리고 있다. 이들 계층에서 중증질환이 덜 발생할 리도 없을 터다(〈표 8〉).

현행 연간 본인부담상한제만으로는 의료비 부담을 완전히 해소해 줄 것이라 기대하기 어렵다. 그 이유를 분석해 보면 다음과 같다.

표 8 | 2023년 소득분위별 연간 본인부담 상한 초과 환급액 현황

구간	소득분위(상한액)	대상자(명)		지급액(억 원)	
		인원	%	금액	%
	계	201만 1,580	100.0	2조 6,278	100.0
1	1분위(87만 원/134만 원)	62만 1,203	30.9	6,992	26.6
2	2~3분위(108만 원/168만 원)	81만 4,072	40.5	8,313	31.6
3	4~5분위(162만 원/227만 원)	33만 3,289	16.6	4,594	17.5
	1~5분위	176만 8,564	88.0	19,899	75.7
4	6~7분위(303만 원/375만 원)	14만 1,793	7.0	3,281	12.5
5	8분위(414만 원/538만 원)	4만 3,614	2.1	1,193	4.5
6	9분위(497만 원/646만 원)	4만 430	2.0	1,197	4.6
7	10분위(780만 원/1,014만 원)	1만 7,179	0.9	705	2.7

자료: 보건복지부.

첫째, 상한액 기준이 소득구간에 따라 설정되어 있는데, 상한액 기준이 너무 높다. 정부는 이 기준의 근거에 대해 소득의 10% 수준이라 하지만, 소득의 10%도 매우 높다. 한 예로, 독일도 우리와 동일한 상한제도를 운영하는데, 소득의 1~2%로 기준을 설정하고 있다.

둘째, 현행 본인부담상한제 대상이 법정 본인부담금만을 대상으로 하고 있고, 환자부담률이 큰 선별급여의 본인부담금은 제외되어 있다는 점이다. 선별급여란 급여 대상진료비 중 환자가 부담해야 할 본인부담률을 50% 이상으로 높게 설정한 급여 대상을 말한다. 예로, 현재 2인실의 본인부담률이 50%인데, 이때 발생하는 환자부담은 연간 상한액 적용을 받지 못한다.

셋째, 진료에 필수적인데도 급여가 되지 않는 비급여가 여전히 존재한다는 점이다. 예로, 필수진료에 이용되는 MRI, 초음파 등의 일부가 비급여로 남겨져 있다. 비급여 본인부담금은 상한제 대상이 될 수 없다. 그래서 실제로는 정부가 제시하는 상한액 기준인 소득의 10%보다 훨씬 높다.

표 9 | 본인부담상한제 개혁 전후 비교

		현행 본인부담상한제	본인부담상한제 개혁 방안
상한제 적용 대상 환자부담 의료비	법정 본인부담	적용	적용
	선별급여	미적용	적용(단계적)
	필수 비급여	미적용	적용(급여전환 전제)
	비필수 비급여	미적용	미적용
상한제 설정방법		7개 소득구간 정액, 87만~808만 원	3개 소득구간 정액 1~3분위: 50만 원 4~7분위: 150만 원 8~10분위: 300만 원
적용방법		사후 환급	사전 환급
대상범위		급성기 및 요양병원 진료비	좌동

4) 연간 본인부담상한제 개혁 방안

우리는 연간 본인부담상한제가 국민의 의료비 부담을 해결할 수 있도록 작동하려면 다음과 같은 개혁이 필요하다고 주장한다.

첫째, 본인부담상한액 기준을 지금보다 낮춰야 하고, 소득구간도 단순화해야 한다. 우리는 상한액 기준을 현행의 절반 수준 아래로 낮출 것을 주장한다. 정부 기준대로라면 소득기준을 10%가 아니라 5% 이하로 낮추자는 것이다. 동시에 소득구간도 7개 구간으로 복잡하다. 이를 3개 구간으로 단순화하자. 즉, 7개 소득구간 87만~808만 원을 3개 소득구간으로 각각 50만 원/150만 원/300만 원 수준으로 낮추자.

둘째, 본인부담상한제 적용 대상 의료비를 선별급여로 확대해야 한다. 선별급여의 환자부담도 50%, 80%, 90%가 있다. 50% 선별급여부터 점차적으로 상한제 대상에 포함해야 한다. 동시에 진료에 필요한 필수적인 비급여에 대해서는 급여화가 필요하다.

셋째, 상한제 적용방식을 사후 환급에서 사전 환급으로 변경해야 한다. 현재 상한액을 초과한 금액은 당해년도가 아닌 차기년도가 되어야 환급을 받는 구조다. 상한액 기준은 당해연도에 적용할 수 있어야 하는데, 이를 위한 한 방법이 소득기준을 당해년도가 아니라 전년도를 기준으로 적용하는 것이다. 이렇게 한다면 어렵지 않게 적용 가능하다.

개혁은 단계적인 추진이 가능하며, 다양한 방식을 적용할 수 있다. 한 예로, 입원진료비와 외래진료비에 대해 각각 별도의 본인부담상한제를 적용할 수 있다. 스웨덴이 대표적이다. 스웨덴의 본인부담상한제는 입원과 외래, 약제비에 각각 다른 기준이 적용되며 그 기준도 50만 원 수준으로 매우 적게 설정되어 있다.

연간 본인부담상한제 개혁에 소요되는 재원에 대해서는 별도 추계가 필요할 것이다. 단순히 대상자 수가 현행보다 2배로 늘어난다면 재원도 2배로 늘어날 것이다. 즉, 2조 6,000억 원 수준이 아닌 5조 원 이상으로 늘어날 것이다. 이에 대한 재원을 마련하기 위해서는 국고지원을 확대하거나 국민건강보험료를 인상해야 할 것이다. 모두 국민의 동의가 필요하다. 따라서 사회적 공론화를 위한 논의가 필요할 것이라 판단된다.

5) 연간 본인부담상한제와 병행해야 할 개혁 과제

연간 본인부담상한제가 제대로 작동한다면, 실손의료보험의 역할은 지금과는 달라질 것으로 예상된다. 주요한 필수영역에서 의료비 문제는 건강보험만으로 해결 가능해지게 된다. 실손의료보험의 필요성은 사실상 사라진다. 대신 실손의료보험은 필수의료 영역보다는 고급의료 수요, 신의료기술 도입 초기 등에서 한정된 역할을 할 것이다. 매우 바람직한 방향이다. 하지만 당장은 어렵다. 실손의료보험 개혁 방안에 대해서는 다음 장에서 자세히 다룰 것이다.

윤석열 정부 들어 사실상 중단된 비급여의 급여화 정책은 지속되어야 한다. 비급여는 건강보험의 통제밖에 존재하게 되어 가격과 양을 통제할 수 없다. 더욱이 실손의료보험이 보상해 주고 일부 의료기관이 활용할 가능성이 매우 커서 건강보험 보장에 악영향을 주고 사회적 낭비를 부추긴다. 현재 실손의료보험이 보상해 주는 도수치료나 비급여주사제와 같은 비급여가 심각한 사회적 문제가 되고 있는 이유다. 따라서 비급여는 적정성 평가에 따라 급여 혹은 선별급여, 혹은 관리급여 같은 방식으로 급여화하여 규제가 필요하다.

과잉의료나 실손의료보험의 문제가 지속되는 근본적인 이유에는 잘못된 수가제도도 존재한다. 급여항목의 저수가는 의료공급자에게 충분한 보상이 이뤄지지 않게 하여 과잉진료를 유발한다. 또한 높은 보상이 이뤄지는 비급여 분야로 의료인력의 유출을 초래하여 필수의료를 약화시키는 문제도 발생하고 있다. 급여의 적정수가화와 비급여의 규제가 필요한 이유다. 이제 우리도 가치기반의 의료지불제도를 적극적으로 도입할 필요가 있다. 가치 있는 의료서비스를 제공한다면 그 공급자는 더 높은 가격을 보상받을 것이고, 가치가 부족한 의료서비스를 제공할 경우 더 낮은 가격만 보상 받는 엄정한 수가제도를 도입한다면 의료공급자가 적정 진료와 양질의 의료서비스를 제공할 수 있는 충분한 유인이 될 것이다.

약제비에 대한 개혁도 필요하다. 치료에 효과적이고 필수적인데도 건강보험 적용이 안 되는 고가 항암제는 최근 중증질환 국민의 의료비 부담을 크게 높이는 원인이다. 반면, 치료 효과가 검증되지 않았는데도 건강보험이 적용되어 건강보험 재정을 축내는 약들도 상당하다. 대표적인 예가 소위 뇌영양제인 콜린알포세레이트라 할 수 있다. 효과가 검증된 약은 신속히 건강보험 보장을 해야 하고, 검증되지 않은 약은 퇴출시켜 건강보험 재정을 절약해야 한다.

참고문헌

금융위원회 보도자료. 2025.4.1.「낮은 보험료로 정말 필요할 때 도움되는 실손의료보험」.
「2023년 건강보험환자 진료비 실태조사」. 건강보험공단.
보험연구원 이슈보고서. 2022.7.13.「실손의료보험 비급여 보험금 분석」.
보건복지부 보도자료. 2024.9.2.「본인부담상한액 초과 의료비 지급절차 개시」.

제 8 장

—

건강보험 하나로도 충분했으면(2)

실손보험 개혁 과제와 방안

대표저자

보장성강화와실손보험개선분과 분과장 김종명

공저자

김성주

오주환

강희경

안정희

유미화

하은진

Table of Contents

요 약

실손의료보험의 문제점과 평가

실손의료보험은 2007년 처음 출시된 이후 우리 사회에 많은 논란과 이슈를 가져왔다. 갱신마다 폭등하는 실손보험료에 보험가입자의 원성은 크고, 보험사는 실손보험료의 높은 손해율로 손해를 보고 있다고 항변하면서 비급여 규제와 보험료 인상을 주장한다. 최근에는 실손의료보험이 보상해 주는 비급여 진료영역으로 의료인력의 쏠림이 심각해지고 필수의료와 지역의료의 약화를 초래하고 있다는 주장이 제기되면서 의료개혁의 중요 의제 중 하나로 떠올랐다. 이에 실손의료보험의 문제점을 평가하고, 개혁 방안을 내야 할 시점이 되었다.

실손의료보험은 비급여 팽창을 유발하고 정부의 건강보험 보장성 강화 정책을 반감시키고 있다. 그간 지속적인 건강보험 보장성 강화로 중증질환·고액질환·입원진료의 보장률은 크게 개선되었는데도 건강보험의 평균 보장률 지표는 60% 초중반에서 정체되어 있다. 이는 경증질환·소액질환·외래진료의 보장률이 정체 혹은 하락했기 때문인데 여기에 실손의료보험의 비급여 팽창효과가 크게 작용했다.

건강보험 보장 효과는 주로 큰 질환을 다루는 종합병원과 상급병원에서 크게 나타났는데, 한 예로 비급여가 크게 줄었다. 반면, 요양병원과 의원급의 보장률은 감소했는데, 이는 비급여 비중이 크게 늘어난 결과다.

2023년 실손보험금으로 지급된 총 8.2조 원의 비급여를 세분해 보면, 도수치료/증식치료/체외충격파 등 근골격계질환이 2.3조 원, 비급여주사제가 2.3조 원으로 두 분야가 비급여 보험금의 절반 이상을 차지했다. 실손의료보험이 주로 보상하는 비급여 진료를 많이 하는 병·의원일수록 건강보험 보장률은 낮다.

실손의료보험은 애초부터 잘못 설계된 채로 출시되었다는 점을 알 필요가 있다. 2005년경 의료산업선진화위원회는 실손의료보험 논의 시, 법정 본인부담금과 외래진료에 대한 급여를 제한할 것을 권고했지만, 실제 출시된 상품은 모든 환자의 본인부담금을 100% 보장하는 상품으로 출시되었다. 이후 계속된 실손의료보험의 비급여 팽창과 보험료 폭등, 보험사의 손해율 증가로 이후 출시되는 실손의료보험은 본인부담률을 계속 상향하는 개혁을 취해왔다.

실손보험의 본인부담률은 세대별로 다음과 같다. 1세대는 본인부담률이 0%, 2세대는 10%, 3세대는 20%, 4세대는 30% 정도다. 1세대일수록 실손보험료가 크게 비싼데, 무려 4세대 보험료의 3배에 이른다. 본인부담률이 없는 이전 실손일수록 도덕적 해이 현상이 크게 나타나고, 본인부담률이 높은 최신 실손일수록 도덕적 해이가 줄어드는 양상을 보인다.

현재 실손의료보험의 역할은 건강보험의 보완적 역할을 하리라는 기대와는 달리 비급여를 팽창시켜 국민의료비 부담을 늘리고 건강보험 보장률을 떨어뜨리는 악영향을 끼치고 있다. 고액·중증질환의 보장률은 80% 수준으로 건강보험이 큰 역할을 하고 있는 반면, 실손의료보험은 주로 근골격계질환의 비급여 치료, 외래진료의 비급여주사제 등을 보상해주는 역할에 머물고 있다. 이들 비급여조차 실손의료보험이 없었다면 제공되기 어려웠던 것으로 실손의료보험의 효과로 창출된 것이다. 실손의료보험이 비급여 남발로 불필요한 국민의료비 지출을 부추기고 건강보험의 보장률을 저해하는 악영향을 초래하고 있다고 비판하는 이유다.

건강보험 강화로 실손의료보험 역할 축소 필요

실손보험금 지출은 고액·중증질환의 의료비 부담을 덜어주기보다, 근골격계질환이나 외래 경증질환의 비급여 보상에 집중되어 있다. 전자를 목표로 실손의료보험에 가입하기엔 보험료 낭비가 크다. 고액·중증질환의 보장은 이미 건강보험이 대부분을 담당하고 있으며, 좀 더 건강보험 역할을 높인다면 실손의료보험 가입의 필요성은 크게 줄어들 것이다. 실손의료보험의 근본적인 개혁은 건강보험을 강화하여 실손의료보험의 역할을 줄이는 것이다.

실손의료보험은 건강보험이 보장해 주지 않고 있는 비급여를 주로 보상하며, 비급여의 팽창과 낭비를 초래한다. 따라서 비급여에 대한 규제가 필요하다. 비급여의 급여화는 실손의료보험의 비급여 팽창과 도덕적 해이를 줄이는 효과를 갖는다. 하지만 모든 비급여를 급여화하기란 쉽지 않다. 모든 비급여가 급여화가 필요할 만큼 의학적 타당성을 갖고 있진 않다. 따라서 비급여의 급여화는 법정 급여(환자부담 20~30%), 선별급여(환자부담 50~90%), 관리급여(환자부담 95%) 등 다양한 방식으로 이뤄져야 한다.

우리는 비급여의 급여화와 함께 건강보험 강화 방안으로 현행 연간 본인부담상한제를 개혁하고 강화할 것을 주장한다. 우리의 제안대로 연간 본인부담상한제가 실시될 수 있다면, 실손의료보험의 기능과 역할은 크게 달라질 것이다. 더 이상 고액·중증질환에 대한 의료비 걱정으로 실손의료보험에 가입할 필요는 없어질 것이다. 실손의료보험은 더 이상 모든 국민이 가입해야 하는 필수 상품이 아니라, 고급의료 수요나 부가적인 서비스를 위해 선택적으로 구매하는 상품이 될 것이다.

실손의료보험의 상품과 개혁 방안

그럼에도 건강보험 보장성 강화가 완성되기까지는 많은 시간이 필요하므로, 당장의 실손의료보험의 개혁도 동시에 추진되어야 한다. 실손의료보험 상품 개혁의 쟁점은 실손의료보험 상품 구조를 어떻게 바꿀 것인가와 기존 실손의료보험 가입자에 대한 정책은 무엇이어야 하느냐다. 이에 대해 최근 의료개혁특별위원회는 의료개혁의 주요 추진과제 중 하나로 실손의료보험 개혁을 논의했고, 2025년 3월 19일 개혁 방안을 발표했다. 금융위원회도 의료개혁특위의 안을 대체로 수용하면서 새로 출시할 5세대 실손보험 개혁 방안을 발표했다.

우리는 의료개혁위에서 논의한 방안에 대해 기본적으로 지지하고 있으며, 다음과 같이 실손의료보험을 개혁할 것을 주장한다.

첫째, 의료개혁위는 새로운 5세대 상품의 약관에서 비중증질환의 비급여에 대한 자기본인부담률을 상향(50%)하고, 심각한 도덕적 해이가 발생하고 있는 도수치료/증식치료/체외충격파 및 비급여주사제의 실손보상을 제한하는 안을 제시했다. 또한 일부 비급여(도수/체외충격파 등)에 대해서는 관리의료로 편입할 예정이다.

우리는 의료개혁특위에서 제안한 실손의료보험 개혁 방안을 적극 지지하며, 추가적인 보완을 요구한다. 일부 비급여의 관리급여 적용에만 머물러선 안 되며, 비급여의 전면적 급여화를 추진해야 한다. 물론 급여 방식은 급여 적정성 평가에 따라 보험급여, 선별급여, 관리급여로 나누어 추진할 수 있다. 의료개혁위 안대로 일부 비급여의 실손보상 제외와 관리의료 편입이 이뤄진다면, 필수의료 분야의 의료인력 이탈을 막는 계기가 될 것이라 생각된다.

둘째, 현행 실손의료보험 문제는 사실 4세대 보험보다는 1, 2세대 보험 가입자에게서 더 크게 나타나고 있다. 새로운 실손 상품에서 변경된 약관은 기존 가입자에게는 적용되지 않는다. 이에 의료개혁위에서는 기존 가입자에게는 계약 매입, 계약전환 지원을 통해 최신 실손으로 갈아타는 정책지원을 제시했다.

이 역시 바람직한 정책이다. 다만, 계약전환은 강요보다 합리적인 의료소비자라면 자연스럽게 보험료가 더 저렴한 최신 실손보험으로 갈아탈 수 있도록 세심한 정책지원이 필요하다. 가입자에게 실손의료보험의 문제점(정확한 보험료 정보와 보험료 인상, 의료이용의 양상, 새로운 상품의 장점 등)을 알리고 합리적 선택을 할 수 있도록 해야 하며, 계약전환 과정에서 보험인수가 거부되는 등 가입자의 피해가 발생하지 않도록 해야 한다.

1. 실손의료보험의 평가

1) 실손의료보험 평가의 필요성

실손의료보험은 2007년 처음 출시된 이후 우리 사회에 많은 논란과 이슈를 가져왔다. 갱신마다 폭등하는 실손보험료에 보험 가입자의 원성은 크고, 보험사는 실손보험료의 높은 손해율로 손해를 보고 있다고 항변하면서 비급여 규제와 보험료 인상을 주장한다. 실손의료보험은 비급여를 팽창시켜 국민의 의료비 부담을 상승시키고 건강보험의 보장성 강화 정책 효과를 반감시키고 있기도 하다.

최근에는 의대 정원 확대로 촉발된 의정갈등을 해소하고 필수의료 강화를 목표로 설치된 대통령실 직속 '의료개혁특별위원회'의 중요 의제 중 하나로 실손의료보험 개혁이 논의되고 있다. 실손의료보험이 보상해 주는 비급여 진료 영역으로 의료인력의 쏠림이 심각해지고 있고 이는 필수의료와 지역의료를 약화시키고 있다는 점이 지적되고 있기 때문이다. 의료개혁특위는 실손의료보험 상품 개혁안을 제시했고 금융위원회에서는 2026년 상반기 5세대 실손의료보험 출시는 준비하고 있다. 이에 대한 평가도 필요하다.

보험사, 보험가입자, 의료공급자, 정부(보건복지부와 금융위원회), 시민사회 등 실손의료보험을 둘러싸고 다양한 이해관계자들이 존재하고 있고 서로 이해관계도 첨예하게 대립하고 있다. 실손의료보험 개혁안에 대한 입장도 이해관계에 따라 다양하다. 이에 의료소비자, 시민의 시각에서 실손의료보험의 기능과 역할을 분석하고, 올바른 대안을 찾는 일이 필요한 시점이다. 이 이슈페이퍼가 작성된 동기다.

2) 실손의료보험이 건강보험 보장에 미친 악영향

실손의료보험은 비급여를 팽창시키고 이것이 건강보험 보장을 떨어뜨리는 효과를 나타내고 있다는 점은 의외로 잘 알려져 있지 않다. 지난 문재인정부가 '문재인케어'라 명명하며 야심차게 추진한 보장성 강화가 절반의 성공에 그친 이유도 바로 실손의료보험 때문이다. 이에 대한 논의부터 시작하고자 한다.

실손의료보험이 건강보험 보장에 미치는 효과는 간단한 분석을 통해 쉽게 알 수 있다. 그간 정부는 지속적인 건강보험 보장성 강화를 추진했는데, 결과적으로 보장률 상승은 미미한 결과를 초래했다(〈그림 1〉). 이를 두고 건강보험 보장성 강화 자체가 무의미하다고 비판하기도 한다. 하지만 보장성 강화 정책의 효과는 분명히 있었다. 문제는 보장 효과가 모든 의료기관과 모든 진료영역에서 나타나지 않고 의료기관의 종별에 따라 달리 나타났다는 것이다. 쉽게 설명하면 종합병원 의료기관 이상에서는 보장률이 크게 개선되었지만, 병원이

그림 1 | 건강보험 보장률 추이

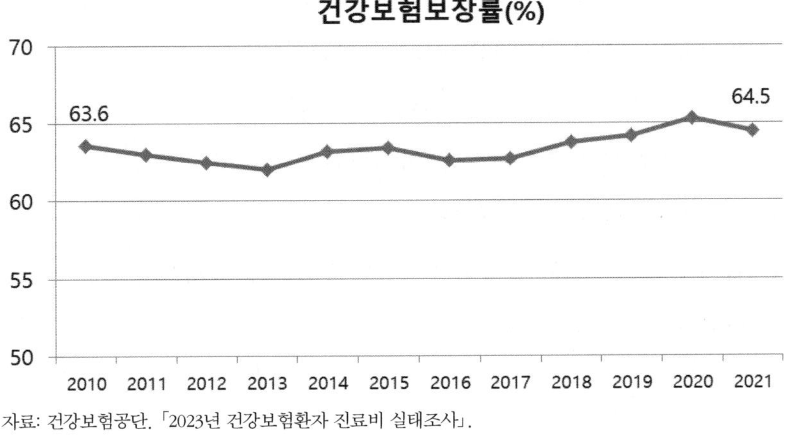

자료: 건강보험공단. 「2023년 건강보험환자 진료비 실태조사」.

그림 2 | 의료기관 종별 건강보험 보장률 변화 추이

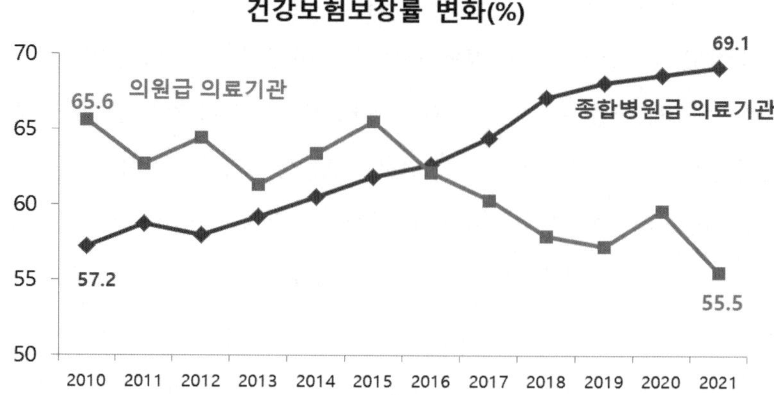

나 의원급 의료기관에서는 오히려 보장률이 하락했다(〈그림 2〉).

따라서 건강보험 보장정책의 효과가 지표상 제한적이고 특정 의료기관에서만 나타난 이유를 분석할 필요가 있다. 건강보험 보장 확대정책은 비급여를 급여화하여 비급여를 축소하는 정책이라 할 수 있다. 반면, 비급여를 보상해 주는 실손의료보험은 비급여를 확대시키는 효과를 낸다. 비급여의 급여화가 종합병원급 의료기관에서는 목표한 효과를 달성했지만, 의원급 의료기관에서는 오히려 비급여가 팽창되는 이상 현상이 나타났다(〈표 1〉).

의원급 의료기관 내에서도 진료과에 따라 비급여 변화는 크게 상이한 양상을 보인다. 실손의료보험이 보상해 주는 비급여 진료가 용이한 진료과(예: 정형외과, 재활의학과 등)의 비급여 비중은 크게 증가한 반면, 실손의료보험이 보상하는 비급여 진료가 어려운 진료과(예: 정신과, 산부인과)는 건강보험 보장 효과가 크게 나타났다(〈표 2〉).

표 1 | 의료기관 종별 보장률 및 비급여 비중 변화(단위: %)

의료기관 종별	보장률 변화	비급여 변화
	2012년 → 2023년	2012년 → 2023년
건강보험 전체	62.5 → 64.9	17.0 → 15.2
상급종합병원	57.4 → 70.8	26.3 → 8.2
종합병원	58.7 → 67.3	22.1 → 8.7
병원	51.6 → 51.8	29.2 → 29.6
요양병원	74.8 → 70.8	3.9 → 9.9
의원	64.4 → 55.5	14.8 → 25.0

표 2 | 의원급 의료기관 진료과별 보장률 및 비중 변화(단위: %)

의료기관 종별	보장률 변화	비급여 변화
	2012년 → 2023년	2012년 → 2023년
의원급 전체	65.5 → 57.3	14.8 → 22.4
내과	70.6 → 61.2	12.8 → 20.3
정신과	66.9 → 72.2	6.0 → 5.3
소아과	71.3 → 56.1	7.5 → 28.0
산부인과	41.9 → 57.0	44.7 → 19.2
정형외과	64.2 → 49.1	13.1 → 31.0
재활의학과	54.7 → 34.4	30.8 → 49.6

2023년 건강보험환자 진료비 실태조사를 활용하여 의료기관 종별 비급여를 추정하면, 종합병원급 이상의 비급여 총액은 약 4조 원으로 전체 비급여의 20%에 불과하며, 비급여의 대다수가 병원, 의원, 치과의원에 집중되어 있음을 알 수 있다. 건강보험 보장성 강화 정책은 종합병원급 이상 의료기관에서는 효과적으로 비급여를 줄였지만, 병원과 의원급 의료기관에서는 효과가 없었고, 오히려 비급여의 팽창현상이 나타났다.

이렇듯 실손의료보험이 보상하는 비급여 진료가 가능한 의료기관이나 진료 영역에서의 비급여 팽창이 크게 나타난 현상에서 알 수 있듯이 실손의료보험은 건강보험 보장성 강화를 반감시키고 있고, 비급여를 팽창시켜 건강보험 보

표 3 | 의료기관 종별 비급여 비중(2023년)

	전체	입원	외래
전체	19조 8,608억 원	6조 5,619억 원	13조 8,219억 원
상급종합	1조 8,377억 원	1조 2,502억 원	5,654억 원
종합	2조 2,621억 원	1조 4,307억 원	8,348억 원
병원	4조 2,338억 원	2조 7,385억 원	1조 4,871억 원
요양병원	7,754억 원	6,867억 원	1,121억 원
정신병원	203억 원	139억 원	35억 원
의원	7조 774억 원	8,615억 원	6조 2,479억 원
치과병원	5,257억 원		5,080억 원
치과의원	5조 1,865억 원		5조 1,865억 원
한방병원	5,683억 원	3,222억 원	2,238억 원
한의원	7,149억 원		7,155억 원
약국	5,681억 원		

장률을 하락시키는 핵심 원인이다.

3) 실손의료보험의 비급여 특징

실손의료보험 지급 보험금은 2023년 실손지급액 14조 원에 이른다. 그중 비급여가 8.2조 원으로 60%다. 2023년 비급여 총액은 20.2조 원으로 추정되는데, 그중 40%를 실손의료보험이 보상했다. 8.2조 원의 비급여 중 도수치료 등 근골격계질환이 2.3조 원, 비급여주사제가 2.3조 원으로 두 분야가 비급여 보험금의 절반 이상을 차지했다. 이들 비급여는 종합병원급 의료기관에서는 거의 제공하지 않는다. 주로 중소병원이나 요양병원, 동네의원에서 제공하는 비급여다.

보험연구원의 분석에 의하면, 청구된 비급여의 절반 이상(51.4%)이 근골격계 및 상해질환이었다. 앞에서 재활의학과, 정형외과 등의 진료과에서 비급여

표 4 | 실손의료보험 지급 보험금 추이

연도	2015년	2016년	2017년	2018년	2019년	2020년	2021년	2023년
실손보험금 지급액	5.6조	6.9조	7.5조	8.8조	11.0조	11.8조	12.4조	14.0조

그림 3 | 비급여의 질병별 비중 및 입원/외래의 비급여 비중

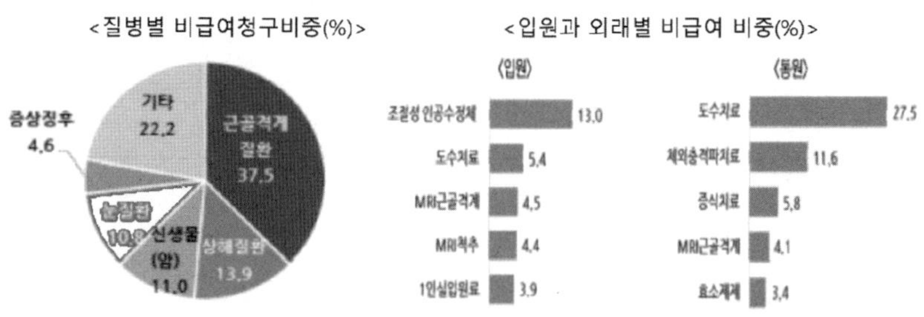

비중이 크게 증가한 현상도 이와 관련 있다. 또한 입원진료로 청구된 비급여는 인공수정체, 도수치료, MRI 순이었으며, 외래진료로 청구된 비급여는 도수치료, 체외충격파, 증식치료, MRI 순이었다. 입원 외래을 보면 모두 근골격계 관련 질환에서 비급여 실손청구가 많았다.

4) 세대별 실손의료보험의 특징과 차이점

2007년 처음 출시된 실손의료보험은 지금까지 4번에 걸쳐 큰 개혁을 추진해 왔다. 주요한 개혁내용은 보험약관 표준화, 본인부담률 상향, 단독형 출시, 주기적인 약관 개정, 보험료 할증 등이다. 세대별 실손의료보험 간의 핵심적인 차별점은 본인부담률에 있다. 2007년 첫 출시된 1세대는 본인부담률이 0%였고, 2009년 개정된 2세대 실손보험은 10%로 상향되었다. 3세대부터는 단독형으로만 판매하도록 했고 본인부담률은 20%로 추가 상승했으며, 4세대부터는

표 5 | 세대별 실손의료보험의 특징 비교

	1세대 표준화 이전	2세대 표준화 상품	3세대	4세대
판매시기	2009년 10월 이전	2017년 4월 이전	2017년 4월 이후	2021년 7월 1일
가입자 수*	820만 명	1,912만 명	956만 명	232만 명
상품구조	통합형	주로 통합형	단독형 (주계약/특약)	단독형 (주계약/특약), 할인할증
갱신주기	3~5년	3년	1년	1년
본인부담률 급여/비급여	0%/0%	10~20%/10~20%	10~20%/20~30%	20%/30%

* 2022년 말 기준.

비급여의 본인부담률을 30%로 의무화했다.

세대별 실손의료보험의 보험료 간에도 큰 차이가 있다. 1세대일수록 보험료가 크게 비싸다. 1세대 보험료는 4세대보다 3배 이상 비싼데, 이는 1세대일수록 본인부담률이 낮아 의료이용량이 더 많다는 것을 의미한다. 세대별로 진화할수록 실손의료보험료는 저렴해지는데, 최신 실손보험일수록 본인부담률이 높아져 상대적으로 과잉진료의 여지가 줄어든 것이다.

그럼에도 모든 세대에서 실손보험의 위험손해율은 100%를 초과하고 있는데, 세대별 의료이용 정도의 차이는 있으나, 실손보험 자체가 의료이용을 증가시키고 있다. 본인부담률이 부과되더라도 비급여 가격에 대한 환자부담은 크

표 6 | 세대별 실손담보 보험료 비교

상품 종류	현행 보험료(2021년 6월 기준)
1세대(2009년 9월 이전)	40,749원
2세대(2009년 10월~2017년 3월)	24,738원
3세대(2017년 4월~2021년 6월)	13,326원
4세대(2021년 7월~)	11,982원

자료: 금융위원회.

그림 4 | 실손의료보험 증가 추이(매년 위험률 10% 상승 가정)

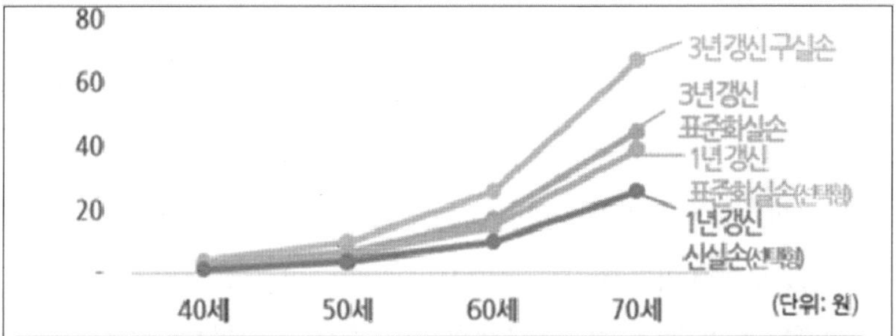

(단위: 원)

상품 구분	40세	50세	60세	70세
3년 갱신 구실손	38,237	99,177	257,239	667,213
3년 갱신 표준화실손	25,467	66,055	171,329	444,384
1년 갱신 표준화 실손(선택형)	22,244	57,695	149,647	388,145
1년 갱신 신실손(선택형)	14,794	38,372	99,527	258,146

자료: 보험연구원.

게 줄어듦으로 의료이용은 늘어날 수밖에 없다. 특히 비급여의 급여화 정책에서 배제된 비급여 항목들, 도수치료, 증식치료, MRI, 인공수정체, 비급여주사제 등의 의료이용이 크게 증가하고 있다.

보험연구원의 분석에 의하면, 실손의료보험료의 증가율이 현 상태대로 연 10%씩 증가할 때, 현재 40세의 실손보험료는 30년 후인 70세가 되면 무려 20배까지 증가한 66만 원에 이를 것이라고 한다. 연령의 증가에 따라 소득이 줄어든다는 점을 고려할 때, 수십만 원에 이르는 실손보험료를 감당할 국민은 없을 것이다. 실손의료보험의 지속가능성에 회의를 가질 수밖에 없는 이유다.

5) 실손의료보험의 도덕적 해이

보험의 도입으로 의료서비스의 한계가격이 낮아지면 의료이용이 늘어나기 마련이다. 이를 경제적 용어로 '도덕적 해이'라 하기도 한다. 도덕적 해이는 부도덕한 행위를 말하기보단, 가격에 대한 소비자의 자연스러운 반응에 가깝다.

실손의료보험이 비급여의 팽창과 의료이용의 증가를 초래하는 것은 자연스러운 현상이다. 한 예로, 통증환자에게 30분에 10만 원짜리 도수치료를 권한다고 할 때, 실손보험이 없는 환자라면 도수치료를 선택하기 어렵다. 반면, 실손보험을 갖고 있어 10만 원짜리 도수치료의 본인부담이 1만 원으로 줄어든다면 도수치료를 쉽게 선택할 것이다. 특히 초기 실손보험 가입자들은 비급여 본인부담률이 0~10%라 비용 부담이 없어 비싼 도수치료를 쉬이 선택한다. 의료공급자는 실손이 비급여를 보상해 주는 현실을 이용하여 비급여 가격을 올리고 비급여 위주로 진료하고 있다. 이는 건강보험의 보장률을 떨어뜨릴 뿐 아니라, 사회적으로 국민의 의료비 부담을 늘리고 있어 문제가 된다.

실손의료보험의 도덕적 해이는 건강보험의 보장 확대와는 다른 측면이 있다. 건강보험의 보험료는 세금의 성격을 갖고 있으며 소득에 비례하여 부과한다. 의료이용은 필요에 기반한다. 건강보험료에는 비용 의식이 없다. 건강보험료를 많이 내는 게 아까워 의료를 많이 이용하여 보상을 받아야겠다고 인식하진 않는다. 반면, 실손의료보험은 소득이 아니라 개인의 위험률에 기초하여 보험료를 부과한다. 그러다 보니 비용의식이 발생한다. 실손의료보험료가 갱신 시마다 크게 인상된다면 낸 보험료가 아깝게 느껴지고 필요할 때 크게 혜택을 보려는 심리가 발생한다. 즉, 건강보험의 보장성 강화로 나타나는 의료이용 증가보다 실손의료보험의 도입으로 나타나는 의료이용 증가가 더 크게 나타난다. 실손의료보험의 도덕적 해이가 규모도 크고 과잉의료가 유발한다고 할 수 있다.

6) 초기부터 잘못 설계된 실손의료보험

2007년 처음 출시된 실손의료보험은 출시 전부터 많은 논쟁이 있었다. 당시 논의의 결과를 정리한 의료산업선진화위원회 백서(2009년)에 의하면, 실손의료보험에 대해 "국민건강보험의 공백을 보완하여 국가보건의료 목표의 효과적인 달성 및 의료산업 선진화에 기여할 수 있도록 국민건강보험과의 합리적 역할 재설정"이라는 필요성을 제시했다. 제안한 상품 구조는 "민간의료보험 급여 영역의 합리적 설정 방법으로 민간의료보험의 법정 본인부담금과 외래진료에 대한 급여의 제한"을 제안했다. "신의료기술과 고급의료, 부가적 편의 서비스를 보장함으로써 공보험의 공백을 보완하고 산업창출효과를 유도하는 기능을 수행"하도록 출시했다.

그러나 실제 출시된 상품은 제안된 방안과는 달랐다. 법정 본인부담금과 외래진료에 대한 급여를 제한하기는커녕, 오히려 본인부담금의 100%까지 보장토록 했고, 외래진료에 대해서는 제한 없이 보장하는 상품으로 출시되었다. 이 과정에 어떠한 논의와 어떤 영향력이 작용했는지 현재로서는 알 수 없다.

잘못된 설계로 출시된 실손의료보험은 현재 건강보험의 공백을 메우기는커녕, 건강보험의 보장을 저해하고, 국민의 의료비를 폭증시키는 문제점을 드러내고 있다. 보험사는 보험사대로 손해 보며 판매한다며 아우성이고 가입자는 갱신할 때마다 보험료 폭탄으로 절규한다. 또 건강보험 보장성 강화의 정책 효과는 반감되고 있으며, 비급여의 가격과 양은 끝도 없이 팽창하고 있다.

실손의료보험의 문제점은 의료인력이 필수의료 영역이 아니라 비급여 진료가 용이하고 높은 소득이 보장된 특정 진료분야로 쏠리도록 함으로써 필수 중증의료의 약화를 초래하는 사회적 문제로까지 확장되고 있다. 의료개혁특위가 실손의료보험 개혁을 논의한 이유다.

2. 실손의료보험의 개혁 방안

1) 실손의료보험의 개혁 논의 시 고려사항

실손의료보험의 기능과 역할은 본질적으로 건강보험의 보장 여부에 따라 달라지므로 건강보험 보장성 정책은 실손의료보험에 큰 영향을 미친다. 초기 실손의료보험을 허용한 이유도 건강보험의 보장성이 취약한 상태에서 실손의료보험에 보완적인 역할을 맡긴다는 논리였다.

현재 건강보험의 역할은 실손의료보험 출시를 논의하던 20년 전과는 질적으로 달라졌다. 이미 국민의 의료불안을 야기하는 고액·중증질환의 건강보험 보장률은 80% 수준으로 크게 높아졌다. 현재 실손의료보험의 역할은 고액·중증질환의 부담을 완화하기보다는, 근골격계 계통 질환의 진료 시 비급여 항목을 보장하는 데 있다. 실손보험금 비급여 지급액의 50% 이상이 근골격계질환이고 실손이 지급한 비급여 8.4조 원 중 4.6조 원이 도수치료와 같은 비급여와 비급여주사제였다는 점이 이를 증명한다.

실손의료보험 개혁 방안에서 동시에 논의되어야 할 지점이 비급여 문제다. 우리나라처럼 비급여가 광범위하게 존재하는 나라를 찾기는 쉽지 않다. 최근 비급여 문제는 실손의료보험과 관련하여 더 많은 논의가 이뤄지고 있지만, 실제로 비급여 문제는 실손의료보험의 문제이기에 앞서 건강보험의 문제다. 건강보험 보장성 논의의 중심이 비급여의 급여화를 어떻게 할 것이냐다. 따라서 실손의료보험 개혁에 앞서, 건강보험의 보장성 강화 계획이 우선될 필요가 있다. 건강보험 보장성 강화 정책이 별도로 논의되어야 한다는 것이다.

마지막으로 실손의료보험 개혁에서 논의되어야 할 지점은 새로운 실손의료보험 상품 구조를 어떻게 바꿀 것인가와 기존 실손의료보험 가입자에 대한 정책은 무엇이어야 하느냐다. 새롭게 개선된 상품을 출시하더라도 신규 가입자만 적용될 뿐, 기존 가입자는 기존 상품의 약관을 따르기 때문이다. 최근 4세대 상품까지 출시되고 있지만, 여전히 전체 실손 가입자의 절반은 1, 2세대의 구 실손보험이다. 실손의료보험의 도덕적 해이가 특히 구 실손에서 크게 나타나고 있다는 점에서 기존 가입자에 대한 정책도 반드시 필요하다.

2) 건강보험 보장성 강화와 실손의료보험

(1) 건강보험 보장의 당면과제

그간 정부는 지속적인 건강보험 보장성 강화를 추진한 결과, 중증질환, 고액질환, 입원진료 등 의료비 부담이 큰 영역에서 건강보험 보장률이 크게 개선되었다. 건강보험 평균 보장률은 65.7%(2022년) 수준이지만 중증질환은 81.5%(2022년), 입원진료는 69.3%(2023년)로 보장률이 높다.

그럼에도 건강보험 보장성의 외형적 지표는 60% 초중반에서 정체되어 있는데, 경증질환, 소액질환, 외래질환 등 의료비 부담이 적은 영역에서 건강보험 보장률은 정체되거나 오히려 하락하고 있기 때문이다. 외래진료의 보장률은 56.1%(2023년)로 건강보험 평균 보장률 65.7%(2022년)보다 훨씬 낮다. 비급여의 급여화 정책이 실패하고 실손의료보험의 비급여 팽창을 규제하지 못한 대가다.

현재 건강보험의 보장성 강화 정책은 당면한 과제가 있다. 의료비 걱정을 해소하기 위한 보장성 강화를 추진해야 한다는 것이다. 하지만 보장성 강화 시 동반될 수 있는 과잉의료와 같은 낭비적인 의료비 지출은 최소화해야 한다. 또한 보장성 강화에 소요되는 사회적 부담도 국민이 수용할 수 있는 범위 내에서 이뤄져야 한다는 점이다. 이에 가장 부합하는 정책이 연간 본인부담금 상한제를 강화함으로써 보장성 정책을 추진하는 것이다.

(2) 연간 본인부담상한제 개혁

우리는 현행 연간 본인부담상한제가 국민의 의료비 부담을 해소하는 역할을 내실 있게 수행하기 위해서는 다음과 같은 개혁이 필요하다고 주장한다.

첫째, 본인부담상한액 기준을 지금보다 낮춰야 하고, 소득구간도 단순화해야 한다. 우리는 상한액 기준을 현행의 절반수준 아래로 낮출 것으로 주장한다. 정부 기준대로라면 소득기준을 10%가 아니라 5%로 낮추는 것이다. 동시에 소득구간도 7개 구간으로 복잡하다. 이를 3개 구간으로 단순화하자. 즉, 7개 소득구간 87만~808만 원을 3개 소득구간으로 각각 50만 원/150만 원/300만 원 수준으로 낮추자.

둘째, 본인부담상한제 적용 대상 의료비를 선별급여로 확대해야 한다. 선별급여의 환자부담도 50%, 80%, 90%가 있다. 50% 선별급여부터 점차적으로 상한제 대상에 포함해야 한다. 진료에 필요한 필수적인 비급여에 대해서는 급여화가 필요하다. 비급여 급여화 정책은 문재인 정부 시절 추진한 바 있으며, 윤석열 정부 들어 중단되었다. 재추진이 필요하다.

셋째, 상한제 적용방식을 사후 환급에서 사전 환급으로 변경해야 한다. 현재 상한액을 초과한 금액은 당해연도가 아닌 차기년도가 되어야 환급을 받는 구조다. 상한액 기준은 당해연도에 적용할 수 있어야 하는데, 이를 위한 한 방법이 소득기준을 당해년도가 아니라 전년도를 기준으로 적용하는 것이다. 이렇게 한다면 어렵지 않게 적용 가능하다.

개혁은 단계적인 추진이 가능하며, 다양한 방식을 적용할 수 있다. 한 예로,

표 7 | 본인부담상한제 개혁 전후 비교

		현행 본인부담상한제	본인부담상한제 개혁 방안
상한제 적용 대상 환자부담 의료비	법정 본인부담	적용	적용
	선별급여	미적용	적용
	필수 비급여	미적용	적용(급여전환 전제)
	비필수 비급여	미적용	미적용
상한제 설정방법		7개 소득구간 정액, 87만~808만 원	3개 소득구간 정액 1~3분위: 50만 원, 4~7분위: 150만 원, 8~10분위: 300만 원
적용방법		사후 환급	사전 환급
대상범위		급성기 및 요양병원 진료비	좌동

입원진료비와 외래진료비에 대해 각각 별도의 본인부담상한제를 적용할 수 있다. 스웨덴이 대표적이다. 스웨덴의 본인부담상한제는 입원과 외래, 약제비에 각각 다른 기준이 적용되며 그 기준도 50만 원 수준으로 매우 적게 설정되어 있다.

연간 본인부담상한제 개혁에 소요되는 재원에 대해서는 별도 추계가 필요할 것이다. 단순히 대상자 수가 현행보다 2배로 늘어난다면 재원도 2배로 늘어날 것이다. 즉, 2조 6,000억 원 수준이 아닌 5조 원 이상으로 늘어날 것이다. 이에 대한 재원을 마련하기 위해서는 국고지원을 확대하거나 국민건강보험료를 인상해야 할 것이다. 모두 국민의 동의가 필요하다. 따라서 사회적 공론화를 위한 논의가 필요할 것이라 판단된다.

(3) 연간 본인부담상한제 개혁과 실손의료보험

우리의 제안대로 연간 본인부담상한제가 실시될 수 있다면, 실손의료보험의 기능과 역할은 크게 달라질 것이다. 연간 일정액 이상의 진료비를 건강보험이 완벽하게 보장해 준다면, 고액·중증질환은 모두 건강보험이 보장할 수 있게 된다. 실손의료보험은 고액·중증질환에서가 아니라 비필수 비급여 중심으로, 혹은 고급의료 서비스 중심으로 상품 자체가 전면 재편될 가능성이 크다.

실손의료보험은 더 이상 모든 국민이 필수로 구매해야 하는 상품이 아니라, 부가적인 서비스나 고급의료 수요 등 선택적 목적으로 구매하는 상품이 될 것이다.

3) 실손의료보험의 상품 개혁

(1) 의료개혁특위의 실손보험 개혁안 평가

최근 의료개혁특별위원회는 의료개혁의 주요 추진과제 중 하나로 실손의료보험 개혁을 논의했고, 2025년 3월 19일 개혁 방안을 발표했다. 금융위원회는 의료개혁특위의 안을 대체로 수용하면서 구체적인 실손보험 개혁 방안을 발표했고, 제5세대 실손보험이 곧 판매할 계획이다. 주요 내용은 다음과 같다.

우선, 기존 4세대 실손 상품의 약관을 개선하는 것이다. 주요 개혁은 비급여 의료비 보장에서 나타나는데, 비급여를 중증 비급여(특약 1)와 비중증 비급여(특약 2)로 구분했고, 중증 비급여에 대해서는 종합병원 이상 입원 시 비급여에 대해 본인부담한도(500만 원)를 설정하여 보장성을 높이고, 비중증 비급여에 대해서는 본인부담률을 상향(50%)하고, 심각한 도덕적 해이가 발생하고 있는 도수치료/증식치료/체외충격파 및 비급여주사제의 보장을 제한할 것을 포함하고 있다.

보건복지부는 도덕적 해이가 심각한 일부 비급여(도수치료/체외충격파 등)에 대해서는 관리의료로 편입하여 가격을 통제할 예정이다. 관리의료 편입 시 해당 항목은 급여 의료비로 적용되어 실손보험 적용대상이 된다. 단, 외래는 건

표 8 | 비급여 관련 현행 4세대와 신규 5세대 실손 비교

	현행(4세대)	신규 상품	
		중증(특약 1)	비중증(특약 2)
보상한도	연간 5,000만 원 통원 회당 20만 원 · 입원한도 없음	· 좌동	연간 1,000만 원 통원 일당 20만 원 · 입원(병·의원) 회당 300만 원
본인부담률	입원 30% · 외래 Max[30%, 3만 원]	· 좌동	입원 50% · 외래 Max[50%, 5만 원]
본인부담 한도	· 없음	입원(상종·종병) 500만 원 신설	· 없음
보험금 미지급	· 미용·성형 등	· 좌동	좌동+미등재 신의료기술 일부 비급여* * 도수·체외·증식 등 근골격계치료, 비급여주사제 등
할인·할증제	· 이용량에 따라 할인·할증 (단, 중증질환 제외)	· 좌동(제외)	· 할인·할증 적용

강보험 적용율과 연동하여 적용(관리의료 본인부담률이 95%일 경우 실손에도 본인부담률 95% 적용)될 예정이다.

또한 신규 5세대 실손보험이 출시되더라도 기존 가입자(1~4세대)에게는 적용되지 않으므로, 기존 가입자에게는 계약 매입, 계약전환 지원을 통해 최신 실손으로 갈아타도록 정책을 지원하기로 했다.

물론 의료개혁특위의 실손개혁 방안은 여러 직능단체가 크게 반발하고 있으므로, 최종적으로 그대로 진행될지는 불명확하다. 특히 일부 비급여의 관리급여로의 전환과 5세대 실손상품에서 보장 제외 방안에 대해 의사협회와 물리치료사협회에서 크게 반발하고 있는 상황이다.

그러나 우리는 의료개혁특위의 안에 대해 매우 긍정적인 정책이라고 판단하여 적극 지지한다. 그간 문제가 되고 있는 도수치료와 비급여주사제는 치료에서 가치는 크지 않은 데 반해 과도하게 높은 가격이 책정되어 있다. 사실상 환자 치료의 수단이기보다는 의료공급자의 수익창출 수단에 불과하다고 본

다. 비록 모든 비급여의 급여화는 아니지만, 일부 문제가 되는 비급여의 관리급여 추진과 실손특약에서 보장을 제외하게 되면, 비급여의 팽창과 과잉의료가 크게 차단될 수 있다는 점에서 현재 실손의료보험이 갖고 있는 문제점의 상당 부분을 해결할 수 있을 것으로 판단된다. 의료개혁위 안대로 일부 비급여의 실손보상 제외와 관리의료 편입이 이뤄진다면, 필수의료 분야의 의료인력 이탈을 막는 계기도 될 수 있을 것이다.

(2) 실손의료보험 상품구조 개혁 방안

우리는 의료개혁특위에서 제안한 실손의료보험 개혁 방안을 기본적으로 지지하며, 추가적인 보완을 요구한다.

첫째, 일부 비급여의 관리급여 적용에만 머물지 말고 비급여의 전면적 급여화를 추진해야 한다. 물론 급여방식은 급여 적정성 평가에 따라 보험급여, 선별급여, 관리급여로 나누어 추진할 수 있다. 원칙적으로 비급여는 최소화해야 한다. 다만, 여전히 남는 비필수 비급여에 대해서는 정부와 의료계의 협의를 통해 비급여 가격의 가이드라인이 제시되는 것이 바람직하다.

둘째, 5세대 출시 예정인 실손보험 상품에서는 도덕적 해이가 크고 사회적 낭비가 큰 비급여의 보장을 제외하는 것도 추진해야 한다. 도덕적 해이가 큰 비급여(도수치료, 비급여주사제 등)는 관리급여로 편입하거나 실손보장에서 제외하는 방안을 적극 추진해야 한다. 이미 관련한 이익단체들의 저항이 거세지만, 이를 추진하지 못한다면 건강보험 보장성 강화도, 필수의료 강화도, 국민의료비 절감도 이룰 수 없다는 점을 명심해야 한다.

셋째, 현행 실손의료보험의 문제는 사실 4세대 보험보다 1, 2세대 보험 가입자에게서 더 크게 나타나고 있다. 새로운 실손 상품에서 변경된 약관은 기존 가입자에게는 적용되지 않는다. 따라서 구 실손보험을 새로운 실손보험으로 전환 가입하도록 적극적으로 유도해야 한다. 이를 위해서는 기존 실손의료보험의 문제점과 보험료에 대한 정확한 정보를 제공해 주어야 한다. 그 과정에서 기 가입자가 계약전환에서 거부되는 등 피해가 발생하지 않도록 제도적 장비가 필요하다. 한 예로, 실손보험계약 전환 지원법과 같은 법 제정을 고려해야 할 수도 있다.

넷째, 실손보험사의 (위험)손해율을 정확히 평가하고, 적정 손해율을 유지할 수 있도록 해야 한다. 위험손해율을 100% 내외로 유지할 수 있도록 보험료 조정을 허용할 필요가 있다. 이는 기존 상품의 보험료가 부담되는 합리적 의료소비자가 최신 보험으로 전환할 수 있도록 유도하는 효과를 낼 것이다.

참고문헌

보건복지부 보도자료. 2025. 3. 19. 「지역·필수의료 강화를 위한 의료개혁 2차 실행방안 발표」.
금융위원회 보도자료. 2025. 4. 1. 「낮은 보험료로 정말 필요할 때 도움되는 실손의료보험」.
건강보험공단. 「2023년 건강보험환자 진료비 실태조사」.
보험연구원. 2020. 12. 「실손의료보험 제도 정상화를 위한 과제」.
보험연구원 이슈보고서. 2022. 7. 13. 「실손의료보험 비급여 보험금 분석」.
보건복지부 보도자료. 2024. 9. 2. 「본인부담상한액 초과 의료비 지급절차 개시」.

제 9 장

—

국민 건강을 위해 미래의 전문의는 어떻게 만들어져야 할 것인가?

의사 수련 시스템 개선 제안

대표저자

수련체계개선분과 분과장 오승원

공저자

류옥하다

오일영

강재헌

하은진

강희경

박성배

안정희

오주환

유미화

조은영

Table of Contents

1. 서론

한국의 전공의 수련 시스템은 국민 건강을 책임질 미래 전문의를 양성하는 핵심 과정인 동시에, 수련병원 인력구조의 근간을 이루는 이중적 중요성을 지니고 있다. 그러나 지난 수십 년간 이 시스템은 전공의의 희생에 의존하는 노동 집약적 구조에서 벗어나지 못했으며, 이제는 그 한계가 명확히 드러나 중대한 전환점에 서 있다고 볼 수 있다. 특히 2024년 의정사태 이후 벌어진 일련의 상황은 우리나라 의료시스템의 현황과 문제점을 여실히 드러내는 과정이었다.

전공의가 처한 열악한 처우와 수련 교육의 부실 문제는 더 이상 개인의 문제가 아닌, 환자안전과 국가 보건의료 시스템의 지속가능성을 위협하는 구조적 위기로 인식되어야 한다. 전공의 수련 시스템 개선이 시급한 이유는 다음과 같은 세 가지 관점에서 심층적으로 분석할 수 있다.

첫째, 전공의의 과로와 인권 문제다. 최근 개정된 「전공의법」은 연속 수련시간 상한을 36시간에서 24시간으로 단축했지만, 주당 최대 수련시간은 여전히 80시간에 8시간 연장이 가능한 88시간으로 유지되고 있다. 이는 과로사 판정 기준인 12주 연속 주 평균 60시간을 훨씬 초과하는 수치로, 전공의는 합법적으로 장시간 노동에 내몰릴 수 있는 유일한 직군이라는 오명을 안고 있는 실정이다.

둘째, 환자안전 문제다. 전공의의 만성적인 과로와 수면 부족은 집중력 저하로 이어져 의료 과실의 위험을 높이며, 이는 환자안전에 직접적인 위협이 된다. 특히 '내가 빠지면 동료가 더 괴로워지는 구조' 속에서 젊은 의사들에게 희생을 강요하는 현실은 결국 의료서비스의 전반적인 질 저하로 귀결될 수밖에 없다.

셋째, 미래 의료인력 양성의 위기다. 이는 가장 근본적이고 중요한 문제로, 현재의 과도한 노동 중심 수련환경은 전공의가 피교육자로서 받아야 할 '양질의 수련' 기회를 박탈하고 있다. 체계적인 교육 대신 단순 업무에 내몰리면서 전문의로서의 핵심 역량을 기르기 어려운 구조이기 때문이다. 이러한 환경은 필수의료 및 지역의료 분야 기피 현상을 심화시켜 해당 분야의 전문의 양성에 심각한 공백을 초래하고 있으며, 이는 국가 보건의료 시스템의 근간을 흔드는 중대한 위기로 작용하고 있다.

본 이슈페이퍼는 이러한 문제의식하에 현행 전공의 수련제도의 문제점을 진단하고, 정부의 정책적 노력, 학회의 자구적 혁신, 해외 선진 사례를 종합적으로 분석하여 실효성 있는 개선 방안을 제시하는 것을 목표로 한다. 이어지는 장에서는 현황 진단을 시작으로 정부와 학회의 개선 노력, 해외 사례의 시사점, 그리고 이를 바탕으로 한 종합적인 정책 제언을 순차적으로 다루고자 한다.

2. 전공의 수련 시스템 현황 및 문제점

「전공의의 수련환경 개선 및 지위 향상을 위한 법률」(이하 「전공의법」)에 따르면, '전공의(專攻醫)'란 의사면허를 받은 사람으로서 전문의(專門醫) 자격을 취득하기 위하여 수련을 받는 사람을 말한다. 이들은 병원에 노동력을 제공하는 노동자(employee)인 동시에, 전문의가 되기 위한 전문 지식을 습득하는 수련생(trainee)이라는 이중의 신분을 가지고 있으며, 인턴 및 레지던트 1~4년차가 이에 해당한다. 2024년 2월 기준으로 전공의는 상급종합병원 의사의 37.8%를 차지하고 있다.

현행 수련 시스템의 붕괴는 단일 원인이 아닌, 열악한 근무 여건, 교육의 질적 부실, 그리고 인력의 구조적 불균형이라는 세 가지 기둥이 동시에 무너지며 발생하는 복합 재난이라고 정의할 수 있다.

1) 열악한 노동 환경과 「전공의법」의 한계

주 52시간 근무제가 법제화되고 주 4.5일제가 화두가 된 2025년에도, 「전공의법」에서는 주 80시간 근무와 교육 목적으로 8시간 연장 가능, 그리고 36시간 연장 근무가 규정되어 있다. 이는 OECD 주요 국가의 규정과 비교할 때 가장 열악한 환경이라 할 수 있다. 예를 들어 미국은 2003년부터 ACGME 기준 주 80시간, 최대 연속 수련 24(+4)시간을 적용하고 있으며, 영국은 2009년 EWTD에 따라 주 48시간, 최대 연속 13시간 근무를 규정하고 있다.

더군다나 2015년 「전공의법」이 제정된 이후 10년이 지났음에도 법에 근거한 노동시간이 제대로 지켜지지 않는 경우가 많다. 2022년 조사에 따르면 전공의의 52.0%가 80시간을 초과해 근무하고 있으며, 흉부외과 등 일부 필수·중증과의 경우 주 100시간이 넘는 초과근무가 관행화되어 있는 것으로 나타났다. 이로 인해 전공의들은 일반 인구집단의 2~3배 이상의 스트레스와 우울감을 경험하고 있는 상황이다(대한전공의협의회, 「2022년 전공의 실태조사 결과」). 「전공의법」 위반 시 처벌은 주로 100만~500만 원의 과태료 부과와 시정명령이며, 위반 행위의 심각성에 따라 지도전문의 자격 취소 등 행정 처분이 내려질 수 있지만, 실제 처벌이 미약하여 실질적인 제재가 어렵다는 비판이 많다.

2025년 12월 국회를 통과한 「전공의법」 개정안은 연속 수련시간 상한을 기존 36시간에서 24시간으로 단축하는 개선안을 담고 있으나, 주당 최대 수련시간은 기존의 80시간에 교육적 목적으로 8시간 연장이 가능한 조항이 그대로

그림 1 | 해외 사례와 비교한 전공의 노동환경 비교

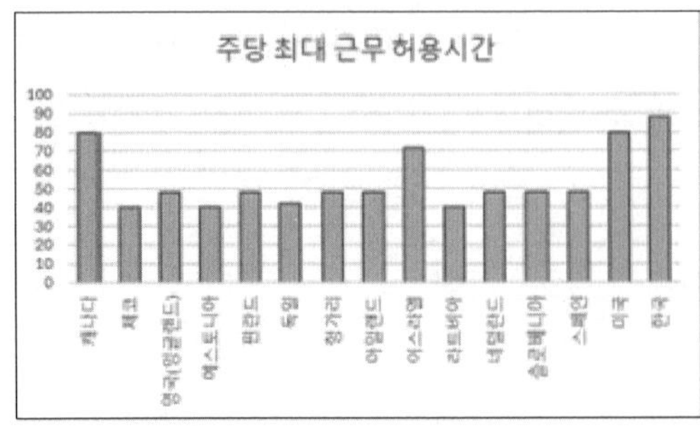

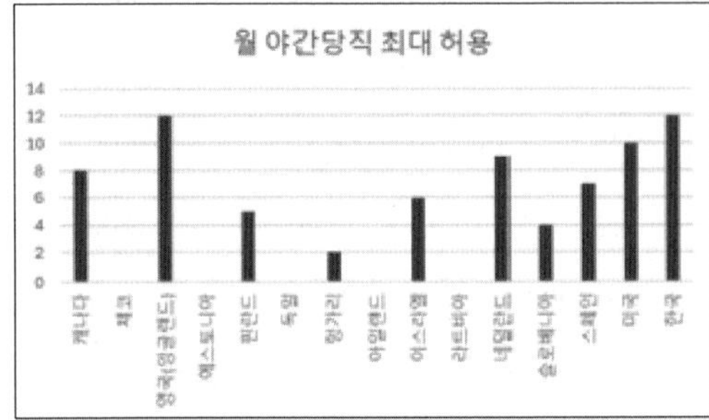

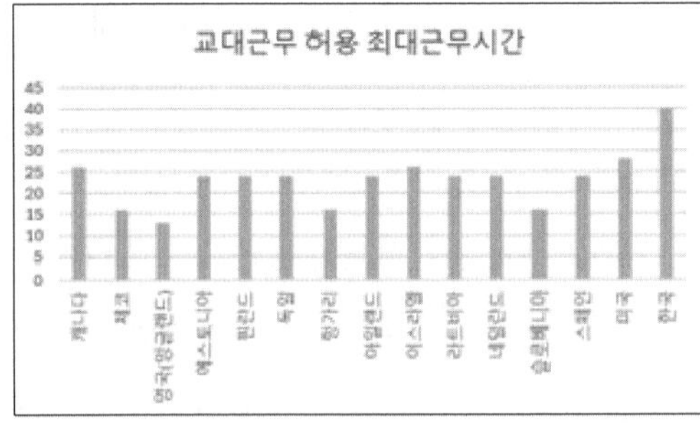

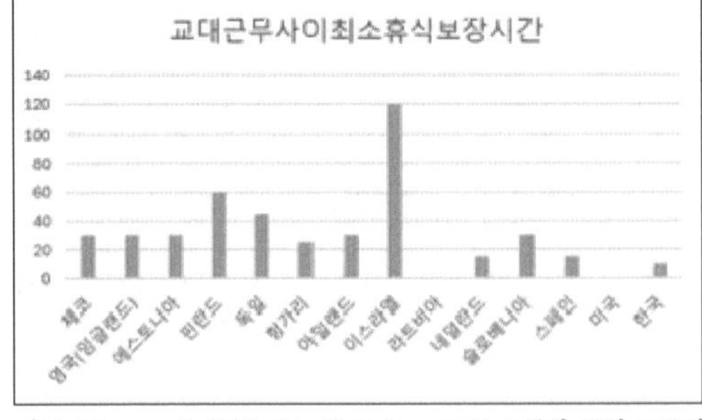

자료: Maoz et al. 2023. *Health Policy*; 2024 오주환 국회 토론회 재인용.

표 1 | 주요국 전공의 수련시간 기준 비교(주당 최대 수련시간 및 최대 연속 수련시간)

구분	한국	미국	캐나다	영국	독일	일본
적용 시기	2017년	2003년	2010년	2009년	2009년	2024년
근거	국가 법령 (전공의법)	ACGME	주별 단체협약	EWTD	노동법, EWTD	국가 법령 (근로기준법 및 특례)
주당 최대 수련시간	80(+8)시간	80시간	60~90시간	48시간	48시간 (단체협약, 당직 등으로 50~60시간 가능)	80시간
최대 연속 수련시간	36시간 (응급 상황 시 40시간)	24(+4)시간 (1년차 16시간)	24(+2)시간 (일부 주 16시간)	13시간	없음(연속 11시간 휴식 규정으로 조정)	28시간

자료: 보건사회연구원. 2024.「전공의 수련시간 제한의 쟁점 및 주요국 사례의 시사점」(독일 추가).

유지되어 실질적인 총 근로시간 단축으로 이어지지 못하는 한계를 가지고 있다.「전공의법」 개정 이후에도 전국전공의노동조합은 노동권 및 환자안전 확보를 위한 수련시간의 실질적 단축, 전공의 1인당 적정 환자 수 법제화, 법 위반 병원에 대한 처벌 강화 등을 현장의 근본적인 문제 해결을 위한 시급한 개선 과제로 제시했는데, 이는 개정된 법이 여전히 미흡함을 방증하고 있다.

또한 현장에서는 전공의 수련시간 단축을 실질적으로 뒷받침할 전공의 1인당 적정 환자 수 제한, 그리고 전담간호사나 입원전담전문의 같은 대체 인력 확보가 법제화되지 않아 실효성이 떨어진다는 의견이 많다. 과거 수련환경 실태 조사 결과 전공의 1인당 20~40명가량의 환자를 담당하고, 당직 시에는 50~100명으로 늘어나기도 하는 것으로 조사되었다. 과도한 환자를 맡는 현실은 수련 질 저하와 환자안전 문제로 이어질 수밖에 없는 구조다.

무엇보다 중요한 것은, 전공의의 열악한 노동 환경이 환자에게 위해(harm)를 일으킬 수 있다는 점이다. 미국의 연구에서 전공의의 주당 노동 60시간 이

그림 2 | 대한전공의협의회의 「2022년 전공의 실태조사 결과」

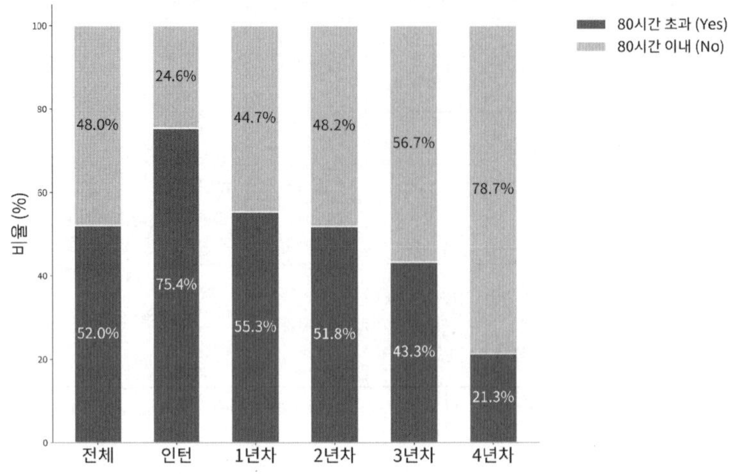

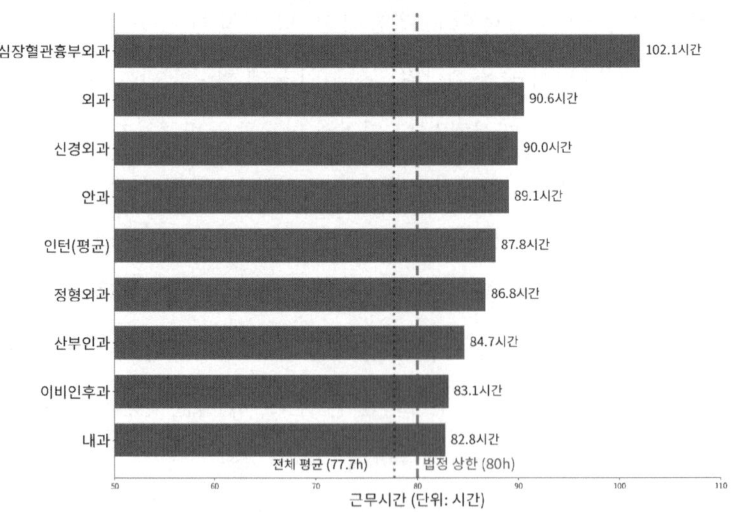

하를 기준으로 했을 때, 70시간 이상일 때 2배 이상, 80시간 이상일 때 3배 이상 환자안전을 위협하는 의료 과오 발생이 늘어나는 것으로 나타났다(Weaver et al., 2023). 「2022년 전공의 실태조사 결과」에서도 노동시간이 과도할 때 환자 위해 사건 위험이 높은 것으로 나타났으며, 외국의 다수 연구들 역시 일관된 유사한 결과를 보이고 있다.

2) 수련 교육의 질적 문제

수련 교육의 질적 문제는 시스템 측면, 전공의 측면, 지도전문의 측면에서 복합적으로 나타난다.

먼저 시스템 측면에서 보면, 전통적 도제식 교육의 한계가 명확하다. 체계적인 커리큘럼 없이 지도전문의의 개인적 경험과 역량에 의존하는 '도제식 교육'에 의존하고 있어, 이는 '공통된 수련 교육 프로그램의 부재'로 이어지고, 결국 어느 병원에서 수련받느냐에 따라 전공의의 역량 편차가 크게 발생하는 원인이 된다. 미국의 경우 지도전문의와 전공의가 팀을 이루어 병동을 전담하며 충분한 회진과 토론 시간을 갖지만, 한국은 지도전문의가 잠깐 회진을 돌고 다른 업무를 위해 떠나면 전공의 혼자 환자를 감당해야 하는 구조다. 또한 상급종합병원과 종합병원 중심의 수련 과정에서 일차의료와 지역의료에 대한 교육이 부족하다. 이로 인해 지역사회에서 일을 하기 위한 지식과 술기 역량을 수련 과정에서 획득하지 못하고 전문의 취득 후 다시 익히기도 한다. 예를 들어 내과의 경우 수련을 통해 기계환기 관리와 같이 상급종합병원에서 필요한 특수 역량은 잘 갖추면서도, 상대적으로 일차의료에서 보편적으로 필요한 내시경, 초음파 등의 술기 역량은 갖추지 못하고 있는 것으로 나타났다(Park et al., 2023).

전공의 측면에서는 수련생보다 노동자의 위치가 우선되는 현실이 문제다. 전공의는 '수련을 받는 의사'임에도, 수련병원에서는 인건비를 부담하는 만큼 전공의를 병원에 필요한 업무를 담당하는 인력으로 우선 취급하게 된다. 병원이 수련생을 '저렴한 인력'으로 취급하며 수련과 무관한 단순 업무 비중을 과도하게 늘리는 경우가 많아 수련의 질은 낮아질 수밖에 없다. 또한 결과 중심의 왜곡된 평가 시스템으로 인해 전공의에 대한 평가가 수련 과정에서의 역량 함양보다는 최종 '전문의 자격시험' 합격에만 초점이 맞춰져 있다. 과정 중심의 상시적이고 실질적인 역량 평가는 부재한 실정이다. 현 수련제도에선 수련의 질과 별개로 수련 기간만 채우면 전문의가 될 수 있으므로, 수련의 질이 낮아지면 결국 역량이 부족한 전문의가 배출될 위험이 높아지고 이는 환자와 국민의 피해로 이어지게 된다.

지도전문의 측면에서는 지도전문의의 역할과 지원이 부족하다. 지도전문의에 대한 전공의 교육 지침이 부재하고 교육의 체계성과 책임성이 부족하다. 지도전문의에게 교육에 전념할 시간이나 적절한 보상이 주어지지 않아, 대부분 진료 업무와 교육을 병행해야 하는 구조적 문제를 안고 있다. 특히 진료량 중심의 상급종합병원 환경에서 전문의들은 과도한 업무와 진료량 중심 평가 구조 등으로 인해 교육에 시간을 쓸 수 없는 구조다. 지도전문의가 회진을 10~30분 만에 끝낼 수밖에 없는 현실에서는 제대로 된 도제식 교육조차 불가능하다. 또한 교육에 대한 보상 체계가 미흡하여, 수련병원 지도전문의는 진료, 연구, 교육을 병행하고 있으나 진료와 연구에 비해 전공의에 대한 교육은 병원 내에서 구체적인 업무로 인정을 받지 못하며, 승진과 업적 평가에도 영향을 미치지 못한다. 전공의에 대한 교육이 전문의에 대한 평가와 보상으로 이어지는 시스템 개선이 필요하다.

3) 지역의료 및 필수의료 인력 불균형 심화

최근 10여 년 동안 비수도권 대학병원을 중심으로 지도전문의 이탈이 계속되어 왔다. 특히 2024년 의정사태 이후 내과, 소아청소년과, 심장혈관흉부외과 등 필수과 전문의들이 과도한 당직과 진료 부담, 낮은 보상, 소송 위험 등으로 인해 대학병원을 떠나는 현상이 가속화되고 있다. 교수가 없으면 전공의 교육 자체가 불가능하므로 수련환경이 더 열악해지면서 전공의의 지원율이 더 낮아지고, 남은 지도전문의는 번아웃 상태에 빠져 수련 교육이 더 황폐화되는 악순환이 진행되고 있다.

2025년 하반기 전공의 모집 결과는 수도권과 비수도권, 특정 과목 간의 극심한 인력 불균형을 여실히 보여준다. 전체 선발률은 정원의 59.1%(인턴 52.0%, 전공의 61.2%)였으나 지역별로는 수도권 63.0%, 비수도권 53.5%로 차이를 보였다. 마취통증의학과, 안과, 영상의학과, 정신건강의학과, 성형외과, 이비인후과, 재활의학과, 정형외과, 피부과 등 소위 인기과로 분류되는 과들은 모두 90% 전후로 인원을 채웠으나, 필수진료 분야임에도 비인기과로 분류되는 내과(64.9%), 산부인과(48.2%), 소아청소년과(13.4%), 심장혈관흉부외과(21.9%), 외과(36.8%), 응급의학과(42.1%) 등은 낮은 선발률을 보였다.

더 심각한 것은 소위 필수진료 분야의 수도권과 비수도권 간 격차다. 내과(수도권 75.8% vs. 비수도권 48.5%), 산부인과(58.3% vs. 27.6%), 소아청소년과(16.6% vs. 8.0%), 심장혈관흉부외과(32.8% vs. 4.9%), 외과(44.7% vs. 23.4%) 등 필수의료 핵심 분야에서의 지역 간 격차는 지역의료 붕괴의 심각성을 단적으로 드러내고 있다.

최근 몇 년 동안 정부에서는 비수도권 전공의 정원을 늘려 지역의료를 살리려 했으나, 이러한 '수도권 정원 감축 및 지역 정원 확대' 정책은 효과를 거두지

표 2 | 2025년도 하반기 전공의 모집 결과

구분	계			수도권			비수도권		
	모집 인원* (A)	선발 인원 (B)	비율 (B/A)	모집 인원* (A)	선발 인원 (B)	비율 (B/A)	모집 인원* (A)	선발 인원 (B)	비율 (B/A)
총계	**13,498**	**7,984**	**59.1**	**8,025**	**5,058**	**63.0**	**5,473**	**2,926**	**53.5**
인턴	3,006	1,564	52.0	1,694	963	56.8	1,312	601	45.8
레지던트	10,492	6,420	61.2	6,331	4,095	64.7	4,161	2,325	55.9
가정의학과	687	166	24.2	431	133	30.9	256	33	12.9
결핵과	1	-	-	1	-	-	-	-	-
내과	1,752	1,137	64.9	1,051	797	75.8	701	340	48.5
마취통증의학과	740	671	90.7	447	411	91.9	293	260	88.7
방사선종양학과	83	30	36.1	59	27	45.8	24	3	12.5
병리과	190	34	17.9	110	25	22.7	80	9	11.3
비뇨의학과	174	114	65.5	104	68	65.4	70	46	65.7
산부인과	620	299	48.2	417	243	58.3	203	56	27.6
성형외과	217	194	89.4	132	123	93.2	85	71	83.5
소아청소년과	770	103	13.4	481	80	16.6	289	23	8.0
신경과	348	226	64.9	193	135	69.9	155	91	58.7
신경외과	333	256	76.9	185	147	79.5	148	109	73.6
심장혈관흉부외과	210	46	21.9	128	42	32.8	82	4	4.9
안과	357	328	91.9	210	194	92.4	147	134	91.2
영상의학과	446	408	91.5	260	232	89.2	186	176	94.6
예방의학과	50	-	-	31	-	-	19	-	-
외과	554	204	36.8	349	156	44.7	205	48	23.4
응급의학과	656	276	42.1	379	161	42.5	277	115	41.5
이비인후과	360	310	86.1	213	184	86.4	147	126	85.7
재활의학과	381	341	89.5	226	205	90.7	155	136	87.7
정신건강의학과	417	390	93.5	244	225	92.2	173	165	95.4
정형외과	610	532	87.2	375	311	82.9	235	221	94.0
직업환경의학과	103	69	67.0	34	18	52.9	69	51	73.9
진단검사의학과	113	49	43.4	76	30	39.5	37	19	51.4
피부과	257	231	89.9	161	143	88.8	96	88	91.7
핵의학과	63	6	9.5	34	5	14.7	29	1	3.4

* 결원(정원-현원) 범위에서 각 수련병원(기관)이 모집계획을 제출한 인원

못했다. 지역에 남을 강력한 유인책이 부재한 상황에서 수도권 지원이 가능한 지원자는 수도권으로 몰리고, 나머지는 정원이 늘어난 지역의 인기과(피부과, 성형외과 등)로 빠져나가면서 지역 필수과(내과, 외과, 산부인과, 소아청소년과)가 오히려 공동화되는 결과를 낳았기 때문이다. 환자들은 지역 병원을 신뢰하지 못

해 수도권으로 몰리고, 이로 인해 지역 병원은 수익 악화와 인력 이탈의 악순환을 겪고 있다. 단순히 전공의를 지역에 배정한다고 해결될 문제가 아니라, 지역 거점병원이 교육과 진료를 제대로 수행할 수 있도록 파격적인 인프라 및 인건비 투자가 선행되어야 하는 이유다.

3. 해외의 전공의 수련환경

미국, 영국, 일본, 호주 등 해외 선진국에서는 공통적으로 '엄격한 근무시간 규제', '정부의 안정적인 재정 투입', '표준화된 역량 중심 교육'이라는 세 가지 방향을 지향하며, 의사 양성 과정을 사회 전반의 인프라 확충이라는 개념으로 보고 정부가 전공의의 임금과 수련에 필요한 비용을 지원하고 있다.

1) 미국

미국의 전공의 수련은 ACGME(Accreditation Council for Graduate Medical Education)가 주관하는 표준에 따라 이뤄지며, 전국의 모든 레지던트 프로그램이 ACGME의 인증을 받아야 한다. 전공의가 갖춰야 할 역량을 6대 역량(환자 진료, 의학 지식, 실습 기반 학습능력, 의사소통기술, 전문 직업성, 시스템 기반 실무)으로 정의하고, 이를 평가하는 milestone(역량 이정표) 체계 운영을 통해 전국 어디서나 일정 수준의 훈련을 제공하려 노력하고 있다. 지도전문의와 전공의 비율 또한 1 : 3~4의 비율로 밀도 있는 수련환경을 제공한다. 주당 근무시간은 80시간으로 한국과 비슷하나 연속 근무는 한국보다 적은 24시간으로 제한하고 있으며, 교대 일정을 최적화하기 위해 야간 팀, 순환전공의 제도 등을 활용한다.

수련시간 규제 위반 시 인증 취소와 같은 강력한 제재가 부여된다. 특정 병원이 전공의 노동력만 쓰고 교육을 안 시킨다는 불만이 누적되면 ACGME가 조사 후 그 프로그램을 폐쇄하여 전공의들을 타 병원으로 재배치하기도 한다. 이러한 엄격한 제재가 있기 때문에 병원들이 전공의 교육을 소홀히 할 수 없다. 전공의 인건비는 메디케어, 메디케이드와 같은 보험 재정으로 정부에서 지원한다. 연간 약 20조 원(전공의 1인당 약 1억 6,000만 원 이상)을 지원하는데, 이는 전공의 급여뿐만 아니라 지도전문의 교육비와 간접비(IME)를 포함하고 있다.

2) 영국

영국에서는 전공의를 주니어 닥터(Junior Doctor)라 부르며, 영국 국민보건서비스(NHS)가 전체 수련 과정을 관리한다. 의대 졸업 후 2년간 Foundation Programme(한국의 인턴+초년 레지던트와 유사)을 거쳐 전문분야 Specialty Training을 시작한다. Specialty Training 기간은 과마다 다르나 보통 3~5년이며, 이 과정을 마치면 전문의 자격(Certificate of Completion of Training)을 얻을 수 있다.

영국은 「유럽연합 근로시간지침」에 따라 근무시간 48시간 상한을 법적으로 보장하고 있다. 또한 순환 근무제로 여러 대학병원, 지역병원, 지역사회에서 수련하며 다양한 경험을 쌓을 수 있도록 보장한다. 모집 과정을 전국 단위 권역화하여 지원자의 수도권 쏠림을 막고, 제도적으로 수급 불균형을 줄이기 위한 장치를 마련하고 있다. 전공의의 임금과 복지는 국가 의료시스템인 NHS 가이드라인에 따라 일괄 책정되며, 초과 근무 수당도 명확하다. NHS는 전공의 급여와 교육비를 포함해 1인당 약 5,000만 원 이상(직접비 기준)을 지원하고 있다. 전공의의 교육은 Royal College(학회)들이 커리큘럼을 정하고 평가(시험)

를 주관하는 식으로 이루어진다. 학회가 수련 질 관리에 큰 역할을 하며, 수련병원은 학회 평가를 받아야 훈련기관 지위를 유지할 수 있다. 영국의 사례는 국가 보건의료체계 속에서 전공의 수련을 통합적으로 관리하고 근무조건을 법으로 강제하는 모델로서, 국가책임 강화의 한 형태라 할 수 있다.

3) 일본

일본은 의대 졸업 직후 인턴과정 대신 초기수련이라 불리는 2년간의 임상수련 과정을 필수적으로 거쳐야 한다. 필수진료과를 비롯한 다양한 과에서 순환근무를 하며 주치의 역할을 하는 이 과정은 전국 공통으로 실시되며, 지역별/병원별 정원 조정을 통해 도쿄 등 대도시에 인력이 쏠리는 것을 막고 있다. 이후 전문과 레지던트 과정은 각 학회, 병원 주관 아래 선발이 이루어진다.

후생노동성에서 수련병원에 대해 수련보조금을 지급하고, 필수·중증의료 과목은 보조금을 증액하여 전공의 처우 개선에 힘쓰고 있다. 행정적으로는 수련병원 인증 제도를 운용하고 있으며, 수련환경이 열악한 병원은 행정 지시나 개선 명령을 내린다. 전공의 주당 근무시간은 80시간, 연속 근무시간은 28시간으로 제한하고 있다. 인구 고령화로 일차의료의 중요성이 부각되면서, 일차의료를 담당하는 종합진료과를 신설하고 수준 높은 일차진료 전문의를 늘리기 위한 노력을 하고 있다.

그림 3 | 정부의 전공의 인건비 지원 해외 사례

자료: ≪중앙일보≫, 2024.2.21 기사를 바탕으로 재구성.

4) 호주

호주는 의대 졸업 후 1년의 인턴 과정을 거쳐야 면허(general registration)를 취득할 수 있다. 이후 전공별로 대략 6~8년의 수련 과정을 거쳐 전문의를 취득하는데, 일차의료를 담당하는 GP(general practitioner) 전문의 과정은 3~4년 정도로 상대적으로 짧다. 정부기금으로 일차의료를 담당하는 GP 전문의를 양성하기 위한 수련 비용을 직접 지원하고 있으며, 세부전문의의 경우 수련병원에 정부가 별도의 지원 프로그램을 운영하고 있다. 농촌과 외딴 지역에서 근무할 GP 전문의를 위한 트랙을 따로 운영하며, 이 경우 더 많은 지원금과 인센티브를 제공한다.

4. 제언

한국 전공의 수련제도의 문제점과 해외 사례를 참고하여 다음과 같은 네 가지 수련 시스템 개선 방안을 제안한다.

1) 지속가능한 근무·교육 환경 구축

전공의의 역할을 단순 '노동자'에서 본연의 '피교육자'로 전환하기 위해서는 근무 환경의 근본적인 개선이 선행되어야 한다.

첫째, 근무시간 단축의 실질적 이행이 필요하다. 현재 시범사업으로 운영 중인 '전공의 근무시간 단축 모델'[주당 평균 72(+8)시간, 연속 24(+4)시간]을 모든 수련병원으로 전면 확대 적용할 것을 제안한다. 이 제안은 단순히 전공의의 복지를 넘어, 입원전담전문의 제도의 활성화와 병원 인력구조의 근본적인 재편을 강제하는 레버리지 역할을 수행해야 한다. 이를 위해서는 근무시간 단축으로 인한 진료 공백을 메울 대체 인력(입원전담전문의) 확보가 필수 전제이며, 정부는 이를 위한 재정 지원을 최우선 과제로 삼아야 한다. 추가적인 인력 충원 없이 시간만 줄이면 업무 밀도가 높아지거나 편법이 발생할 수 있으며, 줄어든 시간만큼 수련의 질을 담보할 교육 프로그램이 마련되지 않으면 비숙련 전문의를 배출할 위험이 있다.

둘째, 입원전담전문의 제도를 개선하고 활성화해야 한다. 입원전담전문의는 전공의 대체 기능을 넘어 입원 환자 관리 수준을 높일 수 있다. 관련 연구에서 입원전담전문의가 담당한 환자의 경우 재원 일수와 진료비가 감소하는 등 의료의 질과 환자안전 향상에 긍정적인 기능을 하는 것으로 나타났다(건강보험심사평가원·연세대학교, 2022). 입원전담전문의 채용을 활성화하기 위해서는 인건비 보전율이 절반에 그치는 현실을 개선해야 하는데, 이를 위해 현행 관리료 수가를 인상하여 병원의 채용 부담을 완화해야 한다. 또한 입원전담전문의가 단순 진료 업무뿐만 아니라 전공의 교육에도 참여하는 '교육전담트랙'을 신설하여 이들이 수련 시스템의 핵심 주체로 기능하도록 역할을 부여하고 지원하는 방안을 제안한다.

셋째, 진료지원인력(Physician Assistant: PA)의 역할을 정립해야 한다. 의정 사태 동안 전공의 공백을 메우기 위해 진료지원인력 직군의 역할이 확대되면서 위기 속에서 상급종합병원이 제 역할을 해나가는 데 중요한 역할을 했으나, 이들의 업무 범위와 역할이 명확히 정립되지 않고 병원 자율에 맡겨져 왔으며 전공의 복귀 이후에는 역할 충돌이나 불안정한 위치로 인한 문제가 발생하고 있다. 해외 주요 국가는 PA 직군을 의사와 팀을 이루는 독립된 전문 보건의료직으로 규정하고 제도화된 자격 기준을 엄격하게 적용하고 있으며, 간호사나 응급구조사 등이 표준화된 교육과정을 거쳐 인증을 받으면 자격을 얻을 수 있다. 이에 반해 국내에서는 PA의 법적 지위와 기준, 교육 표준 없이 병원별로 자의적으로 운영하는 실정이다. 이들의 역할은 전공의가 필요한 역량 습득에 집중할 수 있도록 하여 수련의 질을 높이고 환자안전을 강화하는 데에도 도움이 될 수 있으므로, 더 나은 전공의 수련 체계와 의료서비스의 미래를 위해 안정적인 제도화를 위한 적극적인 논의가 필요하다.

2) 교육 프로그램 및 평가 시스템 혁신

교육의 질을 획기적으로 제고하기 위해 학회 주도의 교육과정 혁신과 체계적인 지도전문의 지원이 필요하다.

첫째, 역량 중심 교육과정을 전면 도입해야 한다. 모든 전문 과목 학회가

EPA(Entrustable Professional Activities)와 Milestone(역량 이정표) 기반의 표준 수련 교육과정을 개발하고 현장에 적용하도록 정부가 지원하고 의무화할 것을 제안한다. 이를 통해 병원 간 교육 격차를 해소하고 수련의 질을 상향 평준화해야 한다.

둘째, 지도전문의 역할을 강화하고 지원을 체계화해야 한다. 지도전문의의 자격 기준(임상 경험, 교육 연수 이수 등)을 강화하고, 교육 활동에 대한 적절한 보상(교육 수당 지급, 진료 업무 경감 등)을 제도화해야 한다. 이에 필요한 안정적인 지도전문의 충원과 확보가 반드시 필요하다. 현재 진행 중인 정부의 수련환경 혁신 지원사업에서 8개 과의 지도전문의에게 교육 역할을 부여하고 수당을 제공하고 있으나, 교육을 담당할 지도전문의 인력 충원, 진료를 줄이고 교육에 시간을 쓸 수 있는 시스템 개선 없이 단순히 수당을 지급하는 방식은 한계가 뚜렷하다는 것이 현장의 의견이다. 지도전문의의 교육, 평가, 피드백 등 활동내역을 체계적으로 기록하고 관리하는 표준화된 E-portfolio 시스템을 구축하여 교육의 책임성과 질을 담보하도록 해야 한다.

셋째, 일차의료 및 포괄적 진료 역량을 강화해야 한다. 내과 수련조차 대학병원의 세부분과(소화기, 순환기 등) 중심으로 이루어져, 수련을 마친 전문의가 지역사회에 나갔을 때 고혈압, 당뇨 등의 만성질환에 대해 통합적 진료를 수행하는 데 어려움을 겪고 있다. 모든 필수의료 전공의(내과, 외과, 산부인과, 소아청소년과)는 수련 기간 중 일정 비율(예: 30% 이상)을 반드시 일차의료 및 지역 병원 파견 수련에 할애하도록 의무화해야 한다. 이는 단순히 '참관'이 아니라, 지도전문의의 감독하에 실제 환자를 진료하는 실질적 수련이어야 한다. 수련 이전 단계의 의과대학 교육에서도 일차의료에 대한 내용이 강화될 필요가 있으며, 단편적이고 단기적인 과정보다 체계적이고 장기적인 과정 프로그램이 되어야 한다. 체계적 문헌고찰 연구 결과, 장기적·통합적 일차의료 관련 교육과 실습은 추후 진로에서 일차의료 영역을 선택하는 데 긍정적인 역할을 하는 것으로 나타났다(Pfarrwaller et al., 2015).

넷째, 인턴제 폐지 및 '기본 임상수련 과정(Foundation Course)'을 도입해야 한다. 의과대학 졸업 후 1년의 인턴 과정을 통해 여러 과를 돌며 임상 역량을 쌓아야 하나, 실제로는 체계적인 수련 프로그램 없이 단순 술기나 처방 위주 업무를 담당하는 보조 인력으로 활용되고 있다. 레지던트와 달리 인턴은 임상 전문과의 학회에 속하지 않아 핵심 역량과 교육과정에 대한 체계적 논의조차 부족하며, 명확한 교육 주체가 없어 수련의 사각지대에 방치되어 있다. 영국(Foundation Programme), 일본(초기 임상수련 과정), 호주 등 해외 주요국은 의대 졸업 후 본격적인 전문의 수련 과정에 진입하기 전, 환자안전과 직결된 필수의료 및 일차의료 역량을 체계적으로 습득하는 공통 수련 과정을 의무화하고 있다. 기존의 인턴제를 폐지하거나 대폭 개편하여 '기본 임상수련 과정'으로 전환할 것을 제안한다. 이 과정은 단순 노동이 아닌 응급·외상·필수 처치 등 독자적 진료가 가능한 의사로서 기초 체력을 다지는 역량 중심의 공통 수련이 되어야 하며, 이를 위해서는 국가 차원의 표준화된 교육 프로그램 개발과 재정 지원이 뒷받침되어야 한다.

3) 지역·필수의료 불균형 해소를 위한 네트워크 수련 모델

단순한 정원 조정을 넘어, 지역에서도 양질의 수련을 받을 수 있다는 신뢰를 주는 혁신적인 수련 모델을 구축해야 한다.

첫째, '지역-수도권 순환형' 수련 네트워크를 제안한다. 지역 거점 국립대병원을 'Regional Main Hub'로, 수도권 상급종합병원을 'Capital Super Hub'로 설정하는 네트워크 모델이다. 전공의는 주 수련기관인 지역 거점병원에서 다양한 환자를 경험하고, 필수 과정으로 일정 기간(예: 6개월~1년) 수도권 대형병원에 파견되어 희귀/난치 케이스를 경험하는 '순환 수련'을 제도화한다. 이 모델의 성패는 병원 간의 행정적·재정적 장벽을 허물고 교육 자원의 공유를 이끌어낼 수 있는 초기관적 거버넌스 구축에 달려 있다.

둘째, 다기관 협력수련을 활성화해야 한다. 거점병원을 중심으로 협력병원 A(외래/만성질환), 협력병원 B(내시경/초음파 집중 교육) 등이 연계하여 전공의가 균형 잡힌 역량을 기를 수 있도록 하는 네트워크 협력 수련 모델을 제안한다. 정부의 재정 지원은 이러한 실질적인 네트워크 모델 구축에 집중되어야 한다.

셋째, 통합 코디네이팅 센터(Coordinating Center)를 설립해야 한다. 개별 병원이 전공의를 선발·소유하는 구조를 타파하고, 권역별 또는 국가 단위의 통합 선발 및 배정을 담당할 센터 설립을 제안한다. 이를 통해 전공의가 특정 병원의 '인력'이 아닌 국가가 키우는 '피교육생'으로서 여러 병원(1, 2, 3차)을 순환하며 다양한 역량을 쌓을 수 있는 네트워크 수련이 가능해질 수 있다.

넷째, 재정 지원으로 교육 지도비(Teaching Fee)를 신설해야 한다. 네트워크 수련 시 1·2차 병원에 파견된 전공의는 '노동력'이 아닌 '피교육생'이므로 해당 병원이 전공의 인건비를 부담하기 어렵다. 영국이 GP 수련 시 지도의사에게 수익 감소분을 보전해 주는 것과 같이 정부가 전공의 인건비와 파견 병원 지도전문의에 대한 교육 지도비를 지원해야 한다.

4) 안정적 재원 확보 및 거버넌스 강화

제도의 성공적인 안착을 위해서는 안정적인 재정 기반과 강력한 관리·감독 체계가 뒷받침되어야 한다.

첫째, 수련 비용 국가 책임제를 도입해야 한다. 미국의 Medicare GME 지원과 같이, '전공의 수련환경 혁신 지원 사업' 예산을 대폭 확대하고, 이를 건강보험 재정이 아닌 일반회계 예산으로 편성하여 수련 교육에 대한 국가의 책임을 명확히 할 것을 제안한다.

둘째, (가칭) 한국형 전공의수련평가원(K-ACGME)을 신설해야 한다. 「전공의법」에 따라 현재의 수련환경에 대한 심의와 평가는 보건복지부 산하 수련환경평가위원회(이하 수평위)의 역할이지만, 현재는 전공의 각각의 역량 획득 상태 평가보다 주로 수련기관 평가에만 머물러 있으며, 수평위의 구성, 역할과 권한의 한계를 지적하는 현장의 의견이 오랫동안 반영되지 않았다. 실제 수련 프로그램 개발, 지도전문의 교육의 경우에도 주로 각 전문과 학회별로 이루어져 왔으며, 전공의 수련 시스템 전체에 대한 통합적이고 체계적인 계획과 관리는 부족하다. 수동적·제한적인 평가 역할에 머물러 있는 수평위가 전공의의 역량 향상을 직접적으로 지원할 수 있는 조직으로 변화할 필요가 있다.

미국의 ACGME를 벤치마킹하여, 수련 시스템을 상시적으로 관리·감독하는 독립 기구 설립을 제안한다. 이 기구는 상시 인증 및 질 관리(Accreditation), 규정 준수 관리·감독(Compliance Monitoring), 사건 대응 및 실사(Investigation and Response)라는 세 가지 핵심 기능을 수행해야 한다. 구체적으로는 수련병원 및 과별 프로그램을 인증하고 기준 미달 시 인증 취소 등 실효성 있는 제재조치를 취하며, 근무시간과 교육 환경 등 규정 준수 여부를 상시 모니터링하고, 폭행이나 부당 대우 등 사건 발생 시 즉각적인 현지 실사 및 강력한 행정처분을 의뢰하는 역할을 담당한다.

최근 대한의학회에서는 '전공의 수련교육원' 설립을 공식 제안하고, 26개 전문과목 및 인턴 과정에 대한 수련교육과정 개발 및 조율, 표준화된 수련 평가 체계 및 E-portfolio 구축, 지도전문의 교육·인증 및 평가 체계 수립, 수련기관 평가 및 질 관리, 연수 및 술기 교육센터 운영 등을 핵심 역할로 설정했다. 이는 지금보다 진일보한 내용으로 향후 대안이 될 가능성이 있으나, 구체적인 로드맵과 실현 계획, 정부와의 정책 연계 방안이 아직 마련되지 않은 상태다.

5. 결론 및 기대 효과

이 제안서의 모든 개선 방안은 결국 세 가지 핵심 가치를 지향한다. 첫째는 '피교육자로서 전공의의 권리 보장'으로, 과도한 노동에서 벗어나 안전한 환경에서 체계적으로 배울 권리를 보장하는 것이 개혁의 출발점이다. 둘째는 '교육의 질적 내실화를 통한 전문성 강화'로, 표준화된 역량 중심 교육을 통해 국민이 신뢰할 수 있는 우수한 전문의를 양성하는 것이 제도의 본질적 목표다. 마지막으로, 이 모든 노력은 궁극적으로 '국민의 건강과 환자안전 확보'라는 사회적 가치에 기여해야 한다.

수련 체계 개혁이 성공적으로 이루어진다면 전공의, 수련병원, 그리고 국가 보건의료 시스템 전반에 긍정적인 선순환을 일으킬 것이다. 전공의 관점에서는 인간다운 삶과 학습의 균형이 개선되고, 체계적인 교육을 통해 실질적인 임상 역량과 전문성이 향상되며, 수련 만족도 및 미래 전문의로서의 자긍심이 고취될 것이다. 수련병원 관점에서는 안정적인 지도전문의 및 입원전담전문의 인력을 확보하고, 단순 인력 활용 기관이 아닌 신뢰받는 '교육기관'으로서의 위상을 강화하며, 전공의 근무시간 단축에 따른 예측 가능한 병원 인력 운영 시스템을 구축할 수 있다. 국가 및 국민 관점에서는 필수의료 및 지역의료 분야의 인력난 완화 및 의료 격차 해소, 높은 수준의 역량을 갖춘 전문의 배출을 통한 국민 의료서비스의 질 제고, 장기적으로 지속가능한 보건의료 인력 양성 시스템 구축을 기대할 수 있다.

전공의 수련 체계 개선은 단기적인 처방이나 특정 집단의 노력만으로 이룰 수 없는 복합적인 과제이며, 정부의 과감한 재정 투자와 정책적 의지, 의료계의 기득권을 내려놓는 결단, 학회의 전문성에 기반한 헌신, 그리고 병원의 운영 패러다임 전환이 함께 어우러져야 하는 장기적인 프로젝트다. 모든 이해관계자가 지속적인 협력과 사회적 합의를 통해 한 걸음씩 나아갈 때, 우리는 비로소 환자가 안전하고 의사가 성장하며 국민이 신뢰하는 선진 의료시스템을 구축할 수 있을 것이다.

6. FAQ

Q1. 전공의 수련이 과중하다는 것은 의사 수가 부족하다는 반증 아닌가?

A. 숫자를 늘리는 것만으로는 전공의 '노동' 과중 문제를 해결하지 못한다. 지금의 수련 시스템은 과도하게 노동 편중되어 있어, 수련 시스템 개선 없이 의사를 늘릴 경우 주 102시간 일하는 전공의의 숫자만 늘릴 뿐이다. 또한 제대로 된 교육 시스템 없이 숫자만 늘리는 것은 의술이 부족한 '비숙련 의사'를 늘릴 뿐이다. 의사 수보다 환자 건강과 안전에 중요한 것은 잘 훈련되고 제대로 된 전문가를 길러내는 것이다.

Q2. 전공의는 많이 일해야 실력이 늘지 않을까?

A. 노동시간과 실력이 반드시 비례하는 것은 아니다. 제대로 배우고, 피드백을 받고, 반복해야 비로소 실력이 느는 것이다. 지금은 너무 바빠서 제대로 배울 시간조차 없는 현실이다. 하루 24시간을 일한다 해도, 같은 단순 업무만 반복한다면 전문의로서 필요한 다양한 전문지식과 술기를 제대로 갖출 수 없

다. 또한 장시간 근무로 인한 과로는 판단력을 저하시키고, 의료사고의 위험성을 높여 환자안전을 위협한다. 전공의 수련 시스템 개선은 결국 환자의 건강을 위한 길이다.

Q3. 전공의 근무시간을 줄이면 수련이 부실해지지는 않을까?

A. 과도한 노동시간을 줄이는 것은 세계적인 추세다. 수련이 부실해질 위험에 대해서는 단순 업무보다 역량 강화에 필요한 업무 위주의 경험으로 수련의 내용적인 밀도를 높이는 것으로 해결할 수 있다. 이를 위해서는 지도전문의와 입원전담전문의 충원, 진료지원인력(PA) 등 수련 시스템을 보조할 수 있는 인력에 대한 고려가 필요하다. 수련을 위해 필요하다면 전공의의 충분한 자율성 아래 자발적인 추가 수련을 가질 수 있도록 하는 방안도 가능하다.

Q4. 돈 많이 버는 전문의가 되기 위한 수련에 왜 국민의 세금을 들여야 하나? 의과대학도 학비 내고 공부하는데, 오히려 돈 내고 수련받게 해야 하는 것 아닌가?

A. 대부분의 전공의들은 병원을 떠날 기간제 노동자로 간주된다. 수련병원 입장에서는 전공의 교육에 공을 들일수록 기존의 단순 업무를 담당할 인력과 지도전문의의 인건비 등 비용이 늘어나므로 교육을 강화할 동기가 약해지게 된다. 또한 전공의의 개인 역량과 국가 의료시스템을 위해서는 필요하지만 해당 수련병원에서 직접적으로 필요치 않은 수련 과정, 예를 들어 일차의료, 지역의료, 공공의료 영역 등의 수련병원 외부 교육을 포함한 수련 프로그램 조정이 가능하려면 정부가 전공의 수련에 지원과 투자를 하는 것이 합당하다. 전공의 수련 과정에서 전공의 수련에 투입되는 비용을 수련병원만 부담하게 두기 어려운 이유다.

만약 개인이 비용을 내고 수련을 받게 한다면, 위험 부담은 적고 돈은 많이 벌 수 있는 기술 위주로 교육해 달라고 요구할 것이다. 현재와 같이 병원에서 임금을 받는 노동자 역할만 한다면 병원에서 필요한 일을 주로 하도록 요구받을 것이다. 국가에서 필요로 하는 국민의 생명과 건강을 지키는 의사를 양성하려면 결국 국가나 지자체의 부담과 지원을 늘려야 한다. 정부에서 임금을 지원할 경우 사회에서 필요한 의사 양성을 위한 교육을 요구할 수 있으며 그러한 방향으로 수련 내용이 변화할 것이다. 미국을 비롯한 대부분의 선진국에서 이미 그렇게 하고 있는 이유가 여기에 있다.

국내에도 유사한 사례가 있다. 과거 사법고시에 합격한 예비법조인들은 2년간의 연수 과정을 거치는 동안 국가가 급여를 제공했다. 당시 이들 중 많은 수가 판사나 검사와 같은 공무원이 아닌 변호사가 되었음에도 불구하고, 국가 사법 시스템에 필요한 역량을 갖춘 인력을 양성하기 위해 국가가 지원하는 것을 당연하게 생각했다.

참고문헌

건강보험심사평가원·연세대학교. 2022. 「입원 질 향상을 위한 입원전담전문의 제도 성과평가 연구용역 보고서」.

김용환·이단비·박연철. 2025. 「해외 가정의학 수련 교육 평가 체계 및 평가 기반 전공의 수련 강화」. ≪Korean J Fam Pract≫ 15(2), 84~88쪽.

대한전공의협의회. 2022. 「2022년 전공의 실태조사 결과」. https://youngmd.org/2022.

박연철·이단비·박승국·김용환. 2025. 「역량 중심 교육 과정과 가정의학의 역량 및 Entrustable Professional Activities」. ≪Korean J Fam Pract≫ 15(2), 77~83쪽.

신현영 의원실. 2023. 『2030 전공의 간담회: MZ세대 보건의료인력 근무 환경 개선 자료집』.

윤석준. 2022. 「진료지원인력의 정의와 범위에 대한 국제 동향 고찰 및 시사점」. ≪국제사회보장리뷰≫ Vol. 20, 봄호, 5~16쪽.

최선. 2025.6.13. "전공의 수련전문기관 생기나…의학회 '수련교육원' 설립 제안". ≪메디컬타임즈≫, https://www.medicaltimes.com/Main/News/NewsView.html?ID=1163934.

한국보건사회연구원. 2024. 「전공의 수련시간 제한의 쟁점 및 주요국 사례의 시사점」. ≪보건복지 ISSUE & FOCUS≫ 453호.

「전공의의 수련환경 개선 및 지위 향상을 위한 법률」, 법률 제20330호. 2024.

KDI 공공투자관리센터. 2025. 「2025년도 사업계획 적정성 검토 보고서: 전공의 수련환경 혁신 지원」.

Maoz, Rina Breuer, Ruth Waitzberg, Adin Breuer, Peter Cram, Lucie Bryndova, Gemma A. Williams, Kaija Kasekamp, Ilmo Keskimaki, Liina Kaisa Tynkkynen, Verena van Ginneken, Eszter Kovács, Sara Burke, Domhnall McGlacken-Byrne, Carol Norton, Barbara Whiston, Daiga Behmane, Ieva Grike, Ronald Batenburg, Tit Albreh, Rade Pribakovic, Enrique Bernal-Delgado, Francisco Estupiñan-Romero, Ester Angulo-Pueyo, Adam J. Rose. 2023 Apr. "Work like a Doc: A comparison of regulations on residents' working hours in 14 high-income countries." *Health Policy* 130, 104753.

Park, Kwi Hwa, Seung-Joo Na, Youngjon Kim, Sun Jung Myung, Ju Hee Lee, Sun Woo Lee, Bo Young Yoon. 2023 Aug 21. "Needs Assessment for the Development of Training Curricula for Internal Medicine Residents." *J Korean Med Sci.* 38(33), e259.

Pfarrwaller, Eva, Johanna Sommer, Christopher Chung, Hubert Maisonneuve, Mathieu Nendaz, Noëlle Junod Perron, Dagmar M. Haller. 2015 Sep. "Impact of Interventions to Increase the Proportion of Medical Students Choosing a Primary Care Career: A Systematic Review." *J Gen Intern Med.* 30(9), pp. 1349~1358.

Weaver, Matthew D., Christopher P. Landrigan, Jason P. Sullivan, Conor S. O'Brien, Salim Qadri, Natalie Viyaran, Charles A. Czeisler, Laura K. Barger. 2023 Feb. "National improvements in resident physician-reported patient safety after limiting first-year resident physicians' extended duration work shifts: a pooled analysis of prospective cohort studies." *BMJ Qual Saf.*, 32(2), pp. 81~89.

제 10 장

—

의료서비스와 돌봄서비스 통합으로 더 나은 삶을

초고령사회 대비, 끊김 없는 의료-돌봄 연계를 위한
지역사회 통합돌봄(커뮤니티 케어) 혁신 제안

대표저자

통합의료-돌봄분과 분과장 장지훈

공저자

강희경

Table of Contents

요 약

살던 곳에서 건강한 노후를(Aging in Place): 의료가 결합된 통합돌봄 체계 구축

2026년 3월 「의료·요양 등 지역 돌봄의 통합지원에 관한 법률」이 시행됨에 따라, 대한민국은 돌봄의 국가 책임을 법적으로 명문화하는 역사적 전환점을 맞이했다. 그러나 현재의 준비 상황은 요양보호사 중심의 가사·신체 활동 지원에 편중되어 있어, 실제 노인의 건강을 지탱해야 할 '의료적 처치'는 통합돌봄의 사각지대에 놓여 있다.

의료가 결합되지 않은 돌봄은 반쪽짜리에 불과하다. 거동이 불편한 환자가 집에서 적절한 의료서비스를 받지 못하면 결국 경증임에도 불구하고 요양병원으로 향하는 '사회적 입원'을 선택할 수밖에 없으며, 이는 건강보험 재정의 막대한 누수로 이어진다. 이에 본 이슈페이퍼는 다음과 같은 4대 혁신 과제를 제안한다.

첫째, 방문의료 인프라의 혁신이다.

참여율이 1% 내외에 불과한 현재의 개별 의원 중심 방문진료 모델을 탈피해야 한다. 지역 의사회 또는 보건소가 거점이 되어 의사, 간호사, 사회복지사를 직접 고용하거나 연계하는 '지역 방문의료센터'를 설립하여 24시간 대응 가능한 지속가능한 모델을 구축해야 한다.

둘째, 환자 안전망 도입이다.

병원 밖(가정)은 무균실이 아니며 응급 장비가 부족한 환경이다. 이러한 특수성을 고려하여, 의료진이 성실하게 진료했음에도 발생한 불가항력적

사고에 대해 개인의 과실을 탓하는 '비난과 처벌'의 문화에서, 시스템을 개선하고 피해자를 신속히 돕는 '회복과 안전'의 문화로 대전환해야 한다. 이는 의료진의 방어 진료를 해소하고 참여를 유도하는 핵심 기제다.

셋째, 병원과 지역사회의 끊김 없는 연결이다.

급성기 병원의 퇴원 계획 수립을 의무화하고, 퇴원 환자 정보를 지역통합돌봄 센터로 자동 연계하는 시스템을 구축해야 한다. 특히 퇴원 후 3개월 간 집중적인 방문의료를 제공하는 '전환기 케어(Transitional Care)'를 제도화하여 재입원율을 낮춰야 한다.

넷째, 강력한 컨트롤타워 설립이다.

보건복지부(의료·요양)와 행정안전부/지자체(복지)로 이원화된 예산과 행정을 통합 조정할 '지역사회 통합돌봄청(가칭)'을 설립하여 정책의 일관성을 확보해야 한다.

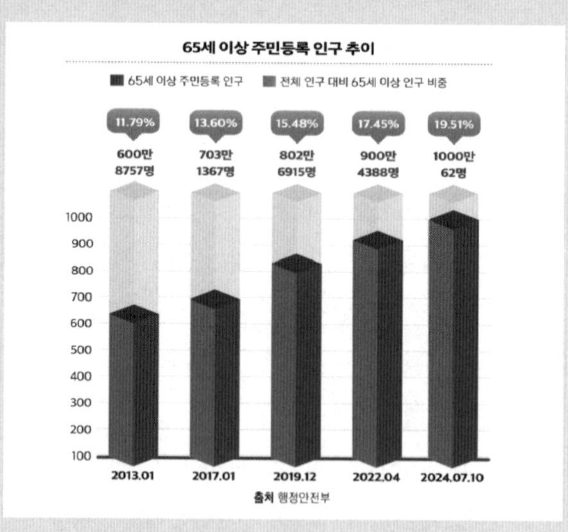

1. 배경 및 필요성

1) 초고령사회 진입과 돌봄의 패러다임 전환

2025년 대한민국은 65세 이상 인구가 전체의 20%를 넘어서는 초고령사회에 진입했다. 이는 단순한 인구 구조의 변화를 넘어, 질병 구조와 돌봄 수요의 근본적인 변화를 의미한다. 과거 급성기 감염병 중심의 의료체계에서는 '병원 치료 후 완치'가 목표였으나, 만성질환과 노쇠가 중심이 되는 고령사회에서는 '지역사회에서의 관리와 삶의 질 유지'가 목표가 되어야 한다.

대다수의 노인은 "거동이 불편하더라도 현재 사는 곳에서 여생을 보내고 싶다(Aging in Place)"고 희망한다. 그러나 현실은 질병이 발생하면 곧바로 시설(요

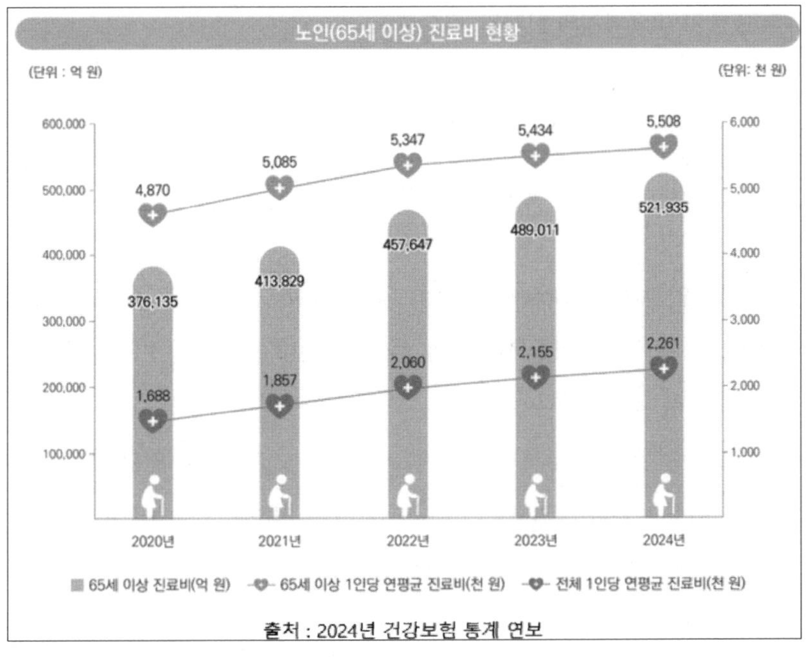

출처 : 2024년 건강보험 통계 연보

양병원, 요양원)로 격리되는 '시설 수용' 중심의 흐름이 지속되고 있다.

2) 「지역사회 통합돌봄법」 시행과 현실의 괴리

정부는 이러한 문제를 인식하고 2024년 2월 「의료·요양 등 지역 돌봄의 통합지원에 관한 법률」을 제정했다. 이 법은 2026년 3월부터 지자체가 주도하여 대상자를 발굴하고 서비스를 연계할 의무를 규정한다.

하지만 현장의 준비는 미흡하다. 현재의 통합돌봄 논의는 도시락 배달, 안부 확인, 이동 지원 등 '복지 서비스'에 치중되어 있다. 정작 노인들이 시설 입소를 결정하게 되는 결정적 원인인 '의료적 처치(욕창 관리, 튜브 교체, 통증 조절 등)'를 집에서 해결해 줄 시스템은 법안의 세부 시행령 논의 과정에서 소외되어 있다.

3) 병원 중심 의료체계의 한계와 '사회적 입원'

현재 한국의 의료체계는 환자가 병원으로 찾아오는 외래·입원 중심이다. 거동이 불편한 환자에게 이 문턱은 너무나 높다.

- **사회적 입원(Social Hospitalization)** 의학적으로는 입원 치료가 필요하지 않으나, 집에서 돌봐줄 사람이나 의료시스템이 없어 요양병원에 장기 입원하는 현상을 말한다.
- **재정 누수** 국민건강보험공단 자료에 따르면, 요양병원 입원 환자의 약 30% 이상이 의료적 필요도가 낮은 '신체기능저하군'으로 분류된다. 이들에게 투입되는 막대한 건보 재정은 정작 필요한 필수의료나 재택의료 수가로 전환되지 못하고 있다.

2. 국내 현황 및 문제점 진단

1) '찾아가는 의료' 공급 부족 실태

정부는 2019년부터 '일차의료 방문진료 수가 시범사업'을 추진해 왔다. 그러나 5년이 지난 현재, 그 성적표는 초라하다.

왜 의사들은 왕진 가방을 들지 않는가?

- **낮은 수가와 높은 기회비용** 의사가 왕진을 위해 이동하는 1시간 동안, 진료실에서는 10명 이상의 환자를 진료할 수 있다. 현재의 시범사업 수가는 이러한 기회비용을 충분히 보상하지 못한다.
- **팀 접근의 부재** 의사 혼자 방문해서는 할 수 있는 처치가 제한적이다. 간호사, 물리치료사, 사회복지사가 함께 움직여야 포괄적인 케어가 가능하

표 1 | 연도별 방문진료 서비스 이용 현황(단위: 명, 건)

구분	의원			한의원		
	방문의사 수*	방문 건수	환자 수*	방문의사 수*	방문 건수	환자 수*
합계	431	78,931	23,274	958	123,089	8,694
2024년(1~6월)	310	22,557	9,252	645	40,453	4,512
2023년	274	31,059	10,787	666	50,307	3,950
2022년	168	12,064	5,028	360	26,376	1,813
2021년	127	8,204	2,905	280	5,953	866
2020년	128	5,011	1,545	-	-	-
2019년	11	36	22	-	-	-

* 중복 제외.
(의과) 2019년 12월 시행, (한의) 2021년 8월 시행.

지만, 개원가 현실상 다학제 팀을 고용하기 어렵다.

2) 분절된 서비스: 의료와 돌봄의 칸막이

환자는 한 명인데, 환자를 돌보는 시스템은 조각나 있다.

- **보건복지부(건강보험)** 병원 진료, 방문진료 시범사업, 방문간호(의료법)
- **지방자치단체(장기요양보험/지방비)** 요양보호사 파견, 방문목욕, 보건소 방문건강관리

이 두 시스템은 예산 주머니가 다르고 정보시스템이 연동되지 않는다. 예를 들어, 퇴원 환자가 지자체에 돌봄서비스를 신청하면 등급 판정에만 한 달이 걸려, 그 사이 환자 상태가 악화되어 재입원하는 악순환이 반복된다.

3) 가정 내 의료행위의 법적 리스크(핵심 문제)

"집은 병원이 아니다: 결과 중심의 처벌이 돌봄을 막고 있다"

본 공동행동이 지적한 바와 같이, 현재 한국의 의료사고 대응 체계는 예방보다는 책임 추궁과 처벌 위주로 작동하고 있어, 의료진으로 하여금 소송 가능성이 있는 진료를 기피하게 만든다. 이 문제는 병원 내 설비가 없는 가정에서 더욱 심각하게 나타난다.

- **통제 불가능한 환경과 결과 책임의 모순** 가정은 무균 시설이 아니며 보호

자의 돌봄 능력 등 변수가 많아 병원보다 '환자안전사건'의 발생 위험이 높다. 그러나 현행 사법 체계는 의료 행위의 과정이나 시스템적 한계보다는, '악결과(사망·상해)'가 발생했다는 사실 자체에 집중하여 형사 책임을 묻는 경향이 강하다.

- **소통의 단절과 은폐 조장** 의료진이 불가항력적인 사고에 대해 환자·보호자에게 유감을 표명하거나 사과하는 행위가 법적 책임의 증거로 악용될 수 있다는 두려움은 원활한 소통을 가로막는다.
- **결과** 의사들은 "선의로 왕진을 갔다가 환자가 사망하면, 업무상 과실치사로 기소될 수 있다"는 공포 때문에 방문진료 자체를 포기하게 되며, 이는 결국 필수의료이자 지역사회 돌봄의 핵심인 방문진료의 공급 부족을 초래한다.

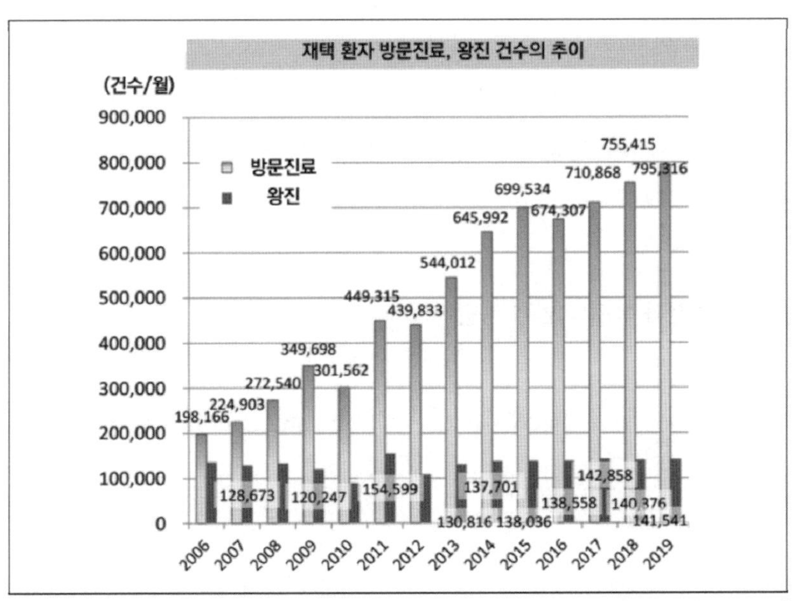

출처: "在宅医療の現状について," 厚生労働省, 2022, https://www.mhlw.go.jp/content/10800000/000909712.pdf, p.16.

3. 해외 선진 사례 심층 분석

1) 일본: 24시간 안심 '재택요양지원진료소'

일본은 한국보다 앞서 초고령사회를 맞이하며 2006년 획기적인 제도를 도입했다.

- **재택요양지원진료소(Zaitaku)** 일반 의원과 달리 '24시간 365일 대응'을 의무화한 진료소다. 환자가 야간에 상태가 나빠지면 언제든 등록된 의사나 간호사와 연락이 닿고, 필요 시 즉시 왕진을 나간다.
- **지역 의사회의 역할** 의사 혼자 24시간 당직을 서는 것은 불가능하다. 일본은 지역 의사회가 주도하여 여러 의원을 그룹으로 묶어 당번제로 야간 콜을 소화하는 시스템을 구축했다.
- **성과** 제도 도입 이후 재택 임종률이 상승하고, 병원 사망률이 감소했다. 이는 "집에서도 안전하게 죽음을 맞이할 수 있다"는 신뢰가 형성되었기 때문이다.

2) 영국: 보건과 복지의 법적 통합 'ICS'

영국 NHS(국가보건서비스)는 2022년 「Health and Care Act」를 통해 의료와 돌봄의 행정적 통합을 완성했다.

- ICS(Integrated Care Systems) 전국을 42개 권역으로 나누고, 각 권역에 NHS(의료 예산)와 지방정부(돌봄 예산)가 합쳐진 법적 기구인 ICS를 설치했

다. 이제 예산 주체가 다르다는 핑계로 환자를 떠밀 수 없다.

- **가상 병동**(Virtual Wards) 기술을 활용하여 집을 병동처럼 만든다. 환자는 웨어러블 기기를 착용하고 집에 머물며, 병원의 모니터링 팀이 실시간으로 활력 징후를 체크한다. 이상 징후 시 지역사회 신속 대응팀이 출동한다.

3) 프랑스: 집으로 찾아가는 병원 'HAD'

- HAD(Hospitalisation à Domicile) 프랑스는 방문진료를 넘어선 '가정 입원' 제도를 운영한다. 항암 치료, 복잡한 드레싱, 인공호흡기 관리 등 고난도 처치가 필요한 환자가 대상이다.
- **특징** HAD는 병원과 동일한 법적 지위를 갖는다. 즉, 환자는 집에 있지만 서류상으로는 입원 환자이며, 이에 따른 높은 수준의 수가를 보장받는다. 이는 의료기관이 적극적으로 재택의료 서비스를 개발하는 유인이 된다.

4. 핵심 제안: 의료가 흐르는 한국형 통합돌봄 체계

본 공동행동은 해외 사례와 국내 현실을 종합하여, 2026년 법 시행에 맞춰 즉시 도입해야 할 네 가지 혁신안을 제안한다.

1) 인프라: '지역 방문의료센터' 설립(거점형 모델)

현행 '1인 의원 방문진료' 방식은 실패했다. 개인의 희생에 의존하는 방식이 아닌, 시스템으로 움직이는 '지역 방문의료센터(Community Medical Center)' 설립을 제안한다.

- **운영 주체** 시군구 보건소, 지역 의사회, 또는 지역 거점병원(지방의료원 등)이 컨소시엄 형태로 운영한다.
- **기능**
  - 방문의료 전담 의사, 간호사, 사회복지사 채용(인건비 국고 지원)
  - 지역 내 방문진료 요청 일원화 접수 및 분류(triage)
  - 야간/휴일 온콜(On-call) 당직 시스템 운영
  - 참여를 원하는 개별 의원에게 행정/차량/간호 인력 지원(플랫폼 역할)

2) 수가: 다학제 팀 통합 수가 신설

의사 혼자 가는 왕진은 한계가 있다. 환자의 복합적인 욕구(질병+생활+주거)를 해결하기 위해 '다학제 통합 왕진 수가'를 신설해야 한다.

- **구성** 의사(진료·처방) + 간호사(처치·모니터링) + 사회복지사(지역 자원 연계) + 약사(복약 지도)
- **보상 체계** 각 직역이 개별적으로 청구하는 것이 아니라, 팀 단위 방문 시 '통합 관리료' 형태로 가산 수가를 지급하여 협업을 유도해야 한다. 이는 영국 PCN(Primary Care Network)의 팀 접근 방식을 한국 실정에 맞게 도입

하는 것이다.

3) 안전망: '환자 안전망 도입(최우선 과제)'

의료진이 안심하고 방문진료에 임할 수 있도록 하기 위해서는, 본 공동행동 '환자안전강화분과'의 제안을 수용하여 개인의 과실을 탓하는 '비난과 처벌'의 문화에서, 시스템을 개선하고 피해자를 신속히 돕는 '회복과 안전'의 문화로 대전환해야 한다. 이를 위해 다음의 네 가지 안전망을 제안한다.

- '환자안전망 기금'을 통한 과실 무관 공적 보상

방문의료 중 발생한 환자안전사건에 대해 의료진의 과실 유무와 관계없이, 국가와 의료계가 조성한 '환자안전망 기금'을 통해 환자에게 신속하고 충분한 보상을 제공한다. 이는 입증 책임이 어려운 환자의 부담을 덜어주고, 민사 소송으로 인한 사회적 비용을 줄여 환자와 의료진 모두를 보호하는 사회 안전망 역할을 수행한다.

- 독립적 '환자안전조사기구'의 도입과 형사처벌의 합리화

사고 발생 시 경찰 수사가 아닌, 의료 전문가로 구성된 독립적인 '환자안전조사기구'가 개입해 사고의 근본 원인을 규명하고 재발 방지 대책을 수립한다. 조사 결과, 고의나 사회 통념상 용납될 수 없는 '중대한 과실(Gross Negligence)'이 아닌 단순한 실수나 시스템적 오류에 대해서는 민형사 징계보다는 재발방지를 위한 조치, 즉 재교육 등의 면허관리를 통한 규제와 시스템 개선으로 대응하여 의료진이 안심하고 진료할 수 있는 환경을 조성한다.

• 소통-사과의 증거능력 제한 법제화

의료진이 환자안전사고에 대해 경위를 설명하고 사과나 유감을 표명하더라도, 이를 재판 과정에서 과실 인정의 증거로 채택하지 못하도록 법적으로 보호한다. 이를 통해 사고 발생 직후 의료진과 환자 가족 간의 신뢰를 유지하고, 투명한 소통과 정서적 회복을 돕는다.

• 재발 방지를 위한 면허 관리 및 교육 강화

의료시스템의 지속가능성을 위협하는 사업적 처벌 대신, 조사기구의 권고에 따라 의료진에게 재교육, 경고, 또는 특정 시술의 제한 조치를 내리는 등 실질적인 재발 방지 중심의 면허 관리 체계를 운영한다.

4) 거버넌스: 컨트롤타워 '지역사회 통합돌봄청' 신설

부처 간 칸막이를 없애기 위해 강력한 중앙 컨트롤타워가 필요하다.

- **중앙** 보건복지부 내 '통합돌봄추진단'을 격상하여, 의료·요양·돌봄 예산을 통합 운영하는 '지역사회 통합돌봄청(가칭)' 또는 차관급 본부 신설
- **지방** 시군구에 설치될 '통합지원 전담 조직'에 보건소(간호직)와 구청(사회복지직), 공단(요양직) 인력을 파견하여 혼합 편성하고, 이들에게 지역 내 '통합사례관리 및 자원 배분 권한'을 법적으로 부여해야 한다.

5. 관련 법률 개정(안)

제안 내용을 실현하기 위해 다음과 같은 법률 개정이 2026년 시행 전까지 이루어져야 한다.

1) 의료·요양 등 지역 돌봄의 통합지원에 관한 법률(신규)

- **제○○조 (방문의료센터의 설치)** 국가와 지자체는 방문의료 서비스를 체계적으로 제공하기 위해 지역 방문의료센터를 설치·운영할 수 있다.
- **제○○조 (다학제 협력)** 의료, 간호, 요양 등 전문 인력이 팀을 이루어 서비스를 제공할 경우 이에 대한 행정적·재정적 지원을 해야 한다.

2) 의료사고 피해구제 및 의료분쟁 조정 등에 관한 법률(개정)

- **제○○조 (지역사회 의료행위에 대한 특례)** 보건복지부 장관이 정하는 재택의료 서비스 제공 중 발생한 환자안전사건(의료사고)에 대해서는 국가가 보상 책임을 진다(기금 신설 근거).

3) 국민건강보험법(개정)

방문진료, 방문간호, 방문약료 등을 정규 요양급여 항목으로 명시하고 이에 대한 수가 기준을 마련한다.

6. 기대 효과

본 제안이 실행될 경우 예상되는 사회적 편익은 다음과 같다.

- **재정 건전성 확보** 불필요한 '사회적 입원' 환자의 10%만 지역사회로 복귀시켜도, 연간 수조 원의 요양병원 입원비를 절감할 수 있다. 이 재원을 방문의료 수가와 안전기금으로 전환하면 추가 예산 투입을 최소화할 수 있다.
- **삶의 질 향상(Aging in Place)** 노인들이 낯선 병원 천장을 보며 생을 마감하는 것이 아니라, 익숙한 집에서 가족의 온기를 느끼며 존엄한 노후를 보낼 수 있다.
- **일자리 창출** 방문간호사, 케어 코디네이터, 사회복지사 등 지역 밀착형 양질의 사회 서비스 일자리가 대거 창출된다.
- **지역의료 생태계 복원** 일차의료기관의 역할이 단순 외래진료에서 '주민 건강관리의 중심'으로 확장되어, 동네 의원의 경영 안정화와 지역 사회 신뢰 회복에 기여한다.

7. FAQ

Q1. 의사가 병원에서 환자를 보는 것이 시간적으로 더 효율적이지 않은가?

A. 단순 진료 건수(양)로만 보면 그렇다. 하지만 거동이 불편한 환자가 병원에 한 번 가기 위해 겪는 이동의 고통, 보호자의 휴가 사용, 사설 구급차 비용 등 사회적 총비용을 고려해야 한다. 또한 왕진은 환자의 주거 환경(낙상 위험, 식사

상태, 냉난방)을 직접 보고 질병의 근본 원인을 교정할 수 있어, 장기적으로는 재입원을 막는 가장 효율적인 의료 행위다.

Q2. 집에서 진료하다가 사고가 나면 누가 책임지는가?

A. 이것이 바로 이번 제안의 핵심인 '법적 안전망'이다. 고의나 중과실이 아닌 경우, 의료진의 형사책임을 면제하고 환자 피해는 '통합돌봄 의료안전기금'으로 보상한다. 의사는 소신껏 진료하고, 환자는 두텁게 보호받는 시스템을 만드는 것이다.

Q3. '통합돌봄청'을 만들면 공무원 자리만 늘리는 것 아닌가?

A. 새로운 조직을 비대하게 만들자는 것이 아니다. 현재 복지부, 행안부, 공단, 지자체에 흩어져 있는 인력과 예산을 '헤쳐 모여'하여 효율적으로 재배치하자는 것이다. 중복 행정을 줄이고, 환자 중심의 원스톱(One-stop) 행정 체계를 구축하기 위함이다.

Q4. 이미 보건소에서 방문건강관리사업을 하고 있지 않은가?

A. 보건소 사업은 예방과 건강 증진 중심이며, 의사가 직접 방문하여 처방이나 처치를 하는 의료 행위는 극히 제한적이다. 우리가 제안하는 것은 아픈 환자를 치료하는 '치료적 방문의료'의 영역이며, 이는 민간의료기관과의 협력 없이는 불가능하다.

참고문헌

법령 및 정부 자료

대한민국 국회. 2024. 「의료·요양 등 지역 돌봄의 통합지원에 관한 법률」(법률 제20327호).

보건복지부. 2024. 「제2차 국민건강보험 종합계획(2024~2028)」.

보건복지부. 2024. 「장기요양 재택의료센터 시범사업 운영 지침」.

국내 연구 보고서

건강보험심사평가원. 2023. 일차의료 방문진료 수가 시범사업 효과 평가 및 개선 방안.

대한의사협회 의료정책연구원. 2022. 초고령사회 대비 의료·돌봄 통합체계 구축 방안.

한국보건사회연구원. 2023. 지역사회 통합돌봄 선도사업 모니터링 및 효과성 분석.

해외 사례 연구

박종훈. 2023. 「영국의 통합돌봄 시스템(ICS) 도입과 시사점」. ≪의료정책포럼≫, 21(1).

석재은. 2023. 「프랑스의 장기요양제도와 사회적 돌봄: HAD를 중심으로」. ≪보건복지포럼≫, 318호.

이윤경 외. 2019. 「일본의 재택의료 현황과 시사점」. 건강보험심사평가원 연구보고서.

NHS England. 2022. "Health and Care Act 2022: Integrated Care Systems explained."

기타 자료

KBS 〈시사기획 창: 일본 재택의료 최전선〉. 2022.7.23.

의료공동행동. 2025. 환자안전 강화를 위한 의료사고 대응 체계 혁신 제안 ver.2.0.

제 1 1 장

—

10년 후의 의료시스템이 지금보다 더 나은 모습이려면, 지금 무엇부터 달라지게 해야 할까?

대표저자

의료서비스개선분과 분과장 오주환

공저자

이상일

박건희

오승원

안정희

류옥하다

하은진

조승연

김성주

조은영

강희경

박성배

어은경

Table of Contents

지금까지 10개의 장에서는 한국 의료시스템이 처한 위기의 요인들을 진단하고, 이를 극복하기 위한 방향을 제시했다. 이 장에서는 이런 문제를 재조명하고자 한다. 앞선 장들에서 충분히 다루지 못했던 요인들을 보완적으로 설명하고, 이를 바탕으로 문제를 보다 입체적으로 풀어갈 전략을 정리하고자 한다.

책의 서두에는 '의료시스템 기능 악화 요인 흐름도'가 등장한다. 이는 무엇이 먼저이고 무엇이 나중인지 구분하기 어려울 만큼 복잡하게 얽힌 의료시스템 악화 요인들 가운데 주요한 상호 인과 관계를 요약한 것이다. 원인과 결과의 관계가 직선적이고 가역적이라면, 결과를 바꾸는 일은 비교적 용이하다. 그러나 비가역적 상태에 이른 원인적 관계들이 서로 양방향으로 얽혀 퇴적된 경우에는 개선이 쉽지 않다. 이런 상황에서는 개별 원인의 궤적을 하나하나 따라가며 점진적으로 문제를 풀어가려는 접근을 넘어, 기존과는 다른 패러다임으로의 전환(paradigm shift)이 요구된다. 이러한 맥락에서 점진적 변화가 아니라 혁신이 필요한 시점이 존재하는데, 어쩌면 지금이 바로 그런 시점일 수 있다.

1. 행위별 수가의 오작동과 한계

한국의 의료비 지불제도인 행위별 수가제(fee-for-service)하에서 의료서비스는 개별 행위(service)마다 가격(fee)이 책정된다. 서비스가 제공되면, 환자를 대신해 제3의 지불자가 지불하고 의료기관이 지불 받는다. 이 지불비용은 환자가 사전에 납부한 보험료로 조성된 재원에서 지급되며, 이를 운용하는 제3지불자가 국민건강보험공단이다. 이러한 지불방식을 행위별 수가제(fee-for-service)라고 한다. 겉으로는 일반시장의 거래 방식과 유사해 보이지만, 의료서비스 시장은 본질적으로 다르다. 일반시장에서는 수요와 공급, 그리고 소비자가 얻는 효용에 따라 가격이 끊임없이 조정되며 시장이 진화한다.

반면 의료서비스는 공적 지원이 제공되는 통제된 시장 안에서 거래되고, 서비스 가격은 공급자가 아니라 제3지불자인 보험자가 정한다. 소비자의 만족이나 건강 개선 정도에 따라 가격 조정이 가능하다면 시장과 유사한 진화가 가능하겠지만, 그렇지 않다면 고정된 가격 구조는 시스템의 오작동을 낳는다. 이 경우 가격이 처음 잘못 책정되면, 필요한 서비스는 덜 제공되고 불필요한 서비스는 과다 제공되는 구조적 왜곡이 발생한다. 이를 막기 위해서는 가격에 대한 지속적인 미세조정을 통해 시장의 작동 원리에 근접시킬 필요가 있다. 그렇지 않으면 오작동은 누적되고, 결국 시스템 전체를 위협하게 된다. 이러한 점에서 서구 여러 국가는 행위별 수가제의 비중을 낮게 유지해 온 반면, 한국은 행위별 수가제 비중이 전 세계에서 가장 높은 수준에 속한다.

국회 보건복지위원회 한지아 국민의힘 의원이 보건복지부로부터 제출받은 '2022 회계연도 의료 비용·편익 분석 자료'에 따르면, 영상검사나 진단검사는 원가보다 두 배 가까이 높은 가격이 책정되어 있다.[1] 반면 수술·시술·진찰·설명 등 의료인의 노동으로 제공되는 진료는 원가의 절반 수준에 불과하다. 이러한 보상 구조의 불균형은 전문과목 선택에도 영향을 미친다. 과다 보상되는 영역에는 지원자가 몰리는 반면, 과소 보상되는 영역에서는 미래 전문의 수가 현저히 줄어들고 있다.

이러한 문제를 피하고 행위별 수가체계를 원활히 유지하기 위해 매년 원가와 책정 가격 간의 불일치를 시정하라는 권고[2]가 있어 왔다. 그러나 우리나라는 이러한 조정을 매년 시행하지 않았다. 대신 약 5년에 한 번씩만 소극적으로 조정해 왔다. 그 결과, 내부적인 보상 불균형은 점점 악화되었다. 이로 인해 근

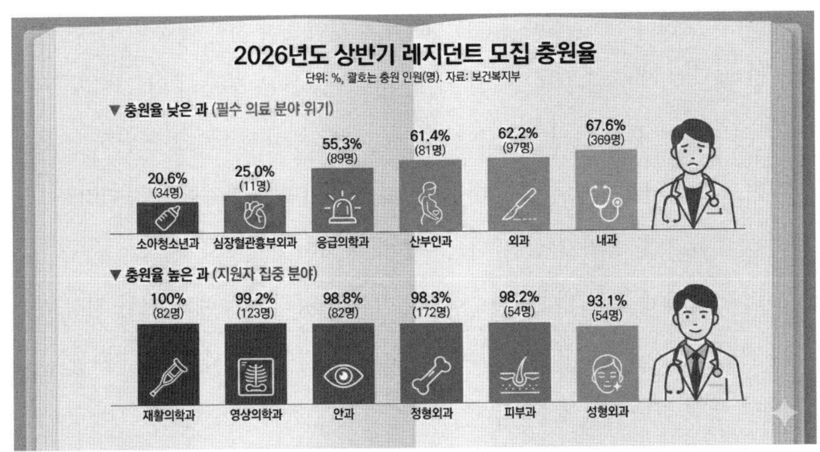

자료: 보건복지부.

무시간 외 중증응급 상황이 발생했을 때 이를 담당할 전공 의료진이 부재한 사례가 늘어나고 있다. 전체 의사 수는 증가하고 있다. 그러나 과소 보상이 지속되는 특정 분야의 의사 수는 오히려 감소하고 있다. 그 결과 여러 전문 분야에서 의료서비스 제공의 지속가능성이 위협받고 있다. 이러한 문제는 그동안 널리 알려지지 않았다. 그러나 2024년 의정 사태로 인한 의료대란을 계기로 판도라의 상자처럼 드러났다. 이제는 대부분의 사회구성원이 이 문제를 인식하게 되었다.

행위량이 증가할수록 수익이 늘어나는 구조, 즉 행위량에 비례한 수익 인센티브를 내포한 행위별 수가제는 건강보험 재원을 필요 이상으로 소모한다. 건강보험 재원은 사회 전체가 공유하는 자원이다. 그 부담은 재원을 제공하는 사회구성원, 즉 의료서비스 소비자이자 환자인 건강보험 가입자에게 돌아간다. 이로 인해 의료비 지출은 점차 사회 구성원의 지불 능력을 초과하는 수준으로 접근하고 있다. 현재 우리나라의 보건의료비 지출 수준은 OECD 국가 평균에 해당한다. 그러나 10년 후에는 GDP 대비 보건의료비 지출 비중이 약 두 배로 증가할 것으로 예상된다. 이는 전 세계에서 가장 높은 수준의 의료비 지출 국가가 된다는 뜻이다. 이러한 지출을 감당할 재원을 안정적으로 조달하는 것은 현실적으로 어려울 가능성이 크다. 재원의 흐름이라는 관점에서 보더라도, 현재의 의료비 지출 증가 양상은 지속가능하지 않다.

행위별 수가제를 유지하려면, 시장의 민감한 가격 변동에 근접한 건강보험 가격 책정 방식이 필요하다. 이를 위해서는 제공되는 서비스의 가격 지불 단위를 개별 행위 하나하나에 두고, 가격을 정밀하게 조정해야 한다. 그러나 현실적으로 이러한 방식은 구현하기가 어렵다. 대신 행위보다 더 큰 사회적 단위를 기준으로 가격을 정하고 지불하는 방식이 상대적으로 실현 가능성이 높다. 서구 사회에서는 사회 구성원 한 명당 의료서비스 비용을 건강 상태에 따라 지불하는 위험도 보정 인두제가 도입되었다. 여기에 더해, 제공된 서비스의 결과가 사회적 만족에 기여한 정도에 따라 추가로 보상하는 성과기반 지불 방식도 구조화되어 사용되기 시작했다. 이는 일반시장의 팁과 유사한 성격을 갖는다. 이러한 변화는 더 나은 건강 수준, 더 나은 의료서비스 이용 경험, 더 적은 공유자원 낭비라는 사회적 가치를 높일수록 더 높은 보상을 제공하는 체계로의 전환을 의미한다. 이를 가치기반 의료라고 부른다.

행위별 수가 중심이었던 미국은 현재 전체 의료비 지불의 약 3분의 2를 가치기반 방식으로 전환하고 있다. 영국을 비롯한 유럽 국가들은 사람당 사전 예산을 지급하는 인두제(Capitation) 또는 배경 인구집단을 기준으로 한 병원 예산제를 주요 지불 방식으로 사용해 왔다. 이 방식은 행위별 수가에서 발생하는 공유자원 낭비를 줄이는 데 효과적이었다. 서비스를 적게 제공할수록 의료기관의 지출이 줄어들기 때문이다. 그 결과 남는 예산이 의료기관의 수익으로 이어지는 인센티브가 작동한다. 이로 인해 사회 전체의 의료비 지출 증가 속도는 상대적으로 안정적으로 유지된다. GDP 대비 의료비 지출 비중도 크게 변하지 않는다.

그러나 이러한 역방향 인센티브는 필요한 의료서비스까지 제공되지 않을 위험을 내포한다. 이는 결국 사회적 가치를 저해할 수 있다. 이러한 한계를 보완하기 위해 유럽 사회는 사회적 가치 달성 정도를 평가하고, 이를 성과보상으로 추가 지급하는 방식을 선택해 왔다. 미국과 유럽은 모두 통제된 의료시스템에서 발생하는 시장 기능의 미작동을 극복하기 위해, 사회적 가치를 반영하는 지불 방식으로 진화해 가고 있다. 그 결과 가치기반 의료가 주요한 대안으로 자리 잡고 있다.

한국 사회 역시 두 가지 위험에 직면해 있다. 하나는 중증응급 분야 공급의 지속가능성 위기다. 다른 하나는 의료서비스 재원 조달의 지속가능성 위기다. 이런 이중 위험을 극복하고자 한다면, 행위별 수가제에 머물러서는 안 된다. 이미 오작동이 극적인 수준에 이른 구조다. 이제는 사회적 가치를 직접적인 지불 기준으로 삼는 보상 제도 혁신으로 나아가야 한다. 그래야 10년 후 지금보다 더 나은 의료시스템을 갖출 수 있다.

2. 어디서부터 변화를 시작해야 하나

1) 지역사회 일차의료: 다학제 주치의 시범사업으로부터

이를 위해서는 일차의료 분야에서 앞 장에서 서술한 지역사회 기반 다학제 한국형 주치의 팀을 조속히 안착시켜야 한다. 먼저 성공적인 모델로 만들고, 이를 지속적으로 수정·보완하며 발전시킬 필요가 있다. 이후 단계적으로 규모를 확대해야 한다. 앞선 챕터에서 소개한 한국형 주치의 팀에 의해 등록·관리를 받는 의료소비자의 규모가 커질수록, 동일한 의료비 지출로 더 나은 성과를 기대할 수 있다. 환자경험은 개선되고, 건강 상태 역시 향상된다. 응급실 방문이나 입원 치료가 필요한 상황은 줄어든다. 사망 위험과 새로운 질환 발생 가능성도 낮아질 수 있다. 그러나 제도 설계가 부적절할 경우 이러한 효과는 나타나지 않는다. 오히려 새로운 시범사업이 공유자원만 소모할 위험도 존재한다. 따라서 시범사업은 의료시스템의 목표를 분명히 향상시키는 방향으로 설계되어야 한다. 이를 위해서는 적절한 인센티브가 내재된 과학적 설계가 필수적이다.

2) 중증응급의료: 새로운 관리 시범사업으로부터

중증응급의료 환자가 적절한 의료서비스 공급자를 만나지 못한 채 표류하는 사례가 늘고 있다. 이러한 상황에서는 행위별 수가제가 아닌 방식으로, 해당 분야 공급자에게 직접 지불하는 새로운 모델을 적극적으로 실험할 필요가 있다. 현재 중증응급의료 인력을 확보하기 어려운 이유는 두 가지다. 의료소송 위험이 높다는 점과, 보상 수준이 낮다는 점이다. 이 가운데 최소한 하나라도 해결되어야 지속가능성이 위협받는 현 상황에서 벗어날 수 있다. 의료소송의 상당수가 미용성형 분야에서 발생함에도 불구하고, 해당 분야 의료진이 줄지 않는 이유는 충분한 보상에 있다. 만약 이러한 보상이 중증응급의료 분야에도 적용된다면, 의료소송 환경이 개선되지 않더라도 현재의 응급환자 수용 위기를 완화할 수 있을 것이다.

중증도가 높은 환자를 치료하고 진료를 완결하는 일은 높은 사회적 가치를 지닌다. 그러나 현행 응급의료 운영 방식에서는 그에 상응하는 사회적 지불이 이루어지지 않는다. 이러한 관행을 혁신하는 방안으로, 중증도를 KTAS로 분류해 운영하는 현재의 체계를 사회적 가치 실현에 따라 지불하는 가치기반 의료 방식으로 전환하는 방안을 고려할 수 있다. 예를 들어 KTAS 1등급 환자의 수용과 처치 완료에 1,000만 원, 2등급에는 300만 원, 3등급에는 100만 원을 지급하는 방식이다. 등급별로 지불 수준에 차등을 두는 것이다. 여기에 약 2조~4조 원 규모의 재원을 투입한다면, 이는 전체 건강보험 연간 지출의 약 3% 수준이다. 이러한 방식은 현재보다 중증응급의료 인력에 대해 신속하고 실질적인 보상을 가능하게 한다. 동시에 이는 공급자 재생산 위기에 놓인 현 상황을 반전시키는 사회적 신호가 될 수 있다. 응급·중증환자 수용 지연으로 인한 사회적 불안 역시 현저히 줄어들 것이다.

표 1 | 중증응급의료 강화를 위한 사회적 가치기반 지불보상의 실험 예시

	KTAS 1	KTAS 2	KTAS 3	소계
빈도	77,182인	342,753인	2,253,770인	
사회적 가치기반 보상금/인 (1안)	10,000,000	3,000,000	1,000,000	
소계	771,820,000,000	1,028,259,000,000	2,253,770,000,000	4,053,849,000,000
빈도	77,182인	342,753인	2,253,770인	
사회적 가치기반 보상금/인 (2안)_	5,000,000	5,000,000	100,000	
소계	385,910,000,000	1,713,765,000,000	225,377,000,000	2,325,052,000,000
빈도	77,182인	342,753인	2,253,770인	
사회적 가치기반 보상금/인 (3안)	5,000,000	1,500,000	500,000	
소계	385,910,000,000	514,129,500,000	1,126,885,000,000	2,026,924,500,000

앞서 제시한 다학제 기반 한국형 일차의료 주치의 시범사업이 성공적으로 정착된다면, 중증질환의 원인이 되는 만성질환 관리와 예방이 강화될 수 있다. 이에 따라 중증응급질환의 발생 빈도도 점차 감소할 것이다. 중증응급의료서비스에 대한 수요 역시 자연스럽게 줄어들 수 있다. 결국 이를 위해 투입되는 사회적 비용도 다시 절감되는 선순환 구조가 형성될 수 있다.

이러한 지불 방식의 변화와 함께, 전국 각 광역응급상황센터 권역마다 최소 1개의 상급종합병원을 중증·응급 전담 광역책임병원으로 운영할 필요가 있다. 이 병원은 모든 응급 수술과 시술이 가능한 당직 전문의를 상시 확보한 상태여야 한다. 초기에는 한두 개 광역 단위에서 시범사업으로 시작할 수 있다.

예를 들어 전라도 권역에서 하나의 광역책임병원을 지정할 수 있다. 이 병원에는 지역 내 모든 전공의와 전문의 인력을 활용한 당직 체계를 구축한다. 의료진은 원 소속 기관과 관계없이 공동 당직표를 구성하여 해당 광역책임병원에 가서 물리적으로 파견되어 근무하는 방식으로 참여한다. 이를 가능하게 하는 재원은 건강보험이나 세금으로 지원한다. 이렇게 하면 현재 응급의학과 전문의에게만 집중된 교대 근무를 당직이 필요한 모든 과 전문의로 확대할 수 있다. 여기에 앞서 제안한 중증·응급 등급별 수용·치료에 대한 가치기반 추가 보상을 결합한다. 동시에 의료진 고용 비용을 사회적으로 조달한다. 이 구조가 작동한다면, 해당 광역책임병원은 권역 내에서 발생하는 모든 중증응급질환을 담당할 수 있다.

이렇게 운영되면 구급차가 환자 상태에 맞는 당직 전문의를 찾아 여러 병원을 탐색할 필요가 없다. 환자는 즉시 광역책임병원으로 이송된다. KTAS 1~2등급 환자는 예외 없이 이 병원으로 향하면 된다. KTAS 3~5등급과 같이 상대적으로 위중도가 낮은 환자는 시간 여유를 두고 적합한 중소 규모 의료기관으로 배정할 수 있다. 이와 같은 규모의 경제를 활용한 중증응급의료체계를 구축한다면 환자경험은 크게 개선된다. 동시에 중증응급의료 공급자 지속가능성에 대한 위협도 완화될 수 있다. 의료진의 수련환경 역시 개선된다. 충분한 환자 규모와 다양한 사례를 경험할 수 있기 때문이다. 이는 전문의로서 필요한 역량을 체계적으로 갖추는 데도 도움이 된다.

3) 책임의료기관 네트워크(Accountable Care Organization: ACO): 일차의료와 중증응급의료를 통합하여 관리하자

나아가 일차의료와 중증응급의료를 통합해 등록·관리하는 체계로 진화할 수 있다. 상급종합병원, 종합병원, 일차의료기관이 협력적 의료 네트워크를 구성하는 방식이다. 이들이 하나의 경제적 공동체로 운영된다면 지속가능성 위기는 더 이른 시점에 안정화될 수 있다. 이러한 책임의료기관 네트워크는 ACO(Accountable Care Organization)로 불린다. 이를 먼저 도입한 미국의 경험을 보면, 의료시스템이 추구하는 사회적 가치를 실질적으로 달성한 사례가 확인된다.[3] 등록된 의료서비스 소비자의 건강 수준은 향상되었다. 동시에 낭비적인 의료이용은 줄었다. 그 결과 전체 의료비도 감소했다. 참여 의료기관과 등록 환자는 자발적 참여를 전제로 점차 증가하는 양상을 보였다. 이러한 경향은 도시뿐 아니라 인구 밀도가 낮은 농촌 지역에서도 유사하게 나타났다.[4] 결국 등록 환자를 여러 의료기관의 의료진이 공동의 경제적 이해관계 아래 협력하고 분업하여 관리함으로써 더 나은 성과를 얻을 수 있었다.

이러한 협력적 의료기관 네트워크가 시작되고 활성화되기 위해서는 주도적 역할을 하는 기관이 필요하다. 특정 의료기관이 네트워크를 조직하는 조직가(organizer)가 되어야 한다. 이러한 역할을 수행할 역량을 갖춘 의료기관이 한국에서도 등장할 수 있을까?

K-ACO가 건강보험종합계획에 명시되었음에도 성과가 미미하다는 지적이 이어지고 있다. 이에 대한 보건복지부 담당 과장의 언론 인터뷰는 K-ACO의 출현 과정을 이해하는 데 도움이 된다. ACO는 정부의 명령으로 만들어질 수 없다는 점이 강조되었다. 오히려 의료기관들이 자발적으로 네트워크를 구성하고, ACO로 운영하겠다는 의사를 정부에 제안하는 방식이 현실적이라는 설명이다. 이후 정부는 해당 네트워크가 사회적 가치를 공동으로 추구할 수 있도록 가치기반 의료 시범사업을 통해 지불보상한다. 담당 관료는 이렇게 답변[5]했는데 이는 타당한 접근이다. 정부는 이러한 의지를 지속적으로 표명해야 한다. 동시에 의료기관들이 준비할 수 있도록 제도적 환경을 조성해야 한다. 그래야 자발적 네트워크가 현실에서 등장하고 본격화될 수 있다. K-ACO 시범사업을 위해 필요한 핵심 조건은 두 가지다. 첫째, 보험자와 ACO 간에 비용과 질 목표를 설정하고 합의하는 과정이다. 둘째, 네트워크 내부에서 공급자 간 수입 배분 방식에 대한 합의와 이를 관리할 수 있는 운영 역량이다.

예컨대 비수도권에 위치한 ㅇㅇ대학교 병원이 일정 지역 내 종합병원 몇 곳과 일차의료기관 1,000여 개와 함께 해당 지역에 거주하는 환자를 대규모로 등록할 수 있다. 등록 환자는 일차의료기관을 중심으로 관리하되, 필요 시 상급 의료기관이 네트워크 내 패스트트랙(fast track)을 통해 적시에 진료를 제공하고 이후 다시 일차의료기관으로 인계하는 구조다. 회복기에는 종합병원에서 연속적인 의료서비스를 받는 등 다양한 협업과 분업이 가능해진다. 등록 환자의 규모에 따라 각 환자의 건강 상태를 고려한 위험보정 인두제 예산을 배분받아, 전체 네트워크가 등록 환자를 공동으로 관리하게 된다. 예컨대 전 국민의 3%가 등록한다면 위험도 보정 인두제 예산의 총액은 전체 의료비의 약 3% 수준이 되며, 최근 기준으로 약 3조 원의 재원으로 150만 명에 대한 등록 관리를 협력적 의료기관 네트워크 내에서 분업과 협업을 통해 수행할 수 있다.

서울대학교병원이 전국의 상급종합병원과 종합병원(지방의료원 등), 그리고 다수의 일차의료기관과 네트워크를 구성하는 경우도 가능하다. 예컨대 시군구당 1~10개, 총 250~2,500개의 일차의료기관이 참여해 전 국민의 10~15%를 등록 관리한다면, 이는 앞서 제시한 지방의 대학병원 중심 모델과는 또 다른 양상으로 전개될 것이다.

이러한 ACO 참여는 강제 사항이 아니다. 각 의료기관은 자율적으로 참여 여부를 결정하며, 의료소비자 역시 등록 관리를 원할 경우에만 참여하면 된다. 기존 체계처럼 건강문제가 발생했을 때 환자가 스스로 적합한 의료기관을 찾아 이용하는 방식을 선호하는 소비자들은 지금과 같은 이용을 유지할 수도 있다. 정부의 역할은 이러한 자유로운 선택이 가능하도록 옵션을 마련하는 데 있다. 어느 쪽을 선택하든 그 결과는 공급자와 소비자의 선택에 따른 것이며, 정부의 책임으로 돌릴 사안은 아니다.

3. 의료서비스 제공체계의 재원의 흐름

의료서비스 전체 시장을 흐르는 재원의 구조는 몇 가지 분명한 특성을 갖는다. 사용되는 의료비의 총액은 이론적으로 의료소비자가 지불하는 재원의 총액과 같고, 제공되는 모든 의료서비스 각각의 단가(unit price)와 양(quantity)의 곱들의 누적합과도 같으며, 동시에 각 의료인과 의료기관에 지급되는 금액의 총합과도 같다. 행위별 수가제가 지배적인 현재의 인센티브 구조에서는 의료서비스의 단위 가격이 유지되더라도, 시간이 지날수록 사용량이 증가하면서 전체 의료비 지출은 매년 늘어날 수밖에 없다. 그만큼 의료소비자가 부담해야 하는 금액 역시 동일하게 증가한다. 이 증가되는 부담은 건강보험료라는 사전

지불, 세금 형태로 조성되어 의료시스템에 배정되는 국고 지원, 법정 본인부담금, 비급여에 대한 전액 본인부담금 등 여러 형태에서 나타난다. 형태는 달라도 의료소비자가 지불하는 금액의 총합은 결국 의료시스템 내에서 사용된 의료비 지출 총액과 일치한다. 또한 이 지출 총액은 급여나 이윤의 형태로 의료인과 의료기관 등 의료시스템 구성원들에게 분배된다.

이러한 의료비 지출 증가 속도가 현재 전망대로 지속된다면, 재원의 흐름은 어떤 모습이 될까. 정형선 교수 등의 연구[6]에서 예측한 바와 같이, 2035~2040년경에는 GDP 대비 의료비 지출 규모가 현재의 두 배 수준에 이를 것으로 전망된다. 이는 곧 의료비 지출이 두 배가 되면, 재원 조달 규모 역시 두 배가 필요하다는 의미다. 건강보험료는 현재 가치 기준으로 두 배가 되고, 법정 본인부담금과 비급여 전액 본인부담금도 두 배로 증가하며, 의료비로 전환되는 세금 역시 두 배를 부담하게 된다. 동시에 의료인과 의료기관에 지급되는 총액도 두 배로 늘어난다. 이런 구조에서는 현재와 같은 수의 의료인과 의료기관으로는 수요를 감당하기 어렵다. 10년 후 의사 수가 1만~2만 명 부족할 것이라는 추계 역시 이러한 맥락에서 도출된 것이다.

그러나 이러한 미래는 현실에서 등장하기 어렵다. 경제 능력 대비 의료비 지출 규모가 두 배로 늘어나는 변화는 매우 급격하며, 그런 미래가 실현될 가능성은 극히 낮다. GDP 대비 의료비 지출 규모가 현재의 두 배가 되려면, 그만큼의 비용을 지불할 능력과 의향이 국민에게 있다는 근거가 필요하다. 하지만 그런 근거는 거의 존재하지 않는다. 오히려 의료비 증액 요구에 응할 수 없다는 조사 결과는 반복적으로 확인되고 있다.[7, 8, 9] 결국 미래에 필요하다고 가정되는 의사 수와 의료 수요는 현실에서 실현할 방법이 없는 가정일 뿐이다. 이런 미래는 사실상 의료시스템의 파산을 의미한다.

GDP 대비 8~9% 수준이던 의료비 지출이 16~18%로 증가하려면, 다른 영역에서 동일한 비율의 재원을 희생해야 한다. 그러나 국방비는 GDP 대비 약 3% 수준이고, 공교육과 사교육을 모두 합한 교육비도 약 4% 수준에 불과하다. 이 두 영역을 모두 중단하더라도 8~9%의 추가 재원을 마련하는 것은 현실적으로 불가능하다. 이런 와서는 안 될 디스토피아를 피하려면, 낭비를 촉진하는 의료비 지출 구조를 전면적이고 신속하게 혁신해야 한다. 거시적 효율성을 높이고, 의료 수요의 폭발을 억제해야 한다. 동시에 환자경험을 개선하고, 앞 장에서 설명한 중증환자경험을 획기적으로 향상시킬 필요가 있다.

KDI 권정현 박사의 분석(2025)에 따르면, 인구 고령화로 인한 의료비 증가는 전체 의료비 증가의 약 8%에 불과하다.[10] 나머지 92%는 행위별 수가제가 유발하는 과잉 진료 제공 경향에서 비롯된다. 이러한 의료비 과소비의 동력을 제거하지 않으면 의료시스템의 지속가능성은 확보될 수 없다. 불필요한 의료비 지출이 멈춘다면, 의료시스템은 순수하게 인구 고령화로 인한 의료 수요 증가에만 대응하면 된다. 이마저도 2050년 이후에는 고령 인구의 절대 규모가 감소하면서 의료 수요가 다시 줄어드는 국면으로 전환될 가능성이 크다. 행위별 수가제가 만들어내는 과잉의료서비스 공급 인센티브와 의료비 증가 가속을 차단하는 전환이 이루어진다면, 향후 의사 수의 자연 증가만으로도 미래 의료 수요에 대응할 수 있을 것이다.

그러나 이러한 전환에 실패한다면, 재원 조달의 실패로 인한 파산이 먼저 도래할 가능성이 높다. 그 경우 의대 정원 확대를 통해 양성한 더 많은 의사들이 일할 미래 자체가 사라질 수 있다. 파산된 의료시스템 속에서 늘어난 의사들이 무엇을 하게 될지는 예측하기 어렵다. 다만 그 환경 속에서 살아가야 할 국민과 의료소비자, 환자들이 지금까지 당연하게 이용해 온 의료서비스를 더 이상 충분히 이용하지 못하는 상황이 빈번해질 것이라는 점은 어렵지 않게 예상할 수 있다.

이러한 디스토피아가 우리의 미래가 되지 않으려면, 의료시스템 혁신은 더 이상 미룰 수 없는 과제다. 의료서비스 재원의 흐름을 지속가능한 범위 안에 두기 위해서는 지금 당장 변화가 시작되어야 한다.

4. 공공의료 강화는 올바른 의료혁신인가?

시장의 실패를 보완하는 위치에 있는 것이 정부와 공공의 직접적인 서비스 제공이다. 예방접종의 집단면역 효과처럼 외부효과가 명확한 일부 공중보건 서비스를 제외하면, 대부분의 의료서비스는 개인에게 귀속되는 일반적인 서비스의 성격을 갖는다. 이는 의료서비스가 원칙적으로는 상품으로 거래되는 데 큰 제약이 없다는 뜻이다. 상품이 되기 위해서는 비용을 지불한 사람만 이용할 수 있는 배제성과, 더 많이 지불할수록 더 많은 혜택을 누릴 수 있는 경합성이 필요하다. 의료서비스는 이러한 조건을 상당 부분 충족한다. 반대로 이러한 성격을 갖지 못해 시장 거래가 불가능한 재화를 경제학에서는 공공재(public goods)라 부르는데, 이런 기준에서 보면 의료서비스는 본래 공공재에 해당하지 않는다.

그러나 의료서비스는 다른 일반 상품과 뚜렷이 구별되는 특성을 지닌다. 의료소비자는 자신에게 필요한 서비스의 종류와 정도를 정확히 인식하기 어렵고, 서비스의 필요성과 지불 능력 사이의 불일치가 매우 빈번하다. 이는 의료서비스가 전형적인 시장 실패가 발생하는 영역임을 의미한다. 한 사회에서 개인이 인간다운 삶을 영위하는 데 필요한 기본 역량(capability)으로서 건강과 지적 능력은 사회 구성원 간 평등한 출발선으로 인식된다. 이러한 인식은 공정한 사회를 성립시키는 핵심 조건이다. 이런 공감대를 바탕으로 의료서비스와 교육서비스는 다수의 국가에서 탈상품화(de-commodification)되어, 정부 보조를 통해 생산원가 전부를 지불하지 않고도 이용할 수 있도록 운영되어 왔다.[11]

이 보조금은 세금일 수도 있고, 국가나 사회가 운영하는 공적 의료보험 재원일 수도 있다. 방식은 다르지만, 많은 국가에서 의료서비스는 보조금을 기반으로 원가 이하의 가격에 제공되는 공공적 서비스로 자리 잡아 왔다. 의료서비스가 공공재가 아니므로 공공의료 강화는 부당하다는 주장은 이러한 역사적 맥락을 충분히 반영하지 못한 비판이다. 의료서비스가 탈상품화된 공적 서비스로 운영되어 온 과정을 돌아보면, 필요와 공급의 불일치라는 시장 실패를 완화하려는 노력은 공공성이라는 지향점을 분명히 드러내는 시도였다. 다시 말해, 공공성을 목표로 삼아야 한다는 주장은 단순한 가치 선언이 아니라, 의료서비스가 발전해 온 역사에 기반한 실증적 근거를 갖고 있다.

문제는 '도구로서의 공공의료' 강화를 주장하거나 반대하는 논리들 안에서 발생한다. 세계 대부분의 국가에서 의료는 이미 공공서비스로 운영되고 있지만, 그럼에도 필요에 따른 공급에 도달하지 못하는 실패가 반복된다. 필요와 공급의 일치를 높이기 위해 탈상품화된 의료서비스를 제공하는 주체는 소유형태에 따라 민간기업일 수도 있고, 공공기업일 수도 있다. 공적 건강보험 역시 마찬가지다. 네덜란드처럼 민간기업이 운영하는 경우도 있고, 한국처럼 공공기관이 운영하는 경우도 있다. 의료서비스 시장 실패를 보완하기 위해 공공성이 부여되었음에도 여전히 시장 실패가 존재한다면, 그 보완 방식이 무엇인지가 핵심 질문이 된다. 이와 관련해 중앙정부나 지방자치단체가 소유한 의료기관에 의한 서비스 제공을 '공공의료'로 정의하고, 이를 강화하자는 도구적 주장이 존재한다. 이 주장은 이윤을 추구하는 민간 의료기관이 수익을 내기 어려운 영역에서는 공급을 회피하기 때문에, 이윤 여부와 관계없이 공급을 지속할 수 있는 의료기관이 필요하다는 논리에 기반한다. 이 점 자체는 타당하다.

그러나 이러한 현상은 정부 보조금으로 탈상품화된 의료서비스가 충분한 공공성을 확보하지 못한 데서 비롯된다. 공급 부족이 발생한다는 것은 해당 영역에서 공급자에게 지급되는 보상이 생산원가를 보전하지 못한다는 뜻이다. 일반 시장에서는 수요가 존재하는데 공급이 부족해지면 가격이 상승하고, 이는 생산원가를 상쇄하며 공급을 회복시키는 방향으로 작동한다. 반면 정부 보조금에 의해 탈상품화된 의료서비스 시장에서는 공급자가 가격을 자율적으로 정할 수 없고, 보조금을 지급하는 정부가 가격을 결정한다. 이 과정에서 영역별 생산원가의 차이, 그리고 동일한 서비스라도 지역별로 다른 생산 여건이 충분히 반영되지 않으면 수요와 공급의 균형은 쉽게 무너진다. 이러한 동적 균형 유지에 실패한 상태에서는 가격 정책을 교정하려는 노력이 필수적이다.

예를 들어 비수도권에서 필수의료 공급 부족이 지속된다면, 이는 표면적으로는 동일한 의료서비스라 하더라도 지방에서의 생산원가가 더 높음에도 불구하고 이를 반영하지 못한 가격 정책의 결과일 가능성이 크다. 이런 경우에는 가격과 보조금을 조정해 문제를 해결하는 것이 합리적이다. 중증응급의료 영역에서도 가격이 생산원가보다 낮게 책정되면 해당 영역으로의 공급자 진입이 줄어들고, 그 결과 공급 부족이 발생한다. 여기에 더해 수도권 거주를 선호하는 사회문화적 환경에서는 중증응급의료 인력을 지방에서 확보하는 데 수도권보다 더 높은 고용 비용이 든다. 이는 생산원가의 추가 상승을 의미한다. 따라서 생산원가가 더 높은 지방의 중증응급의료에는 그만큼 더 많은 보조금을 지급해야만 필요와 공급의 불일치를 완화할 수 있다.

정부 보조금의 대상이라는 점에서 민간 소유 의료기관과 공공 소유 의료기관 사이에 본질적인 차이는 없다. 문제는 앞서 설명한 공급 부족의 원인에 따른 가격과 보상의 미세 조정이 지속적으로 이루어지지 못할 때 발생한다. 이런 상황에서 민간 의료기관은 해당 서비스를 제공할수록 손실이 누적되어 결국 퇴장하게 된다. 공공의료기관도 원칙적으로는 동일하지만, 추가 보조금을 받기 쉬운 구조를 갖고 있다면 파산 위험을 상대적으로 줄일 수 있다. 가격의 미세 조정을 제대로 수행할 역량이 없는 국가라면, 정부나 공공 소유 기관을 통해 서비스를 직접 공급하고, 이 과정에서 발생하는 정상적인 생산원가와 책정된 가격 간의 차이를 추가 보조금으로 보전하는 방식을 선택할 수 있다. 물론 동일한 논리를 민간 소유 의료기관에도 적용해 차액을 지급하는 것도 가능하다. 실제로 분만취약지로 불리는 출산 의료기관 부족 지역에 대한 정부 지원 사례를 보면, 보조금을 받는 의료기관의 다수는 민간 의료기관이다. 다만 민간 의료기관 자체가 존재하지 않는 지역이라면, 새로운 기관을 설립하거나 기존의 공공의료기관에 보조금을 투입해 공급 부족을 해소할 수 있다. 결국 의료서비스 시장에서 발생하는 불일치는 생산원가를 섬세하게 파악하고 이를 주기적으로 조정하는 노력을 통해 해결하는 것이 가장 바람직하다. 이것이 어려운 경우에는 생산원가 보전을 위한 정부 지원의 일환으로, 공급 부족 지역의 민간 의료기관이나 공공의료기관에 퇴장을 막기 위한 보조금을 지급할 수 있으며, 공공의료기관은 이를 통해 공급을 확대할 수도 있다. 이것이 도구적 의미에서의 공공의료 강화 논리다.

정부가 필요와 공급 간의 불균형을 효과적으로 줄여나가고 있음을 입증한다면, 이러한 보조금 지급은 충분히 정당화될 수 있다. 반대로 가격 설정의 실패로 인해 보조금 지급이 구조적으로 불가피한 상황에서는 수입과 지출의 균형을 달성하는 것이 원천적으로 어렵다. 따라서 공급 부족 지역에서 활동하는 공공의료기관에 수입·지출 균형을 성과 목표로 요구하는 것은 적절하지 않다. 그럼에도 불구하고 지금까지 정부는 공공의료기관의 성과를 해당 지역사회에서 필요와 공급이 얼마나 일치했는지를 기준으로 평가해 온 적이 거의 없다. 대신 잘못 책정된 가격을 전제로, 달성할 수 없는 재무적 목표를 달성했는지를 평가해 왔다. 이는 공공의료기관에 보조금을 지급해 퇴장을 막아야 했던 정책적 배경 자체를 부정하는 셈이다. 이른바 공공의료기관의 '착한 적자론'은 이러한 모순을 설명하려는 시도 속에서 등장한 레토릭이라고 볼 수 있다.

그러나 목표는 적자 탈피가 아니다. 적자와 흑자에 대한 논란은 결국 이러한 기관에 투입되는 보조금의 규모가 적정했는지를 따지는 문제다. 이 논의를 제대로 하려면, 보조금을 받은 공공의료기관이 지역사회의 필요에 맞는 공급을 실제로 수행하고 있는지를 먼저 입증해야 한다. 이를 충분히 해냈다면, 적자는 필요한 보조금이 충분히 지급되지 않았기 때문에 발생한 결과이므로 추가 지원이 이루어지는 것이 타당하다. 반대로 이러한 역할을 제대로 수행하지 못했고 그 상태가 장기간 지속되었다면, 이는 기관이 본래의 목표를 달성하지 못한 부실한 운영임을 인정해야 한다. 이 경우에는 추가 보조금을 투입해 운영을 지속할 것인지, 아니면 다른 방식의 대안을 모색할 것인지를 결정해야 할 수도 있다. 설령 적자를 보조금으로 메운다 하더라도, 부실한 운영에 대한 책임은 분명히 물어야 한다.

보조금을 받으면서도 필요에 따른 공급을 제대로 수행하지 못하는 의료기관을 '착한 적자론'이라는 보호막 아래 숨겨서는 안 된다. 문제의 원인을 철저히 규명하고, 미충족된 필요를 실제 공급 확대로 연결하려는 노력이 뒤따라야 한다. 도구적 의미에서의 공공의료 강화에 대한 반대 의견은 대체로 두 가지에서 비롯된다. 하나는 필요와 공급을 일치시키려는 실제 시도와 성과를 직접 경험하지 못한 경우이고, 다른 하나는 의료기관의 성과를 필요-공급의 일치가 아니라 수입-지출의 균형으로 평가하는 오류다. 전자는 충분히 경청할 가치가 있는 비판이지만, 후자는 공공의료의 본래 가치를 훼손하는 비판에 가깝다. 우리는 전자를 토대로 한 비판에 귀를 기울여야 미래를 열 수 있다.

공급 부족 지역의 공공의료기관 성과는 지역 인구에 대한 등록 관리 없이는 제대로 평가하기 어렵다. 앞서 설명한 ACO와 같이, 명확히 관리 받기를 원하는 지역 주민이 등록을 통해 의료서비스를 이용할 때 비로소 객관적인 성과 평가가 가능해진다. 이 경우 건강 수준과 환자경험을 주기적이고 체계적으로 평가할 수 있다. 공공의료기관이 이러한 성과를 통해 자신의 존립 이유를 스스로 입증할 수 있다면, 사회적 가격 책정 시스템의 한계를 추가 보조금 지급으로 보완하는 것도 정당화될 수 있다. 이런 방식의 공공의료 강화는 이론적으로도, 정책적으로도 문제가 없으며, 지금까지 제대로 시도된 적도 거의 없다. 그런 점에서 도구로서의 공공의료 강화는 바로 이러한 방향으로 추진되어야 한다.

또 다른 도구적 의미의 공공의료 강화는 인력 정책에서 논의된다. 공공의대, 공공의료사관학교, 지역의사제로 불리는 제도들이 이에 해당한다. 이들 제도는 의과대학 입학 시점부터 공공 보조금을 장학금 형태로 지급하고, 졸업 후에는 해당 지역 정착을 전제로 정착금을 지원하며, 계약 기간 동안 지역에서 근무하도록 하는 체계를 공공의료의 한 방식으로 설명한다. 지금까지의 연구를 종합한 체계적인 문헌고찰에 따르면, 인구 밀도가 낮은 지역에서의 근무를 촉진하는 요인으로 과학적 근거가 확인된 요소는 두 가지뿐이다.[12] 하나는 해당 지역이 고향인 의사의 경우 지방 근무를 유지할 가능성이 더 크다는 점이고, 다른 하나는 계약에 의해 지방 근무를 시작한 의사가 자유 의지로 온 경우보다 근무를 유지할 가능성이 더 크다는 점이다. 이런 점에서 공공의대, 공공의료사관학교, 지역의사제처럼 정부 보조금에 기반한 계약을 통해 근무하도록 하는 정책과, 지방에서 성장한 학생을 선발 조건으로 삼는 방식은 증거기반 정책 관점에서 기존의 근거와 부합한다.

다만 이러한 정책은 실제 효과가 나타나기까지 약 10년의 시간이 필요하다. 따라서 그 사이에도 지방 의료 공급 부족을 완화할 수 있는 추가적인 정책이 병행되어야 한다. 이런 맥락에서 지역의료 정책을 의과대학 입학 정책에만 한정하는 것은 적절하지 않으며, 단기적으로 지역 의료에 대한 보상과 인프라를 개선하는 대책과 연동되어야 한다는 비판은 타당하다. 그래야만 계약 기간이 종료된 이후에도 지역에 남는 의사들이 늘어나고, 지역 의료 강화 효과가 지속될 수 있다. 또한 지역의사제는 기존 의과대학이 교육을 담당해야 하는 구조인 만큼, 교육 인프라 확충 없이 교육 역량을 초과하는 정원 확대가 이루어질 경우 교육의 질 저하를 초래할 수 있다는 우려 역시 합리적이다. 그러나 지역의사제로 대표되는 인력 정책과 지역 의료에 대한 보상 및 인프라 개선은 서로를 부정하는 제로섬 선택이 아니다.

지역 근무 조건부 입학 정원을 만드는 시도에 대한 부정적인 견해 중에는, 이러한 정원이 미래 의사 수 추계 범위 밖에서 추가적인 숫자로 작동해 의대 정원 확대의 우회로가 될 것이라는 우려도 존재한다. 그러나 정부는 추계위원회에서 필요 의사 수를 산정할 때 이러한 지역의사 인력도 함께 포함해 다룰 것임을 예고한 바 있어, 이 비판은 설득력이 떨어진다. 또 다른 비판으로는 강제로 배치해도 결국 다시 돌아올 것이라는 주장이 있다. 그러나 지역의사제로 배출된 의사는 계약 기간 이후에도 지역에 남을 확률이 자유 의지로 지역에 온 의사보다 높다는 과학적 근거를 고려하면 이 주장 역시 근거가 약하다. 강제 배치가 반헌법적이라는 비판 또한 자유 계약에 따른 선택이라는 점에서 타당하지 않으며, 해외의 유사 제도에서도 이러한 문제가 쟁점이 된 사례를 찾기 어렵다는 점에서 정당화되기 어렵다.

5. 신의료기술의 등장과 보장성 확대의 지속, 우선순위 결정, 보충보험

자본주의 생산체계는 혁신하지 않는 생산자가 도태될 위험을 내재하고 있으며, 의료서비스 분야 역시 예외가 아니다. 이로 인해 새로운 의료기술은 지속적으로 등장한다. 그러나 기술적으로 혁신적이더라도 사용가치 측면에서는 추가적인 도움이 크지 않은 경우도 적지 않다. 그럼에도 불구하고 이러한 기술이 더 비싼 가격을 책정받아 의료서비스 시장에 진입하는 경우가 발생할 수 있다. 따라서 정부보조금에 의해 관리되는 공공서비스인 의료서비스 제공 체계에서는 수시로 등장하는 신의료기술의 사회적 가치를 평가하는 시스템이 제대로 작동해야 한다.

보건의료 분야가 갖는 정보 비대칭성을 고려할 때, 환자와 소비자를 보호하기 위해 신의료기술의 안전성과 유효성에 대한 공식적인 검증이 필수적이다. 이러한 사용가치에 대한 객관적인 검증을 통과한 기술에 한해 시장 진입이 허가되어야 하며, 검증을 통과한 신기술은 적극적으로 건강보험 보장 영역으로 편입되어 사회적 가치를 높일 수 있어야 한다. 반대로 의료기술의 사회적 가치가 높지 않은 경우에는 건강보험 적용이 사회적 효율을 저해할 수 있으므로, 개별 구매 서비스, 즉 비급여 영역에 남겨두는 것이 바람직하다.

이와 같은 난해한 선택 과정은 사회적 가치에 기반한 공유자원 사용 범위 내에서의 우선순위 결정 과정을 통해 주기적으로 이루어져야 한다. 가치가 존재하더라도 사회적 가치가 낮은 의료서비스는 공유자원 사용 가능 범위에서 배제되어야 한다. 그러나 이러한 서비스의 가격이 고가일 경우, 소득이 낮은 계층에서는 필요하더라도 이용을 선택하기 어려워진다. 이러한 상황에서 보충보험으로서의 실손보험은 일정 부분 긍정적인 역할을 할 수 있다. 이러한 장치가 적절히 작동한다면, 사회적 가치가 높지 않은 기술에 건강보험이라는 공유자원을 소모하지 않으면서도, 이를 필요로 하는 환자들은 상대적으로 낮아진 경제적 장벽을 통해 해당 기술을 이용할 수 있게 된다.

나아가 경우에 따라서는 선택적인 공보험 형태의 보충보험을 도입해, 민간 보충보험 시장에 경쟁 요인을 형성할 필요도 있다. 이러한 선택적 보충보험은 모든 국민을 대상으로 하지 않고, 비급여 서비스 이용에 대한 선호가 있는 경우에만 가입하는 보험시장이 된다. 이 보충보험은 본보험과 달리 소득 기반 보험료가 아니라, 위험도 기반 보험료를 감내하려는 국민을 중심으로 보험료가 부과될 가능성이 크다. 이러한 제도가 도입된다면, 현재 민간보험 시장의 불투명성을 개선하는 데에도 일정 부분 기여할 수 있을 것이다.

6. 의료시스템이 추구해야 하는 목표 다섯 가지

최근 국제적으로 널리 받아들여지는 프레임에 따르면, 의료시스템의 목표는 다음의 다섯 가지로 표현된다.[13, 14, 15]

- 목표1: 더 나은 건강수준
- 목표2: 더 나은 지속가능성
- 목표3: 더 나은 환자경험
- 목표4: 더 나은 공급자경험
- 목표5: 더 나은 건강 형평성

그중 한국 사회에서 현재 가장 취약한 영역은 환자경험이다. 다음 표는 하버드 보건대학원을 중심으로 전 세계 14개국 대학이 참여해, 2022년 5월부터

'최근 진료 경험 및 의료체계 역량에 대한 설문 항목'의 분류 및 요약

문항		내용
1. Overall ratings of most recent visit(최근 진료의 전반적 평가)		전반적 평가
Facility recommendation(mean score 0~10)	의료기관에 대한 추천 수준(0~10점)	의료기관 추천
Overall quality(% excellent or very good)	전반적 의료서비스의 질(%)	의료 질
2. Care competence in most recent visit(% excellent or very good) (최근 진료의 서비스 역량, %)		서비스 역량
Provider skills	의료진의 숙련도	숙련도
Clarity of explanations	설명의 명확성	설명 명확성
Equipment and supplies	의료장비와 적절한 공급	장비·물품
3. User experience of most recent visit(% excellent or very good) (최근 사용자의 진료 경험, %)		사용자 진료 경험
Visit duration	진료 소요시간	진료시간
Visit waiting time	진료 대기시간	대기시간
Appointment waiting time	예약 후 치료까지 걸린 시간	예약 후 대기
Courtesy of facility staff	직원의 친절도	친절도
Respect from provider	의료진으로부터 존중 경험	존중 경험
Involvement in decisions	치료 결정 과정 참여도	참여도
4. System competence in all care over past 12 months(% yes) (지난 12개월 동안 경험한 의료시스템의 역량; '그렇다' 응답 대한 비율, %)		시스템 역량(12개월)
No mistake reported	진료 오류 없음	오류 없음
No discrimination	차별 경험 없음	차별 없음
No unmet need for care	미충족 서비스 경험 없음	미충족 의료 없음

2023년 3월까지 동일한 설문으로 각국의 환자경험을 비교·평가한 연구 결과다.[16] 13군 질문, 총 11개 항목 모두에서 한국은 5등급 기준 하위 4~5등급에 해당했으며, 14개국 중에서도 가장 취약한 국가군에 속했다. 특히 미국, 영국, 이탈리아 등 고소득 국가 6개국과 비교할 경우 최하위 수준이었다. 아울러 중증·응급 분야 공급자들의 경험 역시 취약하다. 지속가능성 또한 위기로 치닫고 있다. 앞서 언급했듯이, 10년 후 GDP 대비 의료비 지출이 현재의 두 배에 이를 것이라는 전망은 사실상 지속 불가능한 파산을 의미한다.

이와 달리 지금까지 비교적 양호했던 건강수준은 중증응급의료 인력의 재

생산 실패를 원인으로, 앞으로 몇 년 내부터 악화되기 시작할 가능성이 크다. 지역의료는 국제사회 다른 국가들과 비교할 때 지역 간 불평등 측면에서 상대적으로 더 나쁘다고 보기는 어렵지만, 국내에서는 예민한 정치적 이슈가 되고 있다. 그러나 앞서 언급한 대안들이 실질적인 혁신으로 이어지지 못한다면, 이 문제 역시 지속적으로 부정적인 방식으로 회자될 수밖에 없다.

지금까지 국민의 건강수준과 지역 간 불평등 수준은 전 세계적으로 매우 우수한 편이었지만, 향후 10년을 내다보면 오히려 악화될 가능성이 크다. 반면 환자경험, 공급자경험, 지속가능성의 세 영역은 이미 매우 나쁜 상태에 있으며, 이에 대해서는 우리 사회의 경고등이 계속 켜져 있어야 한다. 그중에서도 환자경험은 강력한 의료시스템 혁신을 만들어내고 이를 지속시키는 데 있어 핵심적인 리트머스 시험지다.

7. 결론

현재 한국의 의료시스템은 10년 후 더 나은 방향으로 나아갈 수 있을지 여부를 가르는 중대한 갈림길에 서 있다. 그동안 비교적 안정적으로 유지되어 온 국민 건강수준의 이면에서 환자경험의 악화, 중증응급의료 붕괴의 위험, 의료공급자의 소진, 그리고 의료재정의 지속가능성 위기가 동시에 누적되어 왔다는 사실이 분명해지고 있다. 이제 이 위기는 더 이상 부분적 보완이나 단기 처방만으로는 넘어서기 어렵다.

지금 무엇부터 달라져야 하는가에 대한 답은, 의료시스템이 무엇을 목표로 삼아야 하는지에 대한 재확인에서 출발해야 한다. 의료의 목적은 단순히 진료량을 늘리는 데 있지 않다. 더 나은 환자경험과 건강수준을 달성하고, 이를 지속가능한 방식으로 유지하며, 그 과정에서 의료를 제공하는 사람들 또한 소진되지 않도록 하는 데 있다. 이를 위해서는 행위의 양이 아니라 사회적 가치와 중증도, 그리고 결과를 중심으로 의료자원이 배분되는 구조로의 전환이 불가피하다.

특히 중증응급의료 영역에서는 KTAS 분류체계를 단순한 진료 순서 결정 도구에 머무르게 해서는 안 된다. 중증도를 사회적 가치로 인식하고, 그에 합당한 책임과 보상이 뒤따르는 구조로 전환해야 한다. 생명 위협이 큰 환자를 책임지고 치료하는 행위가 의료시스템 전체에서 가장 중요한 가치로 존중받지 못한다면, 중증응급의료의 지속가능성은 결코 확보될 수 없다.

아울러 일차의료에서 중증응급의료까지 단절 없이 이어지는 연계 체계를 구축하고, 환자경험을 핵심 성과지표로 삼아 의료시스템을 지속적으로 점검하고 개선해 나가야 한다. 이는 특정 직역이나 개별 제도의 문제가 아니라, 환자·소비자·공급자 모두가 함께 책임지고 논의해야 할 사회적 과제다.

결국 지금 우리가 바꿔야 할 것은 개별 정책 하나가 아니라, 의료를 바라보는 기준과 우선순위다. 무엇을 더 많이 제공할 것인가가 아니라, 무엇이 사회적으로 더 중요한 가치인가를 묻는 전환이 필요하다. 이러한 전환이 지금 시작되지 않는다면, 10년 후 우리는 더 나은 의료시스템이 아니라 더 깊은 위기 속의 의료를 마주하게 될 것이다. 지금이 바로 의료시스템의 방향을 근본적으로 재설정해야 할 시점이다.

참고문헌

1. 《조선일보》. 2025.10.20. "정부 의료 원가 보전율 첫 분석…기본 진료 52%, 약 조제 25%". https://www.chosun.com/national/welfare-medical/2025/10/20/MOSXYOAONZFLHOW3LGUB2DB2BM/
2. Naoki Ikegami. 2015. "Fee-for-service payment: an evil practice that must be stamped out?" *Int J Health Policy Manag.* 2015 Feb 6; 4(2): 57~59.
3. Zirui Song, Yunan Ji, Dana G. Safran, Michael E. Chernew. 2019. "Health Care Spending, Utilization, and Quality 8 Years into Global Payment." *N Engl J Med.* 2019 Jul 18; 381(3): 252~263.
4. Matthew J. Trombley, Betty Fout, Sasha Brodsky, J. Michael McWilliams, David J. Nyweide, Brant Morefield. 2019. "Early Effects of an Accountable Care Organization Model for Underserved Areas." *N Engl J Med.* 2019 Aug 8; 381(6): 543~551.
5. 《병원신문》. 2025.9.8. "ACO 도입, 현장에서 요청하면 검토하겠다". https://www.khanews.com/news/articleView.html?idxno=236444
6. 정형선 외. 2024. 「한국 국민의료비 및 구성항목의 미래 추계: 2024-2033의 10년 추이」. 《보건행정학회지》, vol.34, no.4, 426~439쪽.
7. 《아시아투데이》. 2024.7.21. "국민 10명 8명, 건강보험료율 인상 반대".
8. 건강권 실현을 위한 보건의료단체 연합. 2025.8.28. 「고물가, 저임금, 생계 위기에 서민 건강보험료율 인상 반대한다」.
9. 《쿠키뉴스》. 2024.8.9. ""건강보험료 올라도 보장률 제자리"…잇단 '인상 반대' 목소리".
10. 권정현. 2025.4.1. 「건강보험 지출 증가 요인과 시사점」. 《KDI focus》. https://www.kdi.re.kr/research/focusView?pub_no=18679.
11. Esping-Andersen. 1990. *Three world of welfare capitalism.* Princeton University Press.
12. Deborah Russell, Supriya Mathew, Michelle Fitts, Zania Liddle, Lorna Murakami-Gold, Narelle Campbell, Mark Ramjan, Yuejen Zhao, Sonia Hines, John S. Humphreys, John Wakerman. 2021. "Interventions for health workforce retention in rural and remote areas: a systematic review." *Hum Resour Health.* 2021 Aug 26; 19(1): 103.
13. Donald M. Berwick, Thomas W. Nolan, John Whittington. 2008. "The triple aim: care, health, and cost." *Health Aff (Millwood).* 2008 May-Jun; 27(3): 759~769.
14. Thomas Bodenheimer, Christine Sinsky. 2014. "From triple to quadruple aim: care of the patient requires care of the provider." *Ann Fam Med.* 2014 Nov-Dec; 12(6): 573~576.
15. Shantanu Nundy, Lisa A. Cooper, Kedar S. Mate. 2022. "The Quintuple Aim for Health

Care Improvement: A New Imperative to Advance Health Equity." *JAMA*. 2022 Feb 8; 327(6): 521~522.

16. Todd P. Lewis, Munir Kassa, Neena R. Kapoor, Catherine Arsenault, Rodrigo Bazua-Lobato, Rashmi Dayalu, Günther Fink, Theodros Getachew, Prashant Jarhyan, Hwa-Young Lee, Agustina Mazzoni, Jesus Medina-Ranilla, Inbarani Naidoo, Ashenif Tadele, Margaret E. Kruk. 2024. "User-reported quality of care: findings from the first round of the People's Voice Survey in 14 countries." *Lancet Glob Health*. 2024 Jan; 12(1): e112~e122.

지은이(가나다순)

강재헌

가정의학과 전문의. 보건학 석사, 예방의학 박사. 성균관대학교 강북삼성병원-의과대학 교수. 성균관의대 미래헬스케어연구소장. 임상영역에서는 가정의학을, 학술영역에서는 예방의학을 전공했다. 일차의료와 의료전달체계 발전을 위한 연구와 교육을 수행해 오고 있으며, 다수의 정부 국제개발협력사업을 수행하면서 스리랑카, 베트남, 라오스, 네팔, 아프가니스탄, 몽골, 엘살바도르, 칠레 등 여러 나라 정부의 의료시스템 발전을 위한 지원과 자문 활동을 수행해 왔다. 의정갈등으로 인한 의료대란 시기에 대한가정의학회 이사장으로서 의료 개혁을 위한 대정부 및 대국민 활동을 진행했다. 현재 주치의 운동본부, 의료공동행동에 참여하여 활동하고 있다.

강희경

멋진 청년 둘의 엄마. 소아콩팥병을 전공하는 소아청소년과 의사로 서울의대에서 교수로 재직 중이다. '극복! 신증후군(과 콩팥병)'을 지상 목표로 "운동하세요, 싱겁게 드세요, 일찍 주무세요"를 입에 달고 산다. 스승들께 물려받은 서울대병원 소아청소년 콩팥센터를 무사히 후학에게 인계하는 임무가 공생활의 주된 고민이던 시절을 지나, 지금은 어떻게 하면 우리나라 의료체계가 건강해질 수 있을까라는 막중한 주제에 집중하고 있다. 2024년 의정갈등 시기에 서울의대-서울대병원 교수 비상대책위원회 3기 위원장으로 활동했으며, 현재 의료공동행동의 공동대표로 환자안전강화분과(구 의료사고안전망분과)를 이끌고 있다. 누구의 주장인지를 묻기보다 무엇이 더 나은 방법인가를 묻는 우리, 질병이나 장애가 각자의 뜻을 펼치는 데 방해가 되지 않는 사회가 되기를 꿈꾼다.

고민정

GCN녹색소비자연대 사무총장으로, 소비자 권익 보호와 지속가능한 소비문화 확산을 위해 활동하고 있다. 한국외국어대학교 행정학과 석사과정을 수료했으며, 소비자 정책, 환경·안전 이슈, 공공정책과 시민참여를 연결하는 다양한 조사·연구와 정책 제안을 진행해 왔다. 현장에서 축적한 경험을 바탕으로 소비자의 관점에서 제도와 사회 변화를 만들어가는 데 힘쓰고 있다.

김성주

한국중증질환연합회 대표. 보건정책관리학 석사이자 2014년 식도암 진단을 받은 암환자로, 환자경험을 바탕으로 한 정책 활동을 이어가고 있다. 보건복지부 의료혁신특별위원회 위원과 첨단재생의료 및 첨단바이오의약품 정책심의위원회 위원으로 활동하며 환자 권익을 제도에 반영해 왔다. 신약·신기술 도입 과정에서 환자 안전과 임상적 유효성 검증을 강조하고, 급여 결정과 치료 접근성 개선 논의에 환자의 관점을 제시해 왔다. 중증·희귀·암 환자의 치료 연속성과 환자 참여 확대를 핵심 과제로 공공성과 책임성에 기반한 보건의료 정책 개선에 힘쓰고 있다.

김영순

원장. 한국의료의 패망을 걱정하는 일차의료의사 내과 개원의.

김종명

M.D. 가정의학과 전문의이자 시민단체 활동가. 강원도의 작은 읍에 위치한 보건의료원에서 지역 주민의 건강을 돌보는 의사로 일하고 있다. 건강보험하나로시민회의, 어린이병원비국가보장연대 등 시민단체에서 활동했고, 현재는 백만원상한연대, 내가만드는복지국가, 장애인건강권연대, 의료공동행동에서 활동 중이다. 사회연대에 기초한 복지국가를 삶의 비전으로 갖고 있으며, 공공의료 강화와 의료보장 확대를 목표로 활동하고 있다.

김희진

사단법인 한국암환자권익협의회 사무국장으로, 법인 운영 전반과 사업 기획 등 실무를 총괄하고 있다. 암환자와 중증질환자의 치료 과정에서 발생하는 돌봄 공백과 제도적 한계를 현장에서 분석하며, 환자경험을 기반으로 한 실무 중심의 활동을 수행하고 있다.

권두섭

법무법인 여는 소속 변호사, 민주노총 법률원에서 노동 변호사로서 노동분야의 정책, 법제도 개선, 노동교육, 특히 비정규직 노동자 문제에 관심을 가지고 활동해 왔다. 2011년부터 공공운수노조 법률원에서 활동하면서 공공부문 정책과 공공성 강화 문제와 관련한 노동조합 활동을 지원하기도 했다. 한국사회의 다양한 문제를 관념이 아니라 실질적으로 해결하는 데 관심을 가지고 있다. 의료공동행동에서는 환자 안전과 의료 현장 법률분쟁의 합리적인 해결을 위해 환자안전강화분과 모임에 참여하고 있다.

류옥하다

환자가 건강하고 만족하며, 의료공급자가 존중받는 지속가능한 의료를 꿈꾸는 의사다. 청년 필자로 미래세대의 고민과 시각을 담고자 했다. 2009년부터 《오마이뉴스》 시민기자로 활동해 왔으며, 《시사저널》, 《청년의사》, 《The Korea Herald》 등에 기고해 왔다. 의료대란 이전 가톨릭중앙의료원 인턴 대표를 역임했으며, 이후 평창군의료원 응급실 의사로 근무했다. 일차보건의료학회 청년이사, 더불어민주당 보건의료특위 자문위원, 한국 환자중심·지속가능의료 학회 학술이사, 의료공동행동 상설위원으로 활동했다. 저서로는 『납작하지 않은 세상, 자유롭거나 불편하거나』, 『응급실, 우리들의 24시간』, 『K-의료는 허구다』가 있다.

박건희

보건학 박사, 예방의학 전문의이며, 지역보건의료 전문가다. 현재 평창군 보건의료원 원장으로 근무하고 있다. 코로나19 팬데믹 기간인 2021년부터 2023년에는 경기도 감염병관리지원단장으로 근무했으며, 2018년부터 2021년에는 안산시 상록수보건소장으로 근무했다. 2009년부터 2017년까지는 WHO 서태평양지역사무소(WPRO)에서 의료담당관, 기술담당관으로 보건의료 시스템, 모자보건 및 국가지원 분야에서 근무했다.

박성배

M.D., M.P.H. 국민건강보험공단 일산병원 가정의학과 임상교수로 근무하고 있으며, 연세대학교 보건대학원에서 역학 및 통계를 전공했다. 주요 연구 분야는 일차의료 서비스 모형 개발과 한국형 주치의 모델 관련 정책이다. 현재 국민건강보험공단과 일산병원이 한국형 주치의 모델의 개발과 실증을 위해 일산병원에 공동으로 구축한 일차의료개발센터에서 일차의료 연구사업팀장을 맡아 다학제 기반 고기능 주치의 팀 모형인 가치기반 환자 중심 일차의료 모델의 개발과 실증을 수행하고 있으며, 의료공동행동 지역사회-일차의료-주치의 분과장으로서 지역사회-일차의료-주치의 분야 이슈페이퍼의 기획과 집필을 담당하고 있다.

백민환

한국다발골수종환우회 회장. 보건학 석사. 연세대학교 보건대학원 졸업. 2010년부터 환우회를 이끌고 있다. 환우회 창립 이후 다발골수종 환자들의 신약 접근성 확대와 급여화를 위해 활동하고 있으며, 한국중증질환연합회 이사를 겸직하고 있다.

서치원

변호사. 안산녹색소비자연대 공동대표, 안산소비자단체협의회 회장. 지역의 이주민과 새터민, 경제적 약자, 범죄피해자 등 사회적 소수자의 목소리를 법과 제도의 언어로 드러내는 일에 힘써왔다. 현장에서 만난 구체적인 삶의 문제들이 개인의 책임으로 환원되지 않도록 구조와 제도의 문제로 설명하고 바꾸는 데 관심을 두고 있다. 특히 소비자를 단순히 수요를 담당하는 경제주체가 아니라, 경제민주화를 실현하는 가장 중요한 주체로 인식하며 경제권력의 민주화에 꾸준한 문제의식을 가져왔다. 이러한 관점에서 안산소비자단체협의회 활동 등을 통해 소비자 권리와 공공성 회복을 위한 제도 개선에 참여하고 있다. 의료는 개인의 선택이나 비용 부담의 문제로만 다룰 수 없는 공공적 성격을 지닌 영역으로, 현재의 방식으로는 지속가능하지 않다는 문제의식을 갖고 있다. 이러한 인식 속에서 의료공동행동에 동참하게 되었으며, 의료소비자의 한 사람으로서 더 많이 배우고, 현장에서의 실천을 통해 보다 나은 의료생태계 구축에 작은 힘이나마 보태고자 한다.

신희준

MD, MS, FIBODM. 순천향대학교 부천병원 응급의학과 부교수. SCH 재난의학센터 센터장. 하버드 의대 연구전임의(2022~2023) 및 BIDMC 재난의학 펠로우십과 응급실 행정·리더십 과정을 수료했으며, 응급의료체계, 재난의료체계를 포함한 재난의학과 대테러·전술 의학을 전문으로 하고 있다. 귀국 후 교과서 집필과 교육 콘텐츠 개발을 통해 현장 적용 가능한 지식의 표준화에 주력해 왔다. 현재 CIREcourse-Tactical 개발, 몰입형 시나리오·게임 기반 학습, 재난 시 의료체계 붕괴·회복 정량화 연구를 수행하며 디지털 트윈, AI 트리아지·자원배분, 시스템 취약성 분석을 접목하고 있다. 국립중앙응급의료센터 KDLS 교수진, 세계재난및응급의학회(WADEM) 이사회 이사, 미국응급의학회(ACEP) 전술 및 법집행(TALEM) 섹션 국제 임원으로 활동 중이다.

안정희

Ph. D(소비자학). 사회복지, 심리학을 공부한 활동가. YWCA 청소년조직 Y-틴 활동으로 운동을 시작해 한국YWCA연합회 소비자운동 국장으로 재직하며 정의, 평화, 창조세계를 돌보는 하나님나라의 가치를 바탕으로 시민의 권리문제를 사회적 실천으로 연결해 왔다. 한국소비자단체협의회 실행위원으로 다양한 분야의 소비자 피해예방과 권익향상을 위한 활동에도 힘써 왔다. 시민들의 소비행동이 환경과 사회에 미치는 영향에 주목하며, 윤리적 소비 실천을 통해 지속가능성을 확장하는 데 깊은 관심이 있다. 특히 의료와 돌봄, 식품 안전, 디지털·플랫폼 환경 속 소비자 보호에도 관심을 두고 시민 참여형 공론과 정책 제안을 결합한 운동을 확장하고 있다. 현재는 의료공동행동 집행위원장으로서 의료소비자 주권과 더 나은 의료시스템 강화를 위한 연대 활동에도 참여하고 있다.

어은경

M.D., Ph.D. 순천향대학교 부천병원 응급의학과 교수, 이화여자대학교 의과대학을 졸업하고 이화의료원에서 응급의학 전공의를 수료했으며, 2016년까지 이화의전원에서 응급의학교실, 의학교육학교실 겸임교수로 재직했다. 한국보건의료인 국가시험원에서 의사국가고시 실기시험 책임채점위원, 서울·경기 CPX 컨소시엄 집행위원장, 한국의과대학/의학전문대학원협회에서 '임상술기 지침' 개발 편집위원 등을 역임했으며, 현재는 대한응급의학회 윤리이사를 맡고 있다. 의사 국가시험 의료윤리 평가 실행 방안, 의료 실수 공개와 소통하기, 보건의료인의 전문직업성, 환자안전과 전문직 간 협업을 위한 팀 커뮤니케이션, 응급의학과 의사의 프로페셔널리즘 역량 평가 방법 등에 대한 연구를 진행 중이다. 의료공동행동에서는 응급의료-병원전단계 분과장을 맡고 있다.

오승원

M.D., Ph.D., M.B.A. 서울대학교 의과대학 교수이자 서울대학교병원 강남센터에서 가정의학과 전문의로 일하고 있다. 서울대에서 의학 박사, 경희대에서 의료경영학 석사 학위를 취득했다. 만성질환 환자를 진료하면서 질병 예방, 영양, 건강증진 연구를 하고 있다. 대한가정의학회 국제 저널 *Korean Journal of Family Medicine* 편집장을 맡고 있으며, 의사와 환자 간의 관계와 소통에 관심이 많아 저서『반딧불의원』과 다양한 칼럼으로 대중과 꾸준히 교감해 왔다. 최근의 의료 위기 상황에서는 서울의대-서울대병원 교수 비상대책위원회에 참여해 현장의 고충을 대변하며 합리적인 정책 대안을 모색해 왔다. 의료공동행동에서는 수련체계개선위원장으로서 미래 의료진이 현장 중심의 실질적인 역량을 쌓을 수 있는 안정적인 교육 환경과 국가 책임 수련 체계를 마련하기 위한 정책 제안과 논의를 이어가고 있다.

오일영

분당서울대학교병원 순환기내과 교수. 부정맥 중재시술 인증의로 부정맥 환자 시술 및 치료에 15년 이상의 임상경력을 가지고 있다. 대한부정맥학회 총무이사를 역임하고 현재 재무이사를 맡고 있다. 의정갈등으로 인한 의료대란 시기에 서울의대-서울대병원 교수 비상대책위원회 활동을 했고, 의료공동행동에 참여하고 있다.

오주환

의사. 보건정책학 박사. 서울대학교병원-의과대학 교수. 국제보건정책을 전공하면서 세계 각국의 의료시스템 발전을 위한 연구와 교육을 해오고 있으며, 여러 나라 정부의 의료시스템 발전을 위한 자문을 해오고 있다. 의정갈등으로 인한 의료대란 시기에 서울의대-서울대병원 교수 비상대책위원회에서 자문 활동을 하던 중, 함께 논쟁하던 의료소비자, 공급자 환자분들과 의료공동행동을 조직하여 함께 활동할 것을 제안했으며, 지금은 의료공동행동 전략기획 위원장, 의료서비스개선 분과장으로 활동하고 있다. 사회적가치를 기반으로 하는 의료서비스 제공과 보상방안, 책임의료조직, 시민참여 의사결정 방법론, 자원제약하에서의 공정한 공유자원 배분 방법론, 건강에 대한 개인과 사회의 역할을 병합하여 분석하는 다수준분석법 등의 분야에서 연구 활동을 해오고 있다. 2025년 11월에 출범한 서울대학교 국가미래전략원 의료개혁TF에서 간사 겸 위원으로 참여하고 있으며, 한국 환자중심·지속가능의료 학회의 창립멤버이자 학술이사로 활동하고 있다.

옥민수

울산대학교 의과대학 및 울산대학교병원 예방의학과 부교수로 재직 중인 예방의학 전문의(의료관리 전공)이다. 의학 박사 학위와 함께 행정학 석사, 상담심리학 석사를 취득했다. 환자안전 등 의료의 질 향상, 질병부담 산출 방법론, 공공보건의료 사업을 중심으로 연구와 정책 활동을 수행하고 있고, 환자 중심의 공공보건의료체계 강화에 관심을 두고 있다.

유미화

GCN녹색소비자연대 상임대표. '더 좋은 소비'가 '더 나은 세상'을 만든다는 철학을 바탕으로 소비자를 사회 문제의 당사자이자 변화의 주체로 세우는 활동을 이어오고 있다. 의료·먹거리·에너지 등 삶의 핵심 영역에서 소비자의 선택과 생활양식을 전환해야 지금의 위기를 해결할 수 있다고 보고, 참여와 대안 제시를 위해 다양한 시선을 여럿이 함께 맞춰가고 있다. 특히 현재의 방식으로는 지속가능하지 않은 의료체계에 대해 소비자·의료계·정부의 공동 책임과 협력을 강조하며, 의료를 시장이 아닌 국민건강권의 관점에서 재정립해야 한다고 제안한다. 소비자의 기본권은 지속가능한 '의(醫)·식(食)·주(電)'를 바탕으로 보장되어야 하며 이는 삶터를 중심으로 걸어서 15분 내에 일상적으로 실현되어야 한다는 신념하에 이러한 사회를 만들기 위한 활동을 이어가고 있다.

이상일

서울대학교 의과대학을 졸업하고, 서울대학교 대학원에서 의학 박사, 하버드보건대학원에서 보건학 석사를 취득했다. 울산대학교 의과대학 예방의학교실에서 교수로 재직한 후 정년퇴직을 했고, 현재는 한국보건의료연구원 보건의료정책기획단장, 대한민국의학한림원 의료행위분류특별위원회 위원장, 의료공동행동 상설위원으로 활동하고 있다. 한국보건의료기술평가학회, 한국의료질향상학회, 대한환자안전학회와 건강정책학회 회장을 역임했다. 국민건강보험공단에서 급여상임이사, 임페리얼 칼리지 런던(Imperial College London)에서 방문교수로 근무했으며, *International Journal for Quality in Health Care* 편집위원으로 활동하고 있다.

이상현

M.D., M.P.H., Ph.D. 국민건강보험 일산병원 가정의학과 교수 및 일차의료개발센터장으로, 일차의료 현장에서의 임상 경험을 바탕으로 우리나라 계층적 질환군(NHIS-HCC) 위험조정 모델을 개발했다. 미국 노스캐롤라이나 대학교(UNC)에서 노인의학 및 인지기능 분야를 연수하고, 노인의학과 노인 인지기능, 일차의료를 주요 관심 분야로 하여 임상·연구·정책을 연결하는 역할을 수행해 왔다. 국민건강보험 일산병원에서 공공의료사업단장 및 건강증진센터장 등을 역임하며 공공의료와 일차의료 강화 정책을 현장에서 구현해 왔다. 현재는 일차의료개발센터장으로서 지역 의원과 거점병원 일차의료지원센터 네트워크 모델 사업을 추진하며, 환자 위험군(NHIS-HCC) 기반 일차의료 지불모형을 연구하고 있다.

장지훈

사회복지사 1급, 사회복지학 석사. 가톨릭대학교 사회복지대학원에서 노인복지학 석사학위를 취득했다. 2002년부터 현재까지 25년 넘게 노인장기요양 현장을 지켜온 통합돌봄 전문가로, 요양원 시설장과 의료복지사회적협동조합 통합돌봄봄센터장을 역임하며 의료와 복지를 결합한 현장 실천가다. 한국보건복지인재원 제1기 지역사회통합돌봄 현장전문가 강사 양성과정을 수료했고, 2019년부터 안산시 지역사회 통합돌봄 현장의 선구적 활동과 전문성을 인정받아 2022년 보건복지부 장관 표창(지역사회 통합돌봄분야)을 수상했다. 현재 사회적협동조합 공드림 통합돌봄 센터장으로 어르신들이 살던 곳에서 건강하고 존엄하게 노후를 보낼 수 있는 지속가능한 의료와 복지가 연대한 지역사회 돌봄 생태계를 구축하는 데 전념하고 있다.

조경희

M.D, M.P.H., Ph.D. 국민건강보험공단 명예교수. 연세의대, 연세보건대학원 석사, 연세의대 박사를 마친 후 일산병원 가정의학과 교수로 근무했다. 대한가정의학회 이사장, 한국임상노인의학회 회장, 대한의료정보학회 회장 및 대한의학회 이사, 대한의사협회 감사 등의 역할로 의료계 전체의 발전을 위해 노력해 왔다. 주치의 제도, 의료전달 체계 확립 및 의료 정보화 분야에 주로 관심을 두고 일하고 있다.

조승연

M.D. 강원도 영월의료원의 6개월차 외과의사. 서울의대 졸업, 충북의대 석박사, 가천대 교수를 역임한 후 지역 공공병원에서 26년째 근무 중이다. 2000년 IMF 재정위기를 겪은 후 한국의료에도 많은 변화가 있었다. 민간 병상이 급속히 늘고 영리적 의료환경이 강화되는 과정에서 발생한 진주의료원 폐원 사태를 보면서 공공병원의 중요성을 알게 되었다. 인천적십자병원에서 공공병원 근무를 시작해 인천의료원장, 성남시의료원장, 전국지방의료원연합회장을 거치며 총 15년간 공공의료에 종사했다. 공공의료 강화만이 한국 의료문제의 해결방안이라는 신념을 가지고 있다. 한국 보건의료 문제의 원인은 의료의 공공성이 부족하다는 것이며 이를 해결하는 가장 강력한 도구이자 성과의 지표는 공공병원의 확충과 강화라고 주창한다. 또한 현재의 가장 시급한 과제인 의사인력 부족을 해소하기 위해서는 의대 정원 확충뿐만 아니라 다양한 방안을 동시에 과감하게 추진해야 한다고 제안하고 있다.

조은영

Ph D. 한국YWCA연합회 회장, 의료공동행동 공동대표, 한국 환자중심·지속가능의료 학회 이사장, 2026년 정부의료혁신위원회 민간위원, ㈜조우코크리에이션 대표, 개인의 변화가 조직의 성장과 사회의 전환으로 이어지는 리더십 여정을 이끄는 변화촉진자(a change agent)로서 37년간 정신건강·사회복지·시민사회 리더십 개발 현장에서 활동 하고 있다. 한국YWCA에서 변화를 향해 여성과 함께 사회적 이슈를 해결하기 위해 자원활동가로서 행동하고 있으며, 지난 의정갈등 상황에서는 의료소비자이자 주권자로서 더 나은 의료시스템을 만들기 위해 학습하며 숙의하고 연대하여 행동해 왔다. 정신질환을 가진 사람들의 치료와 재활을 위해 서비스 제공자로서 일하고 연구하며, 학생들을 가르치는 일을 해오다가 22년 전 경력을 전환하여 기업 임원 전문 리더십 코치로 일하고 있다. 다국적 기업과 국내 대기업, 공공·시민사회 조직을 대상으로 리더십 진단, 코칭과 조직 변화 워크숍을 수행하고 있다. 연세대학교에서 사회복지학으로 학사, 사회복지 임상분야 가족치료로 석사, 정신건강분야로 박사를 취득했고 정신보건사회복지사 1급 자격을 보유하고 있다.

하은진

MD. 서울대학교병원 신경외과·중환자의학과 교수. 의정사태 이전부터 현장의 불균형을 체감했으나 진료와 업무에 치여 구조를 깊게 들여다보지 못했다. 이후 의료공동행동에 참여해 환자·시민·정책가·공급자와의 대화를 통해 관점을 확장했다. 단일한 구호가 아니라 검증 가능한 데이터와 현장 경험을 공적 공간에 올림으로써 한나 아렌트가 말한 다원성 속에서 공공성을 기준으로 합의에 이르는 정치가 필요하다는 것을 확인했다. 지역에 계신 치매 외할머니와 부모님의 건강을 걱정하는 가족이자 후배를 가르치는 교육자로서 의료의 지속가능성에 대해 고민하고 있다. 이 책에서 중증환자 진료 경험을 바탕으로 환자·공급자·재원을 부담하는 소비자 모두에게 안전하고 지속가능한 의료환경을 위한 논의에 참여했다.

한동석

MD, Ph.D. 서울 신경외과 의원 원장. 대한의사협회에서 대변인으로 활동했으며, 대한개원의협의회에서 오랫동안 근무했다. 대한신경외과의사회에서는 7년간 회장을 역임하며 회무를 수행했다. 의료광고심의위원회 창립 초창기부터 관여해 현재까지 의료광고 심의 업무를 하고 있다. 의료 현장에서의 다양한 문제, 그중에서도 의료계의 정책 방향, 의료 사법 리스크 개선을 집중적으로 연구하고 있다.

의료공동행동

'더 나은 의료시스템을 함께 만들어 나가는 의료소비자-의료공급자 공동행동'(약칭 의료공동행동)은 한국의료의 구조적 위기를 타개하기 위해 의료소비자(시민·환자 단체)와 의료공급자(현장 의료진·전문가)가 '환자 안전'과 '지속가능한 의료'라는 공동의 목표를 위해 결성한 자발적 연대 기구입니다.

설립 취지

• 현장 중심의 대안 제시: 정부나 특정 직역의 이해관계를 넘어, 실제 의료 현장에서 작동 가능한 정책 대안을 모색합니다.
• 소비자와 공급자의 소통: 환자와 의사가 신뢰를 회복하고 함께 의료시스템의 미래를 설계하는 공론의 장을 마련합니다.
• 지속가능한 혁신: 의료사고 안전망 구축, 응급의료 체계 개선, 일차의료 강화 등 시급한 과제에 대한 이슈페이퍼 발행 및 입법 활동을 지원합니다.

의료공동행동 연혁

[제1기] 만남: 의료시스템 개선을 위한 첫걸음(2024.4~2024.8)
의료 위기 속에서 공급자와 소비자가 서로의 입장을 확인하고 공감대를 형성한 시기입니다.

2024.4.30. 서울의대-서울대병원 교수 비상대책위원회 심포지엄에서 의료소비자 관점(녹색소비자연대) 연자 참여로 첫 교류 시작

2024.5.14 '국민과 환자가 원하는 의료시스템 모습' 공청회 및 시상식 공동 주최

2024.7.3 시민 공모 응모작 수록집『의료개혁 국민이 말하다』출판기념회 개최

2024.8 서울의대-서울대병원 교수 비상대책위원회 '의료개혁, 현장이 말하다' 토론회 시리즈(상급종합병원, 일차의료, 수가체계 등)에 소비자단체 지속 참여

[제2기] 결성과 조직화: 공동행동의 탄생(2024.9~2025.2)

정기적인 모임을 통해 조직의 틀을 갖추고 공식적인 목소리를 내기 시작한 시기입니다.

2024.9.2 의료소비자-공급자 주도 의료시스템 개선을 위한 매주 정기 모임 개시

2024.11.15 '의료공동행동' 발기 및 추진위원회 체제 가동

2024.12.12 성명서 발표: "더 나은 의료시스템을 위해 지금은 멈춰야 한다"

2025.2.2 의료공동행동 발기문 공개 및 공개 회원 모집 개시

[제3기] 정책 실행과 확장: 이슈페이퍼 및 입법 제안(2025.3~현재)

전문 분야별 분과를 구성하고 구체적인 정책 대안을 사회에 공표하며 영향력을 확대한 시기입니다.

2025.3.18 제1차 의료공동행동 심포지엄 개최

2025.4~11 9개 전문 분과위원회 구성 및 운영

– 의료서비스개선분과, 환자안전망분과, 응급의료-병원전단계분과, 수련환경개선분과, 건강보험보장성향상/실손보험개선분과, 의료소비자주권분과, 지역사회-일차의료-주치의분과, 돌봄-의료통합분과, 중증환자경험향상분과

2025.7~12 분야별 이슈페이퍼 공개 및 기자간담회

2025.12.18 [2025 겨울 심포지엄] "이재명 정부에 바란다 - 의료공동행동이 기대하는 의료서비스 체계의 혁신" 개최

위기의 한국의료, 함께 다시 그리다

환자·공급자·소비자가 함께 만드는 지속가능한 의료

기획 의료공동행동
지은이 조은영·유미화·강희경·김성주·오승원·김종명·어은경·박성배·장지훈·류옥하다·오주환 외
펴낸이 김종수
펴낸곳 한울엠플러스(주)
편집 신순남

초판 1쇄 발행 2026년 2월 10일
초판 2쇄 발행 2026년 3월 20일

주소 10881 경기도 파주시 광인사길 153 한울시소빌딩 3층
전화 031-955-0655
팩스 031-955-0656
홈페이지 www.hanulmplus.kr
등록번호 제406-2015-000143호

Printed in Korea.
ISBN 978-89-460-8433-9 93510

※ 책값은 겉표지에 표시되어 있습니다.